Aleksei Suetin

Moderne Denkmethoden des Schachspielers

Ullstein Sachbuch

Ullstein Sachbuch
Ullstein Buch Nr. 34919
im Verlag Ullstein GmbH,
Frankfurt/M – Berlin
Aus dem Russischen übersetzt
von A. M. Andronow, A. Frenkel
und S. Fischer

Ungekürzte Ausgabe

Umschlagentwurf:
Hansbernd Lindemann
Unter Verwendung eines Fotos von
Mechthild Wilhelmi, Berlin

Printed in Germany 1992
Druck und Verarbeitung:
Ebner Ulm
ISBN 3 548 34919 6

April 1992

Vom selben Autor
in der Reihe
der Ullstein Bücher:

Erfolgreich eröffnen (34801)
Typische Fehler (34804)
Schachtraining (34847)

Die Deutsche Bibliothek –
CIP-Einheitsaufnahme

Suėtin, Aleksej S.:
Moderne Denkmethoden des
Schachspielers / Aleksei Suetin. [Aus dem
Russ. übers. von A. M. Andronow . . .]. –
Ungekürzte Ausg. – Frankfurt/M; Berlin:
Ullstein, 1992
(Ullstein-Buch; Nr. 34919:
Ullstein-Sachbuch)
ISBN 3-548-34919-6
NE: GT

Ullstein Sachbuch

ÜBER DAS BUCH:

Ohne systematische Arbeit ist die Überwindung eigener Mängel, auch beim fortgeschrittenen Spieler, nicht denkbar. Moderne Denkmethoden sollte sich jeder Schachspieler aneignen, um während der Partie Denkenergie und zu großen rechnerischen Aufwand zu sparen.
Dieses Buch ist in zwei Teile gegliedert: Im ersten behandelt der bekannte russische Großmeister den Abbau von Mängeln, Stellungsanalyse und taktische Fehler. Der zweite Teil beschäftigt sich mit der Dynamik des Kampfes, der Einschätzung des Gegners, Intuition und Risiko. Nicht zuletzt gibt der Band einen Überblick über die historischen Schulen des königlichen Spiels, die den ehrgeizigen Turnierspieler immer interessieren.

Inhalt

Vorwort des Verfassers

Mein Buch ist vor allem für Schachspieler bestimmt, die bereits ein etwas höheres Niveau erreicht haben. In dieser Hinsicht kann es als eine Ergänzung zu meinem Buch „Laboratorium des Schachspielers“ betrachtet werden, das vor kurzem in zweiter Auflage erschienen ist. Darin versuchte ich den Leser an die Schlußfolgerung heranzuführen, daß richtig entwickeltes Denken des Schachspielers eine harmonische Verbindung zwischen weitreichender konkreter Berechnung und kombinatorischem Sehvermögen einerseits, sowie tiefgehender logischer Positionseinschätzung andererseits darstellt. Freilich ist diese Denkweise nicht einfach, aber zweifellos am aussichtsreichsten.

Die Beherrschung dieser Methode sollte von allen Schachspielern, die sich vervollkommnen wollen, angestrebt werden. Dies aber auch zu erreichen ist nicht einfach. Man darf nicht vergessen, daß Schöpfer schachlicher Ideen nur Menschen sind, wobei menschliches Denken ein individueller, in vieler Hinsicht von Charakter, Temperament, Alter und vielen anderen Besonderheiten abhängender Prozeß ist.

Es sei bemerkt, daß die Praktiker des Schachspiels danach streben, ihre Denkenergie zu sparen und riesigen Aufwand an rechnerischer Arbeit zu vermeiden. Dieses Bestreben ist durchaus natürlich und begründet. Deshalb können neben der Hauptmethode auch andere Denkmethoden zur Anwendung kommen, die auf den ersten Blick vollkommen berechtigt erscheinen. Gerade diesem Zweck entsprechen zum Beispiel Denkmethoden auf der Grundlage allgemeiner positioneller Überlegungen, die Methode des „negativen“ Denkens und einige andere. Sie sind recht geeignet und tragen tatsächlich zur Ökonomie des Denkens bei, indem sie den komplizierten Arbeitsprozeß des praktischen Schachspielens erleichtern. Wir werden uns aber auch überzeugen müssen, daß jede dieser Denkmethoden eine ziemlich begrenzte Wirkung hat. Deswegen wird im vorliegenden Buch der Partienanalyse nicht wenig Platz eingeräumt, die deutlich macht, daß das Bestreben, schöpferische Kräfte und Zeit zu sparen, in der Praxis oft zur Oberflächlichkeit und Vereinfachung führen kann, die man teuer bezahlen muß.

Ich möchte unterstreichen, daß die Vervollkommnung ohne systematische Arbeit an der Überwindung eigener Mängel überhaupt nicht möglich ist.

Im ersten Teil des Buches gilt das Hauptaugenmerk gerade den negativen Momenten im Denken und den meist typischen schachlichen

Fehlern. Danach gehen wir zur Erörterung der Probleme des schachlichen Könnens über. Es ist allgemein bekannt, daß man nicht zur Meisterschaft gelangen kann, ohne klassische Musterbeispiele studiert und schöpferisch verwendet zu haben. Ich glaube, daß es für den Praktiker ebenso wichtig ist, die ganze komplizierte Dynamik der modernen Schachpartie zu „fühlen" und die neuen Tendenzen in Strategie und Taktik zu verfolgen. Neben den grundlegenden Themen für das Schachstudium wird es sich auch um eine ganze Reihe solcher feineren und wenig untersuchten Faktoren handeln wie der strategischen Perspektive, der Intuitions-Risikoaspekte u. a. m.

Vorwort zur deutschen Ausgabe

Diese Schrift entstand auf der Grundlage meines Buches „Der Weg zur Meisterschaft", das 1980 in der UdSSR erschienen ist. In diesem speziell für die Leser in der Bundesrepublik Deutschland vorbereiteten Manuskript habe ich nicht nur einige konkrete Beispiele geändert, um ihnen einen mehr internationalen Charakter zu verleihen, sondern auch auf dieser Grundlage den methodischen Teil erheblich vertieft und modernisiert. Insgesamt wurden etwa 25 bedeutende Änderungen vorgenommen, die meine weitere Arbeit an diesem Thema widerspiegeln.

Darüber hinaus änderte ich den Titel meiner Schrift, indem ich ihn konkretisiert habe. Im Grunde genommen handelt es sich hier um verschiedene Denkweisen des Schachspielers, um richtige Denkmethoden, die natürlich am arbeitsaufwendigsten sind und begrenzten Charakter haben, und letzten Endes auch um fehlerhafte Tendenzen. All das ist in dem neuen Titel des Buches konzentriert, der besser seinem Inhalt entspricht.

Das in diesem Buch angesprochene Thema ist wenig untersucht. Ich würde mich freuen, wenn die vorliegende Schrift zu seiner besseren und detaillierten Ausprägung beiträgt. Die Aufgabe dieses Buches besteht in erster Linie darin, praktische Hilfe für angehende Schachfreunde zu leisten, die selbständig die Kunst des alten Spiels erlernen wollen.

A. Suetin

Erklärung der Zeichen und der Notation

Die 32 Steine und ihre Symbole

	Weiß		*Schwarz*		In Notation
Je 1	♔		♚		K = König
Je 1	♕		♛		D = Dame
Je 2	♖	♖	♜	♜	T = Turm
Je 2	♗	♗	♝	♝	L = Läufer
Je 2	♘	♘	♞	♞	S = Springer
Je 8	♙		♟		Ohne Zeichen *(Nur bei Stellungsangabe wird B geschrieben)*

Das Schachbrett und die Bezeichnung der 64 Felder

Die Notation (das Aufschreiben der Züge) dient dazu, den gespielten Zug festzuhalten, um ihn nachspielen zu können. Es gibt die ausgeschriebene *(vollständige)* und die abgekürzte Notation (Kurznotation).

Ein Beispiel der ausgeschriebenen Notation aus der Anfangsstellung:

1.e2-e4 e7-e5 2.Sg1-f3 Sb8-c6 3.d2-d4 e5xd4

8	a8	b8	c8	d8	e8	f8	g8	h8
7	a7	b7	c7	d7	e7	f7	g7	h7
6	a6	b6	c6	d6	e6	f6	g6	h6
5	a5	b5	c5	d5	e5	f5	g5	h5
4	a4	b4	c4	d4	e4	f4	g4	h4
3	a3	b3	c3	d3	e3	f3	g3	h3
2	a2	b2	c2	d2	e2	f2	g2	h2
1	a1	b1	c1	d1	e1	f1	g1	h1
	a	b	c	d	e	f	g	h

Dieselben Züge in Kurznotation:
1.e4 e5 2.Sf3 Sc6 3.d4 ed4:
Die erste Hälfte der Notation sagt uns den weißen Zug, dahinter folgt der schwarze Gegenzug. Die Punkte hinter der Zugziffer bedeuten, daß der vorausgehende weiße Zug bereits bekannt ist.
Zum Beispiel auf Seite 12 bei der Partie Hübner — Adorjan beim Zug 15. . . .g6xf5; der vorausgehende weiße Zug war 15.Sd4xf5, dann kommt eine Bewertung des folgenden schwarzen Zuges; danach wird die Partie fortgesetzt mit 15. . . . g6xf5.
In einigen Schachbüchern wird auch der fehlende schwarze Zug mit Punkten markiert; z. B. 26.Ld3. . . e4. . . es ist aber nicht mehr üblich.

Die in diesem Band vorkommenden Zeichen sind:

-	zieht nach
×	schlägt
:	schlägt (Kurznotation)
†	Schach
#	Matt
!	guter Zug
?	schlechter Zug
!?	interessanter Zug (zweischneidig)
?!	fraglicher Zug, aber interessant
!!	sehr guter Zug
??	grober Fehler
0—0	kurze Rochade
0—0—0	lange Rochade
1:0	Weiß hat gewonnen
0:1	Schwarz hat gewonnen
=	Remis (oder Gleichstand)

Erster Teil
Abbau der Mängel und andere Probleme der Vervollkommnung

1. Kapitel
Einige Tendenzen im Denken des Schachspielers

Das impulsive Denken

Das impulsive Denken zeichnet sich durch das Fehlen einer einheitlichen strategischen Linie, durch das Spiel „von Zug zu Zug“ aus. Mitunter trifft das auch für recht begabte Schachspieler zu, die keine echte positionelle Schulung besitzen. Der Gedankengang verläuft dabei ungefähr so: Es hat ein äußerlich schöner Zug bzw. eine Variante gefallen — und sofort folgt eine Reaktion. Danach ist man von etwas anderem, was sich nach Inhalt und Richtung erheblich von der vorhergehenden Idee unterscheidet, fasziniert, und es folgt ein ähnlicher Impuls. Letzten Endes geht der Spieler in der Regel nicht auf die echten Perspektiven der Stellung ein und faßt übereilte Entschlüsse. Dieser „Kaffeehausstil“ im Schach, wie man ihn in früheren Zeiten bezeichnete, ist aussichtslos. Derartiges Hin- und Herpendeln zwischen Varianten, mit der Hoffnung auf einen leichten Zufallserfolg, ist im Prinzip zum Scheitern verurteilt. Nehmen wir ein einfaches Beispiel: In der Partie *Taruffi – Unzicker* (Lugano, 1980) ließ sich Weiß nach

1.e2-e4 c7-c5
2.c2-c3 e7-e6
3.d2-d4 d7-d5
4.e4xd5 e6xd5
5.Sg1-f3 Sb8-c6
6.Lc1-e3 c5xd4
7.Le3xd4 Sc6xd4
8.Dd1xd4 Sg8-f6

zum aktiven Springerangriff verführen,

9.Sf3-e5?!

statt die Entwicklung normal mit 9.Le2 oder 9.Lb5† Ld7 10.Ld7:† Dd7: und 11.0-0 abzuschließen. Schwarz entgegnete kaltblütig mit

9. . . . a7-a6!

dem geplanten Läuferangriff nach b5. Dann folgte:

10.Lf1-e2?

Folgerichtiger wäre 10.Da4† Ld7 11.Sd7: Dd7: 12.Dd7:† Kd7: 13.Le2 Te8, obwohl hier Schwarz keine Schwierigkeiten bekommt.

10. . . . Lf8-d6!
11.0—0 0—0
12.Se5-g4?

Eine rein impulsive Entscheidung. Weiß strebt schon nach einer Vereinfachung, aber verliert dabei wichtige Zeit, was Schwarz die Initiative bringt.

12. . . . Lc8xg4
13.Le2xg4 Dd8-c7
14.h2-h3 Ld6-h2†!
15.Kg1-h1 Lh2-e5
16.Dd4-d1 d5-d4?!

Jetzt handelt Schwarz seinerseits,

um seinen schnellen Erfolg zu festigen, etwas impulsiv. Inzwischen wäre es einfacher für Schwarz, das Übergewicht mit 16. . . .Sg4: 17.Dg4: Db6 18.De2 Tfe8 19.Dc2 zu festigen, und erst dann 19. . . .d4! usw. zu spielen.

17.Lg4-f3 **Ta8-d8**

18.c3xd4?

Ein schwaches Spiel. Wenn Weiß mit 18.Db3! fortsetzt, wäre es möglich, eine offensive Verteidigung zu organisieren.

18. . . . **Le5xd4**

19.Dd1-b3 **Dc7-f4!**

20.Sb1-a3

Weiß hat schon keine guten Züge mehr. Wenn das natürliche 20.Sc3? folgen würde, so wäre 20. . . .Le5 unbedingt entscheidend!

20. . . . **Ld4-e5**

21.g2-g3 **Df4-f5**

22.Kh1-g2?

Erlaubt ein schnelles Ende. Das kleinere Übel wäre 22.Lg2.

22. . . . **Td8-d3!**

23.Db3xb7 **Ld4xb2!**

Da ist der entscheidende taktische Schlag, der die Überlastung der wichtigsten Punkte bei Weiß unterstreicht.

24.Sa3-c4

Nach 24.Db2: wäre entscheidend 24. . . .Df3:† mit weiterem 25. . . . Ta3:.

24. . . . **Lb2xa1**

25.Tf1xa1 **Sf6-d5**

Weiß gab auf.

Es wäre falsch zu denken, daß nur schwache und unerfahrene Schachspieler für impulsives Spiel anfällig sind. Wie die Praxis zeigt, sind die Mängel des impulsiven Denkens sogar unter sehr erfahrenen Schachmeistern verbreitet. Hierbei haben wir nicht etwa das Spiel in Zeitnot im Auge, wo solch eine Spielweise sogar bei starken Spielern unvermeidlich ist, sondern den organischen Mangel des Denkens unter normalen Bedingungen. Es gibt viele konkrete Ursachen für solche „Fehltritte“. So werden impulsive Einfälle beispielsweise durch Nervosität begünstigt, die sich unvermeidlich während des Kampfes besonders bei taktisch zugespitztem Spiel einstellt. Am häufigsten wird impulsives Spiel durch oberflächliche Stellungsbeurteilung, Nachlässigkeit in der Berechnung und durch die Unfähigkeit oder die fehlende Bereitschaft verursacht, tief in das Wesen der Stellung einzudringen.

Hier können zwei Beispiele angeführt werden, die dem Kandidatenwettkampf 1980 zwischen *Hübner* und *Adorjan* entnommen sind. Die folgende Stellung entstand in der 5. Partie nach dem 14. Zug. Hübner spielte mit den weißen Steinen.

Diagramm Nr. 1

Es entstand eine nicht standardmäßige, zweischneidige Stellung, die an taktischem Spiel reich ist. Hier setzte Weiß

15.Sd4xf5

fort, worauf Schwarz, ohne zu zögern, aber etwas impulsiv

15. . . . g6xf5

antwortete.

Schade! Es trat der wichtigste Moment des strategischen Kampfes ein, und Schwarz sollte hier vor allem tiefer in die konkreten Besonderheiten der Stellung eindringen. Die Berechnung zeigt, daß hier 15. . . .Se1: 16.De1: (nicht gut ist 16.Sg7:? Dd1: 17.Sd1: Sc2 18. Tb1 Kg7:, und Schwarz bekommt mehr Qualität) 16. . . .gf 17.Lg5 besser wäre. Diese Stellung bietet beiderseitige Chancen und ungefähr gleiches Spiel. Schwarz hat einen geringen materiellen Vorteil als Ersatz für die Bauernschwäche.

16.Te1-e2 Sd3xe5
17.Lc1-g5! Dd8xd1
18.Ta1xd1 f7-f6?

Hier ist noch eine wichtige Ungenauigkeit. Es war 18. . . .e6 notwendig.

19.Lg5-e3 Tf8-d8
20.Te2-d2! Td8xd2
21.Td1xd2 Kg8-f7
22.Td2-d4! Ta8-b8
23.Sc3-a4 Kf7-e8
24.Td4-h4 Tb8-d8
25.Th4xh7 Ke8-f8
26.Th7-h4!

Jetzt ist das Spiel eine Sache der Technik geworden. Weiß hat klares Übergewicht. Das Endspiel ist für Schwarz hoffnungslos. Weiß realisierte seinen Vorteil tadellos. In dieser Stellung wäre es schlechter 26.Lh6? Td1† 27.Kh2 Lh6: 28.Th6: zu spielen, denn nach 28. . . .Td4 hätte Schwarz gutes Gegenspiel bekommen.

26. . . . Se5-c6
27.Th4-c4 e7-e5
28.g2-g3 Kf8-f7
29.Kg1-g2 Kf7-g6
30.Tc4-c3 Lg7-h6
31.Le3xh6 Kg6xh6
32.Sa4-b6 Td8-d2
33. Sb6-c4 Td2-d7
34.Tc3-b3 Kh6-g6
35.Tb3-b6 e5-e4
36.Sc4-d6 Sc6-d8
37.g3-g4 f5xg4
38.h3xg4 Td7-e7
39.Sd6-f5 Te7-c7
40.b2-b4 Kg6-f7
41.Kg2-g3 Sd8-e6?
42.Tb6-b7

Schwarz gab auf.

Noch ein Beispiel aus der 7. Partie desselben Kandidatenwettkampfes. Auch hier führte Hübner die weißen Steine.

Diagramm Nr. 2

Die Stellung entstand ebenfalls nach 14 Zügen. Im Endergebnis der Eröffnung hat Schwarz ein ausgezeichnetes Spiel bekommen, und es blieb für Weiß nichts anderes übrig, als um Ausgleich zu kämpfen. Aber von der „weißen Farbe" geblendet, setzte Weiß „pseudoaktiv" fort:

15.d3-d4(?)

Das kleinere Übel wäre 15.Sg5 Ld7 16.f4, obwohl Schwarz auch durch 16. . . .d5! die Initiative behalten hätte.

15. . . .	**e5xd4**
16.c3xd4	**d6-d5!**
17.e4-e5	

Vorteilhaft für Schwarz wäre 17.dc de! 18.Sd4 Ld5 und weiter Sf6-d7-e5!

17. . . .	**Sf6-d7**
18.d4xc5	

Denn nach 18.Lf4 cd 19.Sd4: c5 20.Se6: fe würde das Übergewicht von Schwarz eindeutig.

18. . . .	**Le6-f5**
19.Db1-c1	**Sd7xe5**
20.Sf3xe5	**Te8xe5**

Gut wäre auch 20. . . .Le5: 21.Ld4 Ld4: 22.Te8:† De8: 23.Td4: De7!

21.Sa3-c2	**Lf5xc2**
22.Dc1xc2	**Db8-b4!**
23.Te1-f1	**Te5-e4?**

Impulsive Nachlässigkeit. Richtig ist 23. . . .Th5! und weiter d5-d4.

24.b2-b3	**a4xb3**
25.a2xb3	**Db4-c3?!**

Schwarz hat bereits den größten Teil seines Vorteils verloren. Aber nach 25. . . .Te7 und weiter Te7-a7-a2! konnte er noch etwas Druck auf die Positionen der weißen Steine ausüben. Jetzt ist das Spiel ausgeglichen.

26.Dc2-b1	**h7-h5**
27.Td1-d3	**Dc3-b2?**
28.Db1xb2	**Lg7xb2**
29.Tf1-b1	**Lb2-e5**
30.Kg1-f1	**Ta8-a3**
31.Le3-d2	**f7-f6**
32.f2-f3	**Te4-d4**
33.Kf1-e2	**Kg8-f7**
34.g2-g4	**h5xg4**
35.h3xg4	**Kf7-e6**
36.Td3xd4	**Le5xd4**
37.b3-b4	**Ld4-c3**
38.Ld2-c1	**Ta3-a4**
39.b4-b5	**c6xb5**
40.Tb1xb5	**Ta4-c4**

Remis.

Hier muß man noch ein wichtiges Moment unterstreichen: Auf keinen Fall darf man die impulsive Denkweise mit der Notwendigkeit verwechseln, den Plan im Verlauf des Spiels zu ändern.

Im praktischen Spiel muß man sich ständig den sich ergebenden neuen Verhältnissen anpassen und die Zielsetzung des Plans überprüfen. Aber in jedem Fall ist die klar erkannte Notwendigkeit des neuen, auf der objektiven Positionseinschätzung beruhenden Plans das wichtigste. Hierbei handelt es sich nicht mehr um blinde Eingebung, sondern um eine schnelle und unerläßliche Reaktion auf die Generallinie des strategischen Kampfes.

Sehen wir uns das nächste Beispiel an, das viele typische Züge der flexiblen Planerfüllung enthält.

Die Stellung in Diagramm Nr. 3 (nächste Seite) entstand in der Partie *Karpow – Hort* (Aljechin-Memorial, Moskau, 1971).

Diagramm Nr. 3

Schwarz setzte hier mit

21. . . . Lf6-e5

fort.

Es scheint, daß er eine ausgezeichnete Umgruppierung der Kräfte durchgeführt hat. Es droht entweder 22. . . .Dh4, oder 22.Lg5 Db6 23.Le3 Dc7, wobei nach 0-0-0 oder Th2: Schwarz keine Schwierigkeiten zu befürchten hätte. Aber jetzt ist Weiß am Zuge. Weiß beginnt nun, einen interessanten und flexiblen Plan des aktiven Spiels zu verwirklichen. Die Offensive ist gegen den gegnerischen König gerichtet. Aber zuerst strebt Weiß an, die von Schwarz geplante Umgruppierung der Kräfte zu durchkreuzen.

22.Tg1-g4! Dd8-f6

Ein wenig besser ist 22. . . .Lh2:. Aber Schwarz sieht keine Gefahr und versucht, von seinen eigenen Interessen ausgehend, seine Figuren so schnell wie möglich zu entwickeln.

23.h2-h4!

Hier kommt die erste Überraschung für Schwarz. Es stellt sich heraus, daß der anscheinend verlorene Bauer des Weißen auf der h-Linie sehr lebensfähig ist, denn 23. . . . Sh4:? ist wegen 24.Lg7! unmöglich.

23. . . . Df6-f5

24.Tg4-b4!!

Das ist der schwierigste Teil für Weiß in der ganzen Partie. Unmittelbar nach dem Spiel sagte mir W. Hort, daß für ihn dieser Turmzug wie eine Offenbarung war. Jetzt ist 24. . . .0-0-0 wegen 25.Lg4 unmöglich. Zusätzlich ist noch der Bauer b7 aufs Korn genommen worden.

24. . . . Le5-f6

25.h4-h5 Sg6-e7

Erzwungen! Nach dem natürlichen 25. . . .Se5 hätte 26.Tf4 mit dem Gewinn der Figur folgen können.

26.Tb4-f4! Df5-e5

27.Tf4-f3!

Überraschend hier die Beweglichkeit des Turmes, der im Mittelspiel gewöhnlich sehr schwerfällig ist.

Er unterstützt hier nicht nur den Angriff, sondern erfüllt auch bestimmte Aufgaben in der Verteidigung. Deshalb hätte Schwarz nichts von 27. . . .Dh5: 28.Tf6: Dh1† 29.Lf1 Sg8 30.De1†, und Weiß gewinnt. Die Lage von Schwarz ist kompliziert. Weiß hat mittels einer äußerlich impulsiven, aber im Grunde tief und fein durchdachten Aktion unbemerkt die Verteidigung des Gegners unterlaufen.

27. . . . Se7xd5

28.Tf3-d3 Th8xh6

29.Td3xd5

Aber nicht 29.Dh6: in Anbetracht

der Züge 29. . . .Lg5 und 30. . . . Se3†.

29. . . .	**De5-e4**
30.Td5-d3!	

Das ist ebenfalls ein schönes Manöver. Von hier aus beginnt Weiß den entscheidenden Angriff am Königsflügel des Gegners.

30. . . .	**De4-h1†**
31.Kd1-c2	**Dh1xa1**
32.Dd2xh6	**Lf6-e5**
33.Dh6-g5	

Schwarz geriet in Zeitnot.

Selbstverständlich ergeben sich in der Praxis heikle Situationen, in denen es — zumal unter den Bedingungen des scharfen Turnierkampfes — sehr schwer ist, die Grenzen zwischen logischem und impulsivem Denken zu erkennen. Dadurch lassen sich manche, auf den ersten Blick unbegreifliche Fehler erklären, die sogar den starken Schachspielern unterlaufen.

Die Ursachen sind uns bereits bekannt. Es spielt dabei auch nicht zuletzt das Bestreben eine Rolle, gewaltsam den logischen Lauf des Kampfes zu seinen Gunsten zu ändern. Sehen wir uns die folgenden Beispiele an.

In der Partie *Schubert – Schlechter* (Wien, 1915), wo die Tarrasch-Verteidigung im Damengambit gespielt wurde, sind folgende Züge gemacht worden:

1.d2-d4	**d7-d5**
2.Sg1-f3	**c7-c5**
3.c2-c4	**e7-e6**
4.c4xd5	**e6xd5**
5.Sb1-c3	**Sg8-f6**
6.g2-g3	**Sb8-c6**
7.Lf1-g2	**Lc8-e6**
8.0—0	**Lf8-e7**
9.Lc1-g5	**0—0**
10.d4xc5	**Le7xc5**
11.Ta1-c1	**Lc5-e7**
12.Sf3-d4	**h7-h6**
13.Lg5-e3	**Sf6-g4!?**

Diagramm Nr. 4

Anstelle des ruhigen 14.Lf4 spielte Weiß hier

14.Sd4xe6	**f7xe6**
15.Lg2-h3?!	

Was ist es, taktische Widerlegung der Idee von Schwarz, oder impulsives Experiment? Auf den ersten Blick sieht die Stellung der schwarzen Figuren kritisch aus: Es droht Bauernverlust. Trotzdem fand der Schwarze die notwendigen Ressourcen (es liegt eigentlich in der Natur der Stellung, weil Schwarz keine bedeutenden Fehler gemacht hat).

15. . . .	**Sg4xe3**
16.Lh3xe6†	**Kg8-h8**
17.f2xe3	**Le7-g5!**

Unerwartet geriet Weiß in eine schwere, nicht einfach wiedergutzumachende Lage. Nach 18.Dd3 würde 18. . . .Te8 folgen, und der Punkt e3 ist erschüttert.

18.Sc3xd5 Dd8-d6
19.Le6-h3 Tf8xf1†
20.Kg1xf1

Unbefriedigend ist auch 20.Lf1: Td8 21.Lg2 Se7 usw.

20. . . . Ta8-d8
21.Lh3-g2 Sc6-e7
22.h2-h4 Se7xd5
23.Lg2xd5 Lg5xe3
24.Tc1-c3 Dd6xg3

Weiß gab auf.

Die folgende Stellung ist der Partie *Fischer – Benko* (Kandidatenwettkampf, 1959) nach dem 13. Zug von Weiß aus dem Mittelspiel entnommen.

Diagramm Nr. 5

In dieser Stellung spielte Schwarz anstatt der vorsichtigen, konsolidierenden Fortsetzung 13. . . .Lb7, oder 13. . . .Sb3: 14.ab Lb7 15.Sh5 Kh8, heftig und impulsiv:

13. . . . b5-b4?,

was unerwartete, schwere Folgen hatte.

14.e4-e5! d6xe5

Andere Fortsetzungen sind ebenfalls unbefriedigend:

1) 14. . . .bc 15.ef Lf6: 16.Lf6: gf 17.Se4 Df5 18.Sd6: Dg6 19.Tf3 und Weiß hat den Weg für die entscheidende Offensive frei;

2) 14. . . .Sb3: 15.ef gf 16.Lh6 usw. (das sind von R. Fischer gezeigte Varianten).

15.Lg5xf6 g7xf6

Auch hier hat Schwarz nur eine geringe Auswahl:

1) 15. . . .Lf6: 16.Sce4 De7 17.Sh5! Kh8 18.Sef6: gf 19.fe fe 20.Sf6, und die Drohung 21.Dh5 ist sehr unangenehm.

2) 15. . . .bc! 16.Se4 Db4 17.Dg4 Lf6: 18.Sf6:† Kh8 19.Dh4 h6 20.Sg4, und es ist schwer für Schwarz, sich gegen die Drohung 21.Sh6:! zu verteidigen.

16.Sc3-e4 Dc5-d4

Oder 16. . . .Dc7 17.Sh5! f5 18.Shf6† Kg7 19.Dh5! Lf6: 20.Sf6: h6 21.Tf3! Th8 22.Se8†! Te8: 23.Tg3† Kf8 24.Dh6:† Ke7 25. Dh4† Kd6 26.Td3† Kc6 27.La4† Kb7 28.Le8:, und Weiß erringt das entscheidende materielle Übergewicht.

17.Dd1-h5!

Ein starker Angriffszug, der Schwarz in eine hoffnungslose Lage versetzt.

17. . . . Sa5xb3
18.Dh5-h6! e5xf4
19.Sg3-h5 f6-f5
20.Ta1-d1! Dd4-e5
21.Se4-f6† Le7xf6
22.Sh5xf6† De5xf6
23.Dh6xf6 Sb3-c5
24.Df6-g5† Kg8-h8
25.Dg5-e7! Lc8-a6

26.De7xc5 La6xf1
27.Td1xf1
Schwarz gab auf.
Das impulsive Denken ist recht „vielseitig“. Daher möchte ich darauf hinweisen, daß es am besten ist, dieser Fehlhaltung schon früh den Kampf anzusagen. Erfahrene Trainer warnen die jungen Schachfreunde eindringlich vor übereilten Augenblicksentschlüssen und halten sie dazu an, ihre Züge bewußt zu wählen.
Nun wenden wir uns einer der in der Praxis verbreitetsten Tendenzen der Denkweise zu und versuchen, ihre positiven und negativen Seiten aufzuzeigen.

Spiel aus allgemeinen positionellen Überlegungen

Dies ist eine Denkmethode, die in der zweiten Hälfte des 19. Jahrhunderts, als die Schachtheorie schon ein hohes Entwicklungsniveau erreicht hatte, entstand. Ihr Begründer war W. Steinitz, doch eine ganze Reihe von Prinzipien, die zur Entfaltung dieser Methode beitrugen, wurden schon etwas früher von P. Morphy in der Praxis bestätigt. Die Methoden der positionellen Schule versetzten der zu der Zeit vorherrschenden Spielart, die auf verlockende, aber in positioneller Hinsicht unsolide Verwicklungen und die daraus entspringenden impulsiven Entscheidungen eingestimmt war, einen schweren Schlag.
Dem Denken des Spielers wurde ein Plan zugrunde gelegt, der auf realer Positionseinschätzung und den präzise formulierten Prinzipien der positionellen Spielführung beruhte.
Seit dieser Zeit war das Schachspiel nicht mehr ein Zufalls- oder Inspirationsspiel, sondern erreichte ein hohes wissenschaftliches Niveau. Sehen wir uns zwei Beispiele an, die die positiven Seiten des Spiels aus allgemeinen positionellen Überlegungen veranschaulichen.

Steinitz – Sellmann
(Baltimore, 1885)

Diagramm Nr. 6

Mit dem nächsten Zug beginnt Steinitz einen genauen, tief durchdachten Plan des Angriffs am Damenflügel. Dabei stützt er sich auf den Raumvorteil und das starke Feld d4.
Es folgte:
13.b2-b4! Lc5-e7
14.a2-a3 f7-f5?
Ein charakteristischer Fehler. Der Schwarze schnürt die Stellung im Zentrum ein und macht dem Gegner

den Weg zum Erfolg leicht. Besser wäre 14. . . .f6.

15.Ta1-c1	**Lc8-b7**
16.Ld2-e3	**Db6-d8**
17.Sf3-d4	**Sd7-f8**
18.0—0	**h7-h5**
19.Sd1-c3	**Ke8-f7**
20.Sc3-b1!	

Ein lehrreiches Manöver. Der weiße Springer zielt auf das Feld a5, was den Druck von Weiß am Damenflügel verstärkt.

20. . . .	**g7-g6**
21.Sb1-d2	**Sf8-d7**
22.Sd2-b3	**Ta8-c8**
23.Sb3-a5	

Weiß erringt eine überwältigende Stellung. Nach

23. . . .	**Lb7-a8**
24.Tc1xc8	**Dd8xc8**
25.Tf1-c1	**Dc8-b8**
26.De2-c2!	**Le7-d8**
27.Sa5-c6	**Db8-b7**
28.Sc6xd8†	**Th8xd8**
29.Dc2-c7	

entstand eine Musterstellung, in der sich Schwarz in Zugzwang befand.

29. . . .	**Db7-b8**
30.Le3-f2!	**Db8-b6**
31.Sd4-f3	**Db6xc7**
32.Tc1xc7	**Kf7-e8**
33.Sf3-g5	**Sd7-f8**
34.Lf2-c5	**Sf8-d7**
35.Lc5-d6	

Schwarz gab auf.

Hier noch ein Beispiel des Plans für die Beherrschung der Gesamtheit der schwarzen Felder. Mit Weiß spielte einer der hervorragenden und talentierten Vertreter der positionellen Schule.

Schlechter – John
(Barmen, 1905)

Diagramm Nr. 7

Der strategische Kampf entbrannte im Zentrum um das Feld e5. Die nächste Entscheidung von Weiß ist sehr lehrreich:

8.g2-g3!

In diesem Moment beginnt Weiß den präzisen Plan des Spiels, der zur vollen Beherrschung der schwarzen Felder verhelfen soll, zu verwirklichen. Dieser Zug wird den schwarzen Läufer auf c8 „erwürgen". Des weiteren spielt Weiß nicht nur sehr logisch, sondern auch sehr leicht; wie nach Noten:

8. . . .	**0—0**
9.0—0	**Sf6-e4**
10.Dd1-b3	**Kg8-h8**
11.Ta1-c1	**Ld6xf4**

(es drohte 12.cd ed 13.Sd5:)

12.e3xf4	**Dc7-f7**
13.Sf3-e5	**Df7-e7**
14.Ld3xe4!	

Ein lehrreiches Beispiel. Es scheint, daß Weiß ein Opfer bringt, wenn er seinen starken Läufer abtauscht. In diesem Stadium aber, wo das Spiel auf den „schwachen" schwarzen Läufer gerichtet ist, sind die weißen Springer sehr stark. Der Abtausch neben der nachfolgenden Sprengung im Zentrum trägt zur Verstärkung der Stellung von Weiß und seiner Dominanz auf den schwarzen Feldern bei.

14. . . . f5xe4
15.f2-f3 e4xf3
16.Tc1-e1 De7-c7
17.Db3-a3!

Jetzt ist 17. . . .Sd7 wegen 18.De7! unmöglich.

17. . . . Kh8-g8
18.Tf1xf3 Sb8-a6
19.b2-b3 Dc7-d8
20.c4-c5 Sa6-c7
21.Da3-b2 Lc8-d7
22.Db2-c2 Dd8-e7
23.Te1-f1 Ta8-e8
24.g3-g4 Ld7-c8
25.Tf3-h3!

Wieder ein lehrreiches Detail. Weiß erzwingt 25. . . .g6, was die schwarzen Felder im gegnerischen Lager endgültig schwächt.

25. . . . g7-g6
26.b3-b4!

Weiß, der alle Hoffnungen des Gegners auf ein Gegenspiel zunichte macht, beginnt einen breiten Angriff auf der ganzen Linie und bereitet den entscheidenden Durchbruch an einem der Flügel vor.

26. . . . De7-f6
27.Th3-f3 Te8-e7
28.a2-a4 a7-a6
29.Sc3-d1 Te7-g7
30.Sd1-e3 Df6-e7
31.g4-g5 Lc8-d7
32.Se3-g4 Ld7-e8
33.Sg4-h6† Kg8-h8
34.Dc2-e2 De7-d8
35.Se5-g4 Le8-d7
36.De2-e5 Sc7-e8
37.Tf3-h3 Dd8-c7
38.Sg4-f6! Dc7xe5

Erzwungen! Nach 38. . . .Dd8 wäre 39.Sh7:! entscheidend.

39.f4xe5 Tg7-e7
40.Th3-f3 Se8xf6
41.Tf3xf6 Tf8xf6
42.e5xf6

Jetzt ist das Feld e5 ein ausgezeichneter „Umschlagplatz", zuerst für den weißen Springer und dann auch für den König, dessen Marschroute den Ausgang des Kampfes bestimmt.

42. . . . Te7-e8
43.Sh6-f7† Kh8-g8
44.Sf7-e5 Te8-d8
45.Kg1-g2 Kg8-f8
46.h2-h4 Ld7-e8

Nach h4-h5 ist Schwarz gezwungen, sich gegen die Drohung der Spielöffnung am Königsflügel zu verteidigen. Jetzt aber zahlt sich das raumgreifende Spiel von Weiß am Damenflugel aus. Eben hier organisiert K. Schlechter den entscheidenden Durchbruch.

47.Kg2-f3 Le8-f7
48.Kf3-f4 Kf8-e8
49.Tf1-b1 Ke8-f8
50.b4-b5!

Schwarz gab auf.

Und tatsächlich, nach 50. . . .ab 51.ab Le8 52.bc Lc6: 53.Sc6: bc 54.Ke5, gewinnt Weiß leicht.
Hier noch ein Beispiel aus der Praxis eines anderen Spitzenreiters der positionellen Schule, des Großmeisters S. Tarrasch.

Diagramm Nr. 8

Hier liegt uns eine Stellung aus der Partie *Tarrasch – Noa* (Hamburg, 1883) vor.

Es begann ein rein positioneller Kampf, in dem die Chancen von Weiß wegen der Schwäche der schwarzen Felder im gegnerischen Lager deutlich besser sind.

28.g2-g4

Ein typischer Zug. Nachdem eine starke Stellung am Damenflügel errungen ist, beginnt Weiß die Position von Schwarz an der Königsseite zu zerrütten.

28. . . . Ld7-e8
29.Sf3-d2 Sb8-d7
30.Sd2-b3 Sd7-b6
31.Sb3-c5!

Der erste Teil des Plans ist erfüllt. Der weiße Springer behauptete sich auf dem starken Punkt c5 und fesselte die Figuren von Schwarz.

31. . . . Sb6-c4†?

Der Versuch von Schwarz, seinerseits einen Besuch bei Weiß abzustatten, macht das Ganze für ihn nur noch komplizierter. Weiß ist durchaus nicht verwirrt, daß der Schwarze jetzt am Damenflügel einen geschützten Freibauern hat, denn gleichzeitig wird für Schwarz eine wichtige offene Linie blockiert, was jede Möglichkeit des Gegenspiels verhindert. Die weißen Türme werden aber für den entscheidenden Angriff am Königsflügel frei.

32.Ld3xc4 d5xc4
33.Sc5-e4 b7-b5
34.Se4-d6 Tc8-b8
35.f4-f5! Le8-d7
36.Tc2-f2 Se7-d5†
37.Sc3xd5 e6xd5
38.g4-g5 h6-h5
39.Tc1-f1 Kf8-g8
40.g5-g6 f7-f6
41.Tf2-e2 Ld7-c6
42.Tf1-e1 Tb8-d8
43.Ke3-f4 f6xe5
44.Te2xe5 Kg8-f8
45.Sd6-f7 Td8-e8
46.Sf7-g5 Tc7-e7

Verliert sofort. Es ist bereits unmöglich geworden, die Position von Schwarz zu verteidigen. Zum Beispiel: 46. . . .Te5: 47.de! Te7 48.f6! gf 49.ef Te1: 50.Sh7† Ke8 51.f7† Kd7 52.f8D Tf1† 53.Kg5 Tf8: 54.Sf8:† Ke7 55.g7! usw. mit Sieg für Weiß.

47.Sg5-h7†

Schwarz gab auf.

In allen hier angeführten Beispielen sehen wir vor allem logische Erwägungsketten. Konkrete Varianten sind Produkte dieser Erwägungen und unterstützen den Gedankengang des Meisters. Sie sind nicht „sperrig“ und erlauben, leicht und ökonomisch zu spielen. Man muß unterstreichen, daß diese Leichtigkeit rein äußerlich ist und man nicht vergessen darf, daß im

Spiel solch hervorragender Meister wie W. Steinitz, S. Tarrasch, K. Schlechter, die Einfachheit der Entscheidung Züge von Genie trägt! Selbstverständlich erfaßten sie bei ihrem Spiel auf Grund allgemeiner Erwägungen den ganzen notwendigen Berechnungskomplex. Sonst wären sie keine hervorragenden Meister des Schachspiels geworden. In unserer Zeit büßte die positionelle Schule ihren Wert nicht ein. Heute geht man an die Lehre über allgemeine Prinzipien vom Standpunkt ihrer realen Kraft in dieser oder jener konkreten Lage heran. Die Beherrschung der Gesamtheit der Methoden der positionellen Schule charakterisiert vor allem Schachkundigkeit und schachliche Kultur des Spielers. Ohne sie ist die Erreichung wahrer Meisterschaft unmöglich. Eine Reihe solcher Methoden wurde zum unentbehrlichen Standardrepertoire im „technischen Arsenal" des Schachspielers.

Sehen wir uns folgendes lehrreiches Beispiel aus der Partie *Karpow – Bagirow* (38. Meisterschaft der UdSSR, 1970) an.

(s. Diagramm Nr. 9)

Es folgte:

23.Lf4-e5!

Ein starkes Manöver, das den schwarzen Springer noch mehr einschränkt. Wie Karpow in seinem Kommentar zu dieser Partie schreibt, ist das Spiel zur Einschränkung einer der Leichtfiguren des Gegners eine der wirkungsvollen Methoden der modernen schachlichen Strategie. Wegen der Drohung 24.Lf6: Df6: 25.Sd7 muß Schwarz

Diagramm Nr. 9

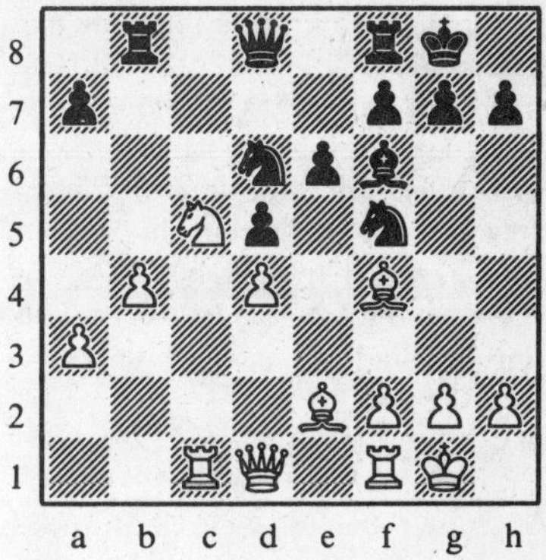

auf e5 abtauschen. Dies schafft für Weiß einen starken Vorposten auf dem Punkt d4 und bildet dadurch eine Voraussetzung für den weiteren Angriff am Damenflügel.

23. . . . Lf6xe5

24.d4xe5 Sd6-b7

Nach 24. . . .Se4 25. Sb3 wäre die Stellung des Springers auf dem Feld e4 schwankend. Auch nach 24. . . .Sb5 25.Lb5: Tb5: 26.Da4 Tb8 27.Sd7 De8 28. Da7: Ta8 29. Db7 De7 30.Tc7! usw., erhält Weiß ein Übergewicht.

25.Sc5-b3 Dd8-b6

26.Le2-d3 Sf5-e7

Nach Meinung Karpows bestand die einzige Rettungschance für Schwarz im kühnen Versuch, sich aus der Zange mittels 26. . . .a5!? 27.Lf5: (nach 27.b5 a4 28.Tc6 Dd8 29.Sc1 Se7 hat Schwarz ein bestimmtes Gegenspiel) 27. . . .ef 28.Dd4 Dd4: 29.Sd4: ab 30.ab Sd8 zu befreien.

27.Dd1-g4!

Diesem Zug ist besondere Aufmerksamkeit zu schenken. Sein positioneller Zweck besteht in der Erringung des Schlüsselpunktes im Zentrum d4. Es ist aber nicht nur einfach ein taktisches Manöver, sondern gleichzeitig ein schlauer Trick, der reich mit taktischem „Pfeffer" gewürzt ist. Denn es droht nebenbei 28.Lh7:† Kh7: 29.Dh4† Kg8 30. De7:, und 27. . . .a5 ist wegen 28.b5 unvorteilhaft; danach gibt es keinen Zug a5-a4.

27. . . . f7-f5
28.Dg4-d4 Sb7-d8

Karpow spielte diese Partie als er noch ganz jung war. Um so interessanter ist vor dem Hintergrund seiner äußerst konkreten Kommentare zu dieser Partie folgende kurze Bemerkung: „Im Grunde ist die Stellung für Weiß schon *technisch* (hervorgehoben von mir — A. S.) gewonnen. Es bleibt ihm nur, unter Ausnutzung des Zusammenwirkens seiner Figuren die Bauern am Damenflügel in Bewegung zu setzen und einen Freibauern zu schaffen". Eine typische Einschätzung auf Grund allgemeiner Überlegungen, nicht wahr? In diesem Fall aber stimmt sie mit der konkreten Entwicklung des Kampfes völlig überein. In solchen Situationen ist es besonders wichtig, die Richtung der strategischen Generaloffensive zu bestimmen. Das Spiel verläuft weiter wie nach Noten.

29.b4-b5! g7-g5
30.a3-a4 Se7-g6
31.Dd4-a1 Db6-b7
32.Tf1-e1 Db7-g7
33.Sb3-c5 Tf8-f7
34.a4-a5 Tf7-e7
35.Sc5-a6 Tb8-a8
36.Ld3-f1 Sd8-f7
37.Sa6-c7 Ta8-d8
38.Tc1-c6 Sg6-f8
39.b5-b6! a7xb6
40.a5-a6 Sf7-h6
41.Te1-c1 Sh6-g4
42.a6-a7 Sg4xe5

Schlecht ist auch 42. . . .De5: 43. De5: Se5: 44.Tb6:.

43.Tc6-c2 Se5-c4
44.a7-a8D Td8xa8
45.Sc7xa8 b6-b5
46.Tc2-a2

Schwarz gab auf.

Zweifellos hat Steinitz' Theorie das praktische Denken des Schachspielers merklich erleichtert. Außerdem haben viele seiner Nachfolger den Eindruck gewonnen, daß Schachspielen sehr einfach ist. „Halte dich an die bekannten Vorschriften, mache die natürlichen Züge ‚aus allgemeinen Erwägungen' (besetze offene Linien, schwache Punkte usw.) — und die Resultate kommen von selbst!" Solch schablonenhaftes Denken ist nicht weniger gefährlich als impulsives Spiel ohne die Beachtung von grundlegenden Prinzipien (nebenbei sei bemerkt, daß in einigen Fällen das impulsive Spiel der Schablone sehr nahekommt). Ein begabter Schachspieler, der von Natur aus positionelles Feingefühl besitzt, kann natürlich auch mit solcher Einstellung zum Spiel befriedigende Ergebnisse erreichen. Sie werden aber sehr weit von den Grenzen seiner wahren Möglichkeiten liegen. Geleitet von allgemeinen Überlegungen, ohne konkreten Berechnungen die notwendige

Aufmerksamkeit zu schenken, wird ein Spieler niemals alle seine Kräfte entfalten können. Wenn auch der gesunde Menschenverstand und der natürliche „Spürsinn" ihn in 9 von 10 Fällen nicht im Stich lassen, ist bei solch einer Denkmethode ein „Versager" nicht zu vermeiden. Denn unabhängig von ihrer Art ist fast jede Schachpartie reich an individuellen und verborgenen Kampfressourcen. Hier können keine allgemeinen Erwägungen helfen. Nur die Variantenberechnung, das Eindringen in den Kombinationsgehalt der Stellung, in die Dynamik des Kampfes (natürlich auch nur gemeinsam mit allgemeinen positionellen Prinzipien) ermöglichen es, den richtigen Weg zu finden.

Schachspieler, die auf Grund allgemeiner Überlegungen spielen, haben es besonders schwer im Wettkampf mit ihren Antipoden — den Spielern mit reicher Kombinationsphantasie, wenn letzterer über keinerlei praktische Spielkraft verfügt.

Hier eines der charakteristischen Beispiele für das völlige Scheitern des Spiels aus allgemeinen Überlegungen:

Alatorzew – Löwenfisch
(Wettkampf, 1939)

(s. Diagramm Nr. 10)

Schwarz baute seine Streitkräfte harmonisch auf. Die ungünstige Stellung der weißen Dame verspricht ihm ein ausgezeichnetes Gegenspiel. Weiß müßte über die Erzielung eines Ausgleichs nach-

Diagramm Nr. 10

denken und die Figurenentwicklung schneller abschließen. Von allgemeinen Erwägungen gehemmt, will Weiß sich aber mit der realen Sachlage nicht zufriedengeben und ringt um die nicht existierenden Vorteile des „zuerst Ziehenden".

11.Tf1-d1 c7-c5!

Das Turmmanöver war gerade gegen den Freisetzungsversuch gerichtet. Wer hat recht?

12.d4xc5 Le7xc5

13.Sf3-e5?

Eine logische Fortsetzung des Zuges 11.Td1. Nach natürlichem 13. . . .Dc8 14.Lb7: Db7: 15.Sd7: Sd7: 16.Lf4 und weiter Ld6 bekommt Weiß anscheinend „ein kleines Plus". Wie ein Blitz aus heiterem Himmel folgt aber:

13. . . . Dd8-b6!!

Eine hervorragende Kombination, die die Strategie von Weiß unterläuft. Wenn 14.Lb7:, so folgt 14. . . .Lf2:†! 15.Kf1 Db7: 16.Sd7: Dh1† 17.Kf2: Sg4#! Etwas besser ist 16.Td7:, obwohl auch hier nach

16. . . .Dh1† 17.Kf2: Dh2:† 18.Kf1 Dg3:! die Stellung von Weiß kaum zu verteidigen ist.

14.Se5xd7 Sf6xd7

15.Lg2xb7

Nach 15.Td7: folgt 15. . . .Lg2: 16.Kg2: Dc6†. Die einzige Chance für Weiß bestand im Rückzug des Turmes auf das Feld f1, aber auch nach 15. . . .Lg2: 16.Kg2: b4 hat Schwarz deutliches Übergewicht.

15. . . . Lc5xf2†

16.Kg1-f1 Sd7-c5!

Das ist die Pointe der Kombination. Dieser Angriff des Springers erlaubt Schwarz, den Läufer rechtzeitig zurückzuziehen, um das entscheidende materielle Übergewicht nicht zu verlieren.

17.Db3-b4 Sc5xb7

18.Sc3-e4 Lf2-g1!

19.Kf1-g2 a6-a5

20.Se4-f6† g7xf6

21.Db4-g4† Kg8-h8

22.Td1xg1 Db6-c6†

23.Kg2-h3 Tf8-g8

24.Dg4-h4 Tg8-g6

25.Tg1-f1 Sb7-d6!

26.Lc1-f4

26.Tf6: Sf5 27.Df4 Tf6: 28.De5 ging nicht, da nach 27.Df4 27. . . . Tg3:†! folgte; 28.hg Dh1† 29.Kg4 Tg8†! usw.

26. . . . Sd6-e4

27.Dh4-h5 e6-e5

28.Lf4-e3 Ta8-g8

29.Ta1-c1 Dc6-e6†

30.Dh5-f5 Se4xg3!

und Schwarz gewann leicht.

Noch ein Beispiel konkreter Problemlösung, das die zielgerichtete Entwicklung der wichtigen strategischen Stoßrichtung zeigt.

Karpow – Uhlmann
(Madrid, 1973)

Diagramm Nr. 11

22.g3-g4!!

An der Schwelle der Vereinfachungen und des Endspiels engt Weiß wesentlich die Beweglichkeit des auf dem weißen Feld stehenden schwarzen Läufers ein. Zu diesem Zweck blockiert er den Rückzug auf der Diagonalen c8-h3 und droht nach dem erzwungenen Rückzug des Läufers auf g6 mit dem Angriff auf f2-f4-f5. Vor allem ist das eine strategische und gleichzeitig eine konkrete Idee.

22. . . . Sc6xd4

(etwas besser wäre 22. . . .Tac8)

23.Dd1xd4 Db6xd4

24.c3xd4 Ta8-c8

25.f2-f3 Le4-g6

26.Te1-e7 b7-b6

Hier ist die Verzögerung als lebensgefährlich zu betrachten. Man müßte sich für 26. . . .Tc2 entscheiden.

27.Ta1-e1 h7-h6

28.Te7-b7 Td8-d6

Jetzt ist schon 28. ...Tc2 nicht gut wegen 29.Te2 Te2: 30.Le2: Td6 31.Lb5, und der weiße König geht ins Zentrum.

29.Te1-e7 h6-h5
30.g4xh5 Lg6xh5
31.g2-g4 Lh5-g6
32.f3-f4

Es ist wieder eine interessante positionelle Idee, die auf einer konkreten Berechnung beruht. Die Position des weißen Königs scheint sich zu entblößen. Wie Karpow aber genau berechnete, hat der schwarze Turm auf d6 keine Zeit, im Spiel aktiv zu werden, während das weiße Turmpaar eine mächtige Offensive auf der siebten Reihe unternimmt.

32. ... Tc8-c1†
33.Kg1-f2 Tc1-c2†
34.Kf2-e3 Lg6-e4
35.Te7xf7 Td6-g6
36.g4-g5 Kg8-h7
37.Tf7-e7 Tc2xb2
38.Lb5-e8 Tb2-b3†
39.Ke3-e2 Tb3-b2†
40.Ke2-e1 Tg6-d6
41.Te7xg7† Kh7-h8
42.Tg7-e7

Schwarz gab auf.

Heute, da das Schachspiel sehr dynamisch geworden ist, scheint das Spiel auf Grund allgemeiner Überlegungen als Hauptmethode veraltet und offensichtlich unzureichend zu sein. In vielen sogenannten typischen Positionen, in denen strategische Motive dominieren (und ohne deren Kenntnis kann man es nicht zur Meisterschaft bringen), findet diese Denkmethode Eingang in das Spielgeschehen und ist zweifellos berechtigt. Hier wird das Spiel auf Grund allgemeiner Überlegungen zum Synonym für die Mittelspieltechnik.

Das auf Analogie beruhende Spiel

Diese Denkweise ist stark abhängig von der vorhergehenden Methode und auch eine der typischen.

In unserer Zeit, in der die theoretische Ausarbeitung aller Etappen einer Schachpartie ein hohes Niveau erreicht hat, ist es praktisch unmöglich, es ohne Beherrschung bestimmter schachlicher Analogien zur Meisterschaft zu bringen.

Während des Turniers in Sarajewo im Jahre 1965 machte eine rein positionelle Partie zwischen *Polugajewski* und *Trifunowitsch* auf mich einen sehr guten Eindruck. Diese Partie, in der Weiß strategische Ideen des großen Meisters Rubinstein analog „schöpferisch wiederholte“ und die Partie siegreich beendete, hat das assoziative Denken eine große Rolle gespielt.

Ich möchte hervorheben, daß die Analogie in diesem Fall nicht die einfachste ist. Es war keine Wiedergabe einer einzelnen Variante oder einer konkreten Idee, sondern der Gesamtheit der für diese Struktur charakteristischen feinen strategischen Verfahren (Verdrängung schwarzer Streitkräfte, vorteilhafte und unvorteilhafte Tausche, breite Bauernoffensive an der ganzen Front usw.).

Noch ein wesentlicher Punkt. Zweifellos kann die Fähigkeit, eigene praktische Erfahrung auszunutzen, als ein wichtiges Mittel der Selbstvervollkommnung betrachtet werden. Hier, im praktischen Spiel, als auch in der „labormäßigen" Arbeit, muß man es verstehen, erfolgreiche Analogien zu finden, d. h. seine vorangegangenen Kenntnisse und Erfahrungen in Bewegung zu setzen und auf ihrer Grundlage notwendige Verallgemeinerungen zu machen.

Es ist vor allem ein schöpferischer Prozeß. In diesem Zusammenhang betrachten wir einige interessante Beispiele aus der Praxis von A. Karpow.

Im Jahre 1966 hat *Karpow,* damals 15 Jahre alt, in Leningrad eine interessante Partie mit dem Meister *G. Rawinski* (Weiß) gespielt. In diesem Turnier ist Anatoli, nebenbei bemerkt, Schachmeister geworden.

Diagramm Nr. 12

Diese Stellung entstand nach dem 26. Zug von Weiß. Trotz der beachtlichen Vereinfachungen ist der Kampf keineswegs zu Ende. Nicht schnell und bis jetzt nicht sehr forciert, entwickelt er sich an den Flügeln. Weiß, von der „Trägheit" getrieben, ist bestrebt, am Königsflügel einen Angriff zu organisieren, wobei Schwarz ein Gegenspiel am Damenflügel führt. Wenn aber mittels der Vereinfachungen der Angriff von Weiß wenig effektiv bleibt, so wird der Gegenangriff von Schwarz bald zum strategischen Kern dieser Partie.

26. . . .	**b5-b4**
27.h4-h5	**Kg8-g7**
28.Lc2-d1	**Sd8-f7**
29.h5xg6	**h7xg6**
30.Sf3-d2	**Sd7-c5**
31.b2-b3	

Weiß versucht, eine aktive Bremse zu schaffen, was Schwarz sehr gelegen kommt, da dadurch im gegnerischen Lager neue Schwächen entstehen.

31. . . .	**c4xb3**
32.a2xb3	**Dc7-b6**
33.Sg3-f1	**Sf7-d6**
34.c3-c4	**Db6-c6**
35.Ld1-c2	**a5-a4!**

Hier kommt der entscheidende Angriff, der die Schaffung eines starken Freibauern auf der b-Linie fördert.

36.b3xa4	**Le6xc4**
37.Sf1-g3	**Lc4-f7**
38.a4-a5	**Dc6-b5**
39.f2-f4	**Db5xa5**
40.f4xe5	**Da5-a1†**
41.Kg1-f2	**Da1xe5**
42.Sd2-f3	**De5-b2**
43.De3xc5	**b4-b3**
44.Sf3-d4	**b3xc2**

Weiß gab auf.

Im weiteren Verlauf verwendete

Karpow oft das in dieser Partie nützliche Verfahren des Bauernangriffs. Abhängig von der konkreten Situation fand er jedesmal die notwendigen Wege, um ähnliche Pläne zu verwirklichen. Auf eine solcher Analogien wurde von M. Tal in seinem Vorwort zu A. Karpows Buch „Ausgewählte Partien" hingewiesen.
Hier ein Fragment aus der Partie *Barcza – Karpow* (Caracas, 1970). In diesem Turnier erfüllte der neunzehnjährige Karpow zum ersten Mal die Norm des Großmeisters.
Die Stellung auf dem Schachbrett sieht nicht nur vereinfacht, sondern auch symmetrisch aus. Trotzdem zeichnet sich ein genauer Plan von Schwarz ab.

Diagramm Nr. 13

19. . . .	**b6-b5**
20.a2-a3	**Dd8-d6**
21.Ld5-f3	**Lh3-e6**
22.c4xb5	**a6xb5**
23.Ld2-e3	**Tf8-c8**
24.Dc1-d2	**b5-b4!**

Zug um Zug entwickelt Schwarz den Angriff am Damenflügel, wobei er seinen positionellen Vorteil unaufhaltsam vergrößert. Bald wird der „durchsickernde" Bauer auf der b-Linie zur entscheidenden Kraft.

25.a3xb4	**c5xb4**
26.Le3-a7	**Tb8-b5**
27.Te1-c1	**Tc8xc1†**
28.Dd2xc1	**b4-b3**
29.Dc1-c6	**Dd6xc6**
30.Lf3xc6	**Tb5-a5**
31.La7-e3	**Ta5-a2**
32.Le3-g5	**b3-b2**
33.Kg1-g2	**e5-e4**
34.d3-d4	**Le6-b3**

Weiß gab auf.

Wir sehen also, daß das auf Analogie beruhende Spiel einen wesentlichen Platz im Denken des Schachspielers einnimmt. Seine Formen sind keineswegs eindeutig und erfordern mitunter sogar schöpferischen Schwung. Aber in noch größerem Maße als beim Spiel aus allgemeinen Überlegungen, kann das auf Analogie beruhende Spiel nur Hilfsmittel im schöpferischen Denkprozeß des Spielers sein.
Schließlich hat jede komplizierte Stellung ein gewisses „Etwas". Darum, unabhängig von der Mustergültigkeit der sich aufdrängenden Analogie, muß man das Augenmerk stets auf die konkrete Analyse richten.
Betrachten wir einige Beispiele, die hauptsächlich der Analyse der Probleme der Eröffnung entnommen sind. Eine der typischsten Eröffnungsvarianten ergibt sich in der Altindischen Verteidigung

nach 1.d4 Sf6 2.c4 g6 3.Sc3 Lg7 4.e4 d6 5.Sf3 0-0 6.Le2 e5 7.0-0 Sc6 8.d5 Se7. Es ist bekannt, daß Weiß nach aktivem Spiel am Damenflügel strebt, und Schwarz — am Königsflügel. Dafür muß Schwarz vor allem den Springer von f6 zurückziehen und den Weg für den Läufer frei machen. Das Feld für den Springer muß man auch abhängig von den konkreten Aktionen des Anziehenden zu wählen verstehen. Beispielsweise ist nach 9. b4 der Rückzug des Springers auf h5 am zweckmäßigsten, z. B.: 10.g3 (10.Sd2 Sf4!) 10. . . . f5 11.Sg5 Sf6 12.f3 h6 13.Se6 Le6: 14.de c6 15.b5 Dc7 16.Tb1 Tfd8 17.Da4 Dc8 18.bc bc 19.Le3 De6: 20.Tb7 f4! usw. mit gutem Gegenspiel für Schwarz *(Taimanow – Simagin,* Moskau, 1961). Wenn 9.Ld2, so wäre neben einigen anderen Zügen auch 9. . . .Se8 gut, aber nach 9.Se1 wäre nur 9. . . .Sd7 richtig. Eine Analogie mit der vorher aufgezeigten Variante 9. . . . Se8? wäre ein großer Fehler. In diesem Fall hat Weiß effektives Spiel im Zentrum: 10.Sd3 f5 11.f4! mit starker Initiative. Stünde der schwarze Springer auf d7, hätte solch ein Plan keine Zukunft, weil er nach 11. . . .ef 12.Sf4: eine gute Position auf e5 beziehen würde. Wenn der Springer aber auf e8 stünde, führte das Öffnen des Zentrums zum Vorteil für Weiß. Die Sprünge des Springers auf f6 sind also überhaupt nicht so eindeutig!
Das auf Analogie beruhende Spiel kann besonders während des Übergangs von der Eröffnung zum Mittelspiel viel Schaden anrichten, weil eben hier in der Regel verwickelte Situationen entstehen und die erfolgreiche Verwirklichung des Plans von äußerlich unbedeutenden Faktoren abhängt. Deshalb ist die eingehende Aneignung und volle Beherrschung der ganzen Gesamtheit des Eröffnungssystems enorm wichtig.

Das „negative" Denken

Einige Probleme des Positionsgefühls

Diese Denkart stellt ebenfalls einen recht komplizierten Prozeß dar. Es handelt sich um die Suche nach dem richtigen und besseren Weg mittels Ausschlusses von unrichtigen Lösungen. Nehmen wir einmal an, daß schon der flüchtige Blick dem Spieler genügt, um einzuschätzen, daß bei einer allgemein günstigen Beurteilung einer relativ komplizierten Stellung sich zwei bis drei äußerlich gleichwertige Fortsetzungen anbieten. Nicht immer ist es möglich, nur auf Grund allgemeiner Positionseinschätzung schnell eine bessere oder sogar optimale Spielweise zu bestimmen. Ein Prüfstein bei der Suche kann folgendes sein: Zuerst probieren wir Variante A), wenn diese nicht gut ist, prüfen wir B), und wenn auch diese nicht geht, so versuchen wir C), usw. Wenn alle drei Varianten den gestellten Zielen nicht völlig entsprechen, so vergleicht man sie noch zusätzlich miteinander und wählt dann die optimale aus. Betrachten wir zuerst die Stellung die nach der Eröffnung entstand: 1.e4 e5 2.Sf3 Sc6 3.d4 ed 4.Sd4: Sd4:? 5.Dd4:

In der Praxis trifft man solch eine Variante sehr selten, was auch nicht verwunderlich ist. Nach dem vorzeitigen Abtausch der Springer bezog die weiße Dame eine starke Stellung im Zentrum. Es fällt nicht schwer, zu bemerken, daß jetzt Schwarz viele Schwierigkeiten mit der Entwicklung des Königsflügels hat. Fangen wir mit der Auslese an. Es stellt sich heraus, daß 5. . . .Le7? wegen 6.Dg7: unmöglich ist. 5. . . .Sf6? wird mit großer Kraft durch 6.e5! pariert, und der schwarze Springer muß in seine Ausgangsposition zurückkehren, was Tempoverlust bedeutet.

Setzt man die Auslese der Varianten fort, so kommt man unwillkürlich zur relativ besseren Fortsetzung: 5. . . .Df6. Hier versucht Schwarz am zielstrebigsten die Aktivitäten der weißen Dame zu neutralisieren. Obwohl nach 6.e5! Db6! 7.De4 Weiß eine dauernde Initiative erhält, kann Schwarz relativ erfolgreich sein nicht leichtes Problem der Figurenentwicklung lösen.

Wir haben den kurzen, aber anschaulichen Weg des „negativen" Gedankengangs verfolgt, und zwar vom Schlechteren zum Besseren. In der Praxis wird die „negative" Methode sogar von erfahrenen Schachmeistern benutzt, wenn sie von der Richtigkeit ihrer „Stellungsdiagnose" überzeugt sind, aber die konkrete Fortsetzung zur Bestätigung ihrer eigenen Einschätzung nicht finden können. Dann beginnt oft die Suche mittels der Methode des Ausschlusses.

Wie verführerisch falsche Positionseinschätzungen sein können, zeigt ein Beispiel aus der Partie *Gudmundsson – Fischer* (Reykjavik, 1960).

Diagramm Nr. 14

Der Stand nach der Eröffnung ist für Schwarz sehr günstig. Sein letzter Zug 15. . . .Lf5! unterstreicht dies besonders. Wenn Weiß die bei ihm entstandenen Schwierigkeiten richtig einschätzen würde, könnte er wahrscheinlich noch nach 16.Db3 Sf6 17.Db7: Se4! 18.Dc6: Tc8 19. Da6 Sc3: 20.bc Lc3: 21.La3 La1: 22.Lf8: Ld4! 23.ed Dd4:† 24.Kh1 Kf8: einen hartnäckigen Widerstand organisieren. Schwarz hätte auch hier noch positionelles Übergewicht, aber Weiß bezöge gute Verteidigungspositionen.

Aber Gudmundsson „ließ" diese Variante „fallen" und setzte mit unnötiger Hartnäckigkeit die scheinbar natürliche Linie des Kampfes fort.

16.e3-e4?	**Dd8-d4†**
17.Kg1-h1	**Se4-f2†**
18.Tf1xf2	

(18.Kh1-h2 Sf2xe4!)

18. . . . Dd4xf2

19.e4xf5 Lg7xc3!

Dies ist die günstigste Möglichkeit für Schwarz. Weniger energisch ist 19. . . .Tfe8 20.Se4! De1† 21. Kh2 gf 22.Sg3, und Weiß geht zum Angriff über.

20.b2xc3 Ta8-e8

21.Le2-d3 Te8-e1†

22.Kh1-h2 Df2-g1†

23.Kh2-g3 Tf8-e8

24.Ta1-b1?

Letzte Fehlleistung. Es wäre notwendig: 24.fg! hg 25.Tb1 T8e3†! 26.Le3: Te3:† 27.Kg4 Dh2! 28. Df2 Td3: 29.Tb2! Tc3: 30.Td2, und trotz des Verlustes eines Bauern hätte Weiß noch Chancen zum Remis.

24. . . . g6xf5

25.Lc1-d2 Te1xb1

26.Dc2xb1 Dg1xb1

27.Ld3xb1 Te8-e2!

Weiß gab auf, da er nach 28.Lc1 Te1 den Läufer verliert.

Wie zu erkennen ist, kommt das „negative“ Denken eng mit den „Geheimnissen“ des Positionsgefühls in Berührung. Überhaupt haben die Fragen des Positionsgefühls große Bedeutung und sind damit sehr tiefgehend. Wir werden noch oft freiwillig und auch unfreiwillig auf dieses Problem zurückkommen müssen. Vorläufig bleiben wir aber bei einem sehr wichtigen Problem: Wie kann falsches Herangehen an die Stellungsbeurteilung den schöpferischen Denkprozeß des Spielers verzerren und zu negativen Folgen führen?

Sehen wir uns deshalb an, wie sich die folgende Partie entwickelte.

Kan – Boleslawski

(20. Meisterschaft der UdSSR, 1952)

1.d2-d4 Sg8-f6

2.c2-c4 g7-g6

3.Sg1-f3 Lf8-g7

4.g2-g3 0—0

5.Lf1-g2 d7-d6

6.0—0 Sb8-d7

7.Dd1-c2 e7-e5

8.Tf1-d1 Tf8-e8

9.Sb1-c3 c7-c6

10.e2-e4

Es entstand eine kritische Stellung nach einer der modernsten Varianten der Altindischen Verteidigung. Schwarz steht vor der Wahl, die Spannung im Zentrum beizubehalten (beispielsweise 10. . . .a5 oder 10. . . .De7) oder sofort das Spiel mittels 10. . . .ed zu öffnen. Boleslawski wählte die letztere, sich zuspitzende Spielweise aus.

10. . . . e5xd4!?

11.Sf3xd4

Nach 11.Td4: Dc7 12.Lf4 Se5 13. Tad1 Lg4! hätte Schwarz ausgezeichnetes Spiel.

11. . . . Dd8-e7

12.h2-h3?

Dieser natürliche Zug ist ein Fehler. Die Stellung erforderte von Weiß energischeres Handeln. Diesem entspräche 12.Lf4, weil es hemmend für 12. . . .Sc5 wäre, angesichts 13.Sc6:! bc 14.Ld6:. Auf solche Weise könnte Weiß einen gewissen Raumvorteil bekommen. Jetzt aber ergreift Schwarz endgültig die Initiative.

12. . . . Sd7-c5

13.f2-f3

In Verbindung mit dem Zug h2-h3 ist dies eine eindeutig fehlgeschlagene Bauernstellung, die es Schwarz erlaubt, die Drohungen am Königsflügel zu parieren.

13. . . . a7-a5
14.g3-g4?! Sf6-d7
15.Ta1-b1 Sd7-e5
16.b2-b3 f7-f5!

Diagramm Nr. 15

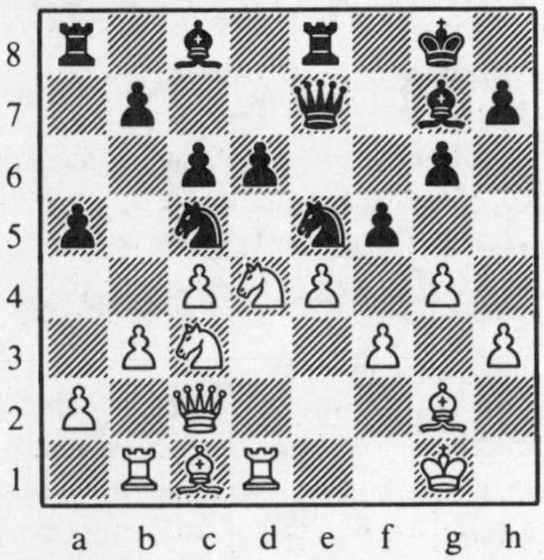

17.e4xf5?

Boleslawski charakterisierte den Grund dieses Fehlers sehr genau in seinem Kommentar: „Wahrscheinlich betrachtete Weiß sein Spiel als vollig richtig und den 16. Zug von Schwarz als eine Frechheit, für die man ihn bestrafen muß“.

Weiß mußte mit allen Mitteln die Öffnung des Spiels am Königsflügel und im Zentrum vermeiden und mit 16.Lc3 fortsetzen. Obwohl der Vorteil des Nachziehenden auch hier eindeutig war, konnte Weiß die bezogene Stellung noch halten.

Wenden wir uns für einen Augenblick vom konkreten Spielablauf ab und der Ursache der moralischen Niederlage des Anziehenden in dieser Partie zu. Zweifellos liegt sie in der falschen Einschätzung sowohl der Stellung auf dem Brett, als auch der ganzen Entwicklung des Spiels. Der ganze von I. Kan gefaßte Plan erwies sich als unpassend, obwohl der Spieler dies selbst überhaupt nicht einsah. Als Kan auf den energischen Widerstand des Nachziehenden stieß, meinte er aus Trägheit, daß Weiß keinen schlechteren Spielablauf zu befürchten hat, und übersah die reale Lage auf dem Schachbrett. Leider kommen solche Arten des „negativen“ Denkens auch in der Praxis starker Schachmeister vor.

17. . . . g6xf5
18.g4xf5

Nach 18.Sf5: Lf5: 19.Df5: Tf8 20. Dg5 Dg5: 21.Lg5: Sf3:† 22.Lf3: Tf3: 23.Se2 Se4 hat Schwarz eine reale Gewinnstellung.

18. . . . Se5-d3!
19.Td1xd3 Sc5xd3
20.Dc2xd3 De7-e1†
21.Lg2-f1 De1-g3†
22.Kg1-h1 Te8-e1
23.Lc1-e3 Dg3xh3†
24.Kh1-g1 Dh3-g3†
25.Kg1-h1 Dg3-h4†
26.Kh1-g2 Te1xe3
27.Dd3xe3 Lg7xd4
28.De3-e8† Kg8-g7
29.f5-f6† Ld4xf6
30.De8-e4 Dh4-g5†

Weiß gab auf.

Auch im nächsten hier aufgeführten Fragment aus dem Schaffen von Boleslawski half ihm sein tiefes Eindringen in die Dynamik der Stellung, in Verbindung mit originellen Ideen, die negativen Seiten der gegnerischen Denkweise aufzuspüren. Vor ein neues System gestellt, konnte Weiß auf alle Feinheiten der Stellung nicht eingehen.

Schaposchnikow – Boleslawski (Halbfinale der 19. Meisterschaft der UdSSR, Swerdlowsk, 1951)

1.e2-e4	**e7-e6**
2.d2-d4	**d7-d5**
3.Sb1-c3	**Lf8-b4**
4.e4-e5	**c7-c5**
5.a2-a3	**Lb4xc3†**
6.b2xc3	**Sg8-e7**
7.Dd1-g4	**0—0**

Damals war ein solcher Zug eine Neuerung, und für Weiß erwies er sich wahrscheinlich als Überraschung.

8.Sg1-f3	**Sb8-c6**
9.Lf1-d3	**f7-f5**
10.e5xf6	

Wahrscheinlich wäre es besser, den Keil auf e5 zu erhalten und den Rückzug mit der Dame zu vollziehen. Beispielsweise: 10.Dg5 Da5 11.Ld2 Da4 12.dc Sg6 13.0-0 mit Initiative für Weiß.

10. . . .	**Tf8xf6**
11.Dg4-h5?	

Von dem subjektiven Streben gelenkt, Schwarz für die Frechheit in der Eröffnung zu bestrafen, geht Schaposchnikow an die Lösung der Probleme im wesentlichen „durch den Hintereingang“ heran. Man sollte 11.Lg5 mit zweischneidigem Spiel fortsetzen.

11. . . .	**h7-h6**
12.Sf3-e5(?)	**Sc6xe5**
13.d4xe5	**Tf6-f8**
14.g2-g4	**c5-c4**
15.Ld3-g6?	

Das kleinere Übel wäre 15.Le2, obwohl hier nach 15. . . .Ld7 Schwarz ein klares Übergewicht bekommt. Jetzt geht Schwarz zum entscheidenden Gegenangriff über.

15. . . .	**Se7xg6**
16.Dh5xg6	**Dd8-h4!**
17.Lc1-e3	**Lc8-d7**
18.0—0—0	**Dh4-e7!**
19.Dg6-h5	**Ld7-e8**
20.Dh5-h3	**Le8-g6**
21.f2-f3	**De7xa3†**
22.Kc1-d2	**d5-d4!**
23.Le3xd4	**Ta8-d8**
24.Th1-f1	**Da3-b2**
25.Kd2-e3	**Lg6xc2**
26.Td1-e1	**Td8xd4**
27.c3xd4	**Tf8-d8**
28.Ke3-f4	**Lc2-d3**
29.Tf1-g1	**Db2-f2**

Weiß gab auf.

Wie zu sehen ist, sind Ursachen und Auswirkung des „negativen“ Denkens nicht eindeutig. Man kommt zu der Schlußfolgerung, daß es in den meisten Fällen mit subjektiven Auffassungen im Zusammenhang steht, auf die sich der Spieler begrenzt, ohne in die objektive Realität der Partie einzudringen.

Die Züge des „negativen“ Denkens, die auf einer richtigen Stellungsbeurteilung auf Grund allgemeiner Überlegungen basieren, sind in der historisch gewordenen Partie *Capablanca – Marshall,* die im Jahre 1918 in New York gespielt wurde, enthalten. Hier wurde die scharfe Variante der Spanischen Partie, die die Bezeichnung „Marshall-Angriff“ erhielt, zum erstenmal angewandt: 1.e4 e5 2.Sf3 Sc6 3.Lb5 a6 4.La4 Sf6 5.0-0 Le7 6. Te1 b5 7.Lb3 0-0 8.c3 d5? Capablanca, der vor die Lösung ihm völlig unbekannter Probleme gestellt wurde, ging ohne Zaudern auf die Herausforderung ein und nahm den geopferten Bauern. In seinem Kommentar schrieb er, daß er seinem Positionsgefühl vertraute und von seiner Fähigkeit, den Figurenansturm des Gegners abwehren zu können, überzeugt war. Der Text dieser berühmten Partie ist in vielen Schachbüchern, darunter auch in meinem „Laboratorium des Schachspielers", zu finden. Capablanca gewann, wobei er viele Entscheidungen rein gefühlsmäßig treffen mußte, da es einfach unmöglich war, alle Varianten direkt am Schachbrett zu berechnen. Später haben die Analytiker einen noch stärkeren Plan des Spiels für Weiß gefunden und gleichzeitig bewiesen, daß zu einem bestimmten Moment Marshall Remis hätte erzielen können. Aber das vermindert keineswegs die Bedeutung der Partie. Bis heute kann sie nur entzücken, wobei man den ausgezeichneten Spürsinn Capablancas, seinen Mut, den er in der schärfsten Lage aufbrachte, würdigen muß. Im Gegensatz zum sorgfältig vorbereiteten Gegner mußte er jeden Zug direkt am Schachbrett finden. Diese Partie ist ihrer Art nach ein Musterbeispiel des praktischen Denkens jener Zeit. Wenn heute mittels einer sorgfältigen Analyse einige ihrer Schattenseiten sichtbar werden, so zeugt dies nur vom allgemeinen Fortschritt und der Kraft des modernen Schachdenkens. Um das Kapitel abzuschließen, wollen wir hier einige Schlußfolgerungen ziehen.

Dem „negativen" Denken sind bestimmte Grenzen gesetzt. Vor allem kann es beim Nachprüfen konkreter Ideen viel Nutzen bringen. Aber oft ist es zweifelsohne unproduktiv und sogar fehlerhaft, sich nur auf die Methode des Ausschlusses zu verlassen. Das verbissene Hängenbleiben am „negativen" Denken bedeutet, nur eine „halbblinde" Wahl zu treffen, nach dem Prinzip: Etwas anderes ist noch „schlechter". In der Praxis geschieht oft das Gegenteil: Der Spieler schiebt relativ annehmbare Fortsetzungen beiseite und wählt eine fehlerhafte aus, wie in den angeführten Beispielen gezeigt wurde.

Gehen wir nun zur Betrachtung charakteristischer Mängel des Denkens über. Natürlich kann ich hier nicht alle diese Mängel ansprechen, da sie in großer Anzahl vorkommen. Meine Aufgabe besteht vor allem darin, auf der Grundlage der angeführten Beispiele dem Leser Stoff zum selbständigen Nachdenken zu geben.

2. Kapitel Charakteristische Denkmängel des Schachspielers des Schachspielers

Das rechte Maßgefühl

Richtiges Denken setzt das rechte Maßgefühl voraus. Es äußert sich vor allem in der objektiven Positionseinschätzung und in der Berücksichtigung bestimmter Faktoren psychologischen Charakters. Das rechte Maßgefühl drückt sich auch in ständiger Aufrechterhal-

tung des Vertrauens in die eigenen Kräfte und in entsprechender Bescheidenheit aus. Letzteres ist notwendig, weil jede Überheblichkeit den Weg zur Vervollkommnung versperrt.
Die Objektivität der Stellungsbeurteilung geht bei übertriebenem Selbstvertrauen wie auch bei lähmender Unsicherheit verloren. Das Spiel ist immer von menschlichen Gemütsbewegungen geprägt. Ohne sie gibt es kein Schaffen, keinen echten Aufschwung der Kräfte. Unabhängig von seinen persönlichen Charakterzügen ist der Spieler während der Partie verschiedenen Emotionen ausgesetzt. Der abwechslungsreiche Kampfverlauf wirft den Spieler bald in die Höhen der Sicherheit, bald nach unten, so daß er seinen ganzen Optimismus benötigt, um im Sumpf der Unsicherheit nicht steckenzubleiben.
Gehen wir jetzt ausführlicher einigen typischen Fehlern, die unabhängig von der jeweiligen Individualität des Schachspielers zustande kommen können, nach. Wir werden sehen, wie die Überschätzung eigener Möglichkeiten, die Besessenheit, die Initiative um jeden Preis zu erringen, zur Niederlage führen können.
Analysieren wir die folgenden Beispiele aus der Praxis von Bobby Fischer. Wir werden sehen, wie es dem Exweltmeister gelungen ist, seine Gegner für das in einem bestimmten Moment verlorengegangene Maßgefühl streng zu bestrafen.
Die folgende Stellung entstand in der Partie *Lombardi – Fischer* (USA, 1960-61) nach dem 12. Zug.

Diagramm Nr. 16

Schwarz opferte den Bauern und bekam als Ersatz ein an Initiative reiches Spiel. Jetzt müßte Weiß die Stellung vernünftig einschätzen und den Bauern rechtzeitig zurückgeben, um die Entwicklung günstig abzuschließen. Es sollte 13.Le2 Lh4† 14.g3 Lf6 15.0-0 Lb2: 16. Tab1 mit Erringung der Chancengleichheit folgen.
In der Partie folgte jedoch:

13.Dd5-b5? Lc8-d7
14.Ta1-c1?!

Es ist klar, daß Weiß keine Gefahr verspürt. Besser wäre 14. De2 Lf6 15.0-0-0 usw.

14. . . . Sc6-b4!
15.Sc2xb4

Weiß ist gezwungen, die Qualität zu opfern, denn nach 16.De2 Sa2: oder 16.Dc4 Da5 17.Sb4: Lb4:† 18.Kf2 Tac8 19.Dd5 Tc1: 20.Lc1: Le1† würde Schwarz zum vernichtenden Angriff übergehen.

15. . . .	Dc7xc1†
16.Le3xc1	Ld7xb5
17.Sb4-d5	Le7-h4†!
18.g2-g3	Lb5xf1
19.Th1xf1	Lh4-d8
20.Lc1-d2	Ta8-c8
21.Ld2-c3	f7-f5!
22.e4-e5	Tc8-c5
23.Sd5-b4	Ld8-a5!
24.a2-a3	La5xb4
25.a3xb4	Tc5-d5
26.Ke1-e2	Kg8-f7
27.h2-h4	Kf7-e6
28.Ke2-e3	Tf8-c8
29.Tf1-g1	Tc8-c4
30.Tg1-e1	

Dies führt zum Verlust. Etwas besser wäre 30.Ta1.

30. . . .	Tc4xc3†!
31.b2xc3	Td5xe5†
32.Ke3-d2	Te5xe1
33.Kd2xe1	Ke6-d5
34.Ke1-d2	Kd5-c4
35.h4-h5	b7-b6
36.Kd2-c2	g7-g5
37.h5-h6	f5-f4
38.g3-g4	a7-a5
39.b4xa5	b6xa5
40.Kc2-b2	a5-a4
41.Kb2-a3	Kc4xc3
42.Ka3xa4	Kc3-d4
43.Ka4-b4	Kd4-e3

Weiß gab auf.

Die nächste Stellung entstand in der Partie *Szabo – Fischer* (Olympiade 1960) nach 12 Zügen. Hier bekam Schwarz in der Eröffnung ausgezeichnetes Spiel.

(s. Diagramm Nr. 17)

Jetzt müßte Weiß 13.Sc3 spielen um das Gleichgewicht zu sichern. Aber Weiß durchschaut die Quel-

Diagramm Nr. 17

len für das Gegenspiel bei Schwarz nicht. Er hat unvorsichtig die wichtigen Felder im Zentrum geschwächt mit:

13.f2-f4?

Weiter folgte:

13. . . .	Se5xd3
14.Dd2xd3	h7-h6
15.Lg5-h4	Tf8-e8
16.Ta1-e1	Dd8-b6
17.Lh4xf6	Lg7xf6
18.f4-f5	g6-g5
19.b2-b3	Db6-a5!
20.Te1-c1?	

Dies ist der entscheidende Fehler. Die Drohung 20. . . . Ld4† und weiter Te8-e3 hätte man mittels 20.Db1 parieren müssen.

20. . . .	Da5xa2
21.Tc1-c2	Te8-e3!
22.Dd3xe3	Da2xc2
23.Kg1-h1	a7-a5
24.h2-h4	a5-a4

Weiß gab auf.

Obwohl es auf den ersten Blick scheinen mag, daß sich übertriebenes Selbstvertrauen und Unsicherheit auf verschiedenen Polen befinden, stehen sie in der Realität sehr oft in einer Reihe. Das zu große Selbstvertrauen führt früher oder später zum Fehler. Es vollzieht sich eine rasche und ungelegene Spielwendung und der Spieler verfällt in einen unangenehmen Streßzustand, der Kräfteverfall und Unsicherheit zur Folge hat.

Es gibt übrigens viele Ursachen der Unsicherheit: die Angst vor dem Gegner, der „ungelegen" kommt (sogar wenn er objektiv nicht stärker als Sie ist), eine nicht genügend vertraute Stellungsvariante, andauernde Überwindung objektiver Schwierigkeiten in der Verteidigung, Zeitnot usw. Der Hauptfehler besteht hier aber in der unzulässigen Unterschätzung der eigenen Kräfte und Möglichkeiten. Wenn man sich vervollkommnen will, so muß man diesen Erscheinungen in seinem Verhalten den Kampf ansagen.

Manche ju ıgen Schachfreunde, von Natur aus sehr begabt, leiden eben unter dieser Unsicherheit. Wenn man diesen Mangel nicht mit Entschlossenheit bekämpft, so kann er sich zu einem unangenehmen Komplex entwickeln. Erinnern wir uns hier an einen ausgezeichneten Aphorismus von La Rochefoucauld: „Ein Feigling ist der Kraft nicht bewußt, die seiner Furcht innewohnt". Man muß also die „Energie" der Furcht in reale Kampfenergie umwandeln.

In einigen von uns betrachteten Beispielen bestand die Ursache der Niederlage im Verlieren des Gefühls der Gefahr. Die Fähigkeit, rechtzeitig die Gefahr zu spüren und abwehren zu können, ist sogar nicht einmal jedem starken Meister gegeben. Übrigens war diese Fertigkeit in hohem Maße für M. Botwinnik und T. Petrosjan charakteristisch. Auch A. Karpow ist mit ihr in hohem Grade vertraut.

In der Fähigkeit, die Gefahr vorauszusehen, ist das rechte Maßgefühl plastisch widergespiegelt. Es ist aber sehr leicht, diese Qualität im Eifer des Gefechts zu verlieren. Mit diesem Problem hat es der Schachspieler eigentlich auf Schritt und Tritt zu tun. Folgendes Beispiel ist in dieser Hinsicht sehr lehrreich:

Spasski – Karpow
(Kandidatenwettkampf,
Leningrad 1974)

Diagramm Nr. 18

Diese Stellung entstand in der 6. Partie.

Die Stellung von Weiß ist freier.

Ob es aber möglich ist, diesen Umstand auszunutzen? Ohne darüber Zweifel zu hegen, spielte Weiß

22.d4-d5?!

Falsch! Es wird sich sehr bald herausstellen, daß Weiß eben deswegen seine kleinen Vorteile verloren hat. Behutsamer wäre 22.Td3 gewesen.

22. . . . c6xd5

23.c4xd5 e6-e5!

Diese mögliche Fortsetzung war dem Anziehenden völlig entgangen. Wenn 24.Se5: De2: 25.Te2: Ld6 26.Tde1 Se5: 27.Le5: La3:, so hätte Schwarz ein Übergewicht im Endspiel.

24.d5-d6

Es reimt sich, aber es ist doch nicht die beste Lösung. Es wäre besser, wie M. Botwinnik empfahl, 24.Db5 Lc5 25.Se5: Se5: 26.Le5: Lf2:† 27.Kf2: Te5: 28.Te5: Df4† 29. Kg1 De5: mit ungefähr gleichem Spiel vorzuziehen.

24. . . . Le7-f6

25.Sf3-d2?

Noch eine Fehlleistung. Da entsteht ein offensichtlich für Schwarz vorteilhaftes Ende, weil er eine ausgezeichnete Position für seinen König auf e6 bekommt. Notwendig war 25. Db5.

25. . . . Dg4xe2

26.Te1xe2 Td8-c8!

Es ist der Anfang der Kräfteumgruppierung, die letzten Endes die Absicht hat, den Bauern auf d6 einzukesseln.

27.Sd2-e4 Lf6-d8

28.g2-g4 f7-f6

29.Kg1-g2 Kg8-f7

30.Td1-c1! Ld8-b6

31.Te2-c2 Tc8xc2

32.Tc1xc2 Kf7-e6

33.a3-a4 a7-a5!

Sonst wird b3-b4 unangenehm.

34.Lb2-a3 Te8-b8!

Eine eventuelle Sprengung b7-b5 ist geplant. Wenn 35.Sc3, dann ist 35. . . .Tc8! stark.

35.Tc2-c4! Lb6-d4

36.f2-f4!

In eine schwierige Lage geraten, kämpft Weiß tollkühn um den Ausgleich. Ein wahrer Großmeisterkampf, in dem Weiß keine Chance hat, der eisernen Umarmung durch den Gegner zu entrinnen.

36. . . . g7-g6

37.Se4-g3 e5xf4!

38.Tc4xd4 f4xg3

39.Kg2xg3 Tb8-c8

40.Td4-d3 g6-g5!

Weiß hat drei schwache Bauern, aber seine Figuren sind noch sehr beweglich.

41.La3-b2 b7-b6

42.Lb2-d4

Beachtenswert wäre 42.Tc3 Tc3: 43.Lc3: Sc5 44.Kf3 Sb3: 45.d7 Kd7: 46.Lf6: mit guten Chancen zum Remis (angegeben von M. Botwinnik).

A. Karpow empfiehlt 42. . . .Th8! als Antwort auf 42.Tc3, um die Spannung aufrechtzuerhalten.

42. . . . Tc8-c6

43.Ld4-c3 Tc6-c5!

44.Kg3-g2 Tc5-c8

45.Kg2-g3 Sd7-e5

46.Ld4xe5 f6xe5

47.b3-b4?

Weiß ist den Schwierigkeiten der mühsamen und zeitraubenden Verteidigung doch nicht gewachsen, denn 47.Kf3 Td8 48.b4 Td6: 49. Tb3 bewahrte noch Chancen auf Remis. Obwohl hier Weiß auch, wie Karpow angegeben hat, nach 49. . . .Td4! 50.ba Tf4† 51.Kg3 ba 52.Tb6† Kd5 53.Tb5† Ke4 54. Ta5: Tf3† 55.Kg2 Ta3 56. Ta8 Kf4 oder 51.Ke3 Tg4: 52.Tb6:† Kf5 53.Tb8 Ta4: 54.Tf8† Kg4 noch große Schwierigkeiten zu befürchten gehabt hätte.

47. . . . e5-e4!

48.Td3-d4

Schlecht ist für Weiß auch 48.Tb3 Kd6: 49.ba ba 50.Kf2 Kd5 51.Ke3 Tc5 52.Ta3 Ke5 53.Tb3 Td5 54. Tc3 Td3† usw.

48. . . . Ke6-e5
49.Td4-d1 a5xb4
50.Td1-b1 Tc8-c3†
51.Kg3-f2 Tc3-d3
52.d6-d7 Td3xd7
53.Tb1xb4 Td7-d6
54.Kf2-e3 Td6-d3†
55.Ke3-e2 Td3-a3!

Weiß gab auf.

Hier sahen wir noch ein wichtiges Moment: Psychologische Schwierigkeiten in der Verteidigung einer äußerlich einfachen, aber schlechteren Stellung, die jede Möglichkeit auf ein Gegenspiel untergräbt. In solchen Stellungen sind Fehler fast unvermeidlich.

Flexibilität des Denkens

Sogar sehr starken und erfahrenen Schachspielern fehlt es oft an der erforderlichen Flexibilität des Denkens. Das drückt sich z. B. im übertriebenen Eifer aus, sich an objektiv unklaren oder einfach fragwürdigen Eröffnungssystemen festzuklammern, oder im Widerwillen, rechtzeitig vorbeugende Maßnahmen zu treffen und vertretbare Zugeständnisse angesichts des gefährlichen gegnerischen Angriffs zu machen.

Die moderne Praxis beweist immer wieder, welch große Bedeutung das flexible, elastische Denken und die Fähigkeit hat, sich schnell dem rapiden „Wechsel der Kulissen" in der Schachpartie anzupassen. Sehen wir uns einige Beispiele erfolgreicher Verteidigung in komplizierten Stellungen an. Es ist interessant zu verfolgen, wie der Spieler sich in kritischer Lage nicht auf die passive Verteidigung begrenzt, sondern Reserven für aktives Gegenspiel sucht. In solchen Fällen spielt die Flexibilität des Denkens die Hauptrolle.

Spasski – Karpow
(Kandidatenwettkampf,
Leningrad, 1974)

Diagramm Nr. 19

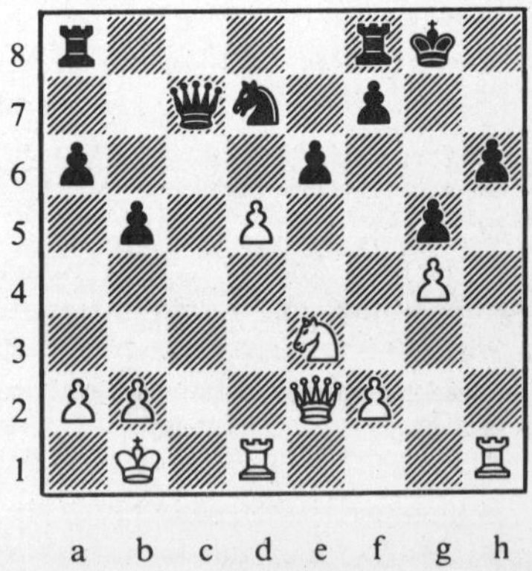

Diese Stellung entstand in der 8. Partie. Die Lage von Schwarz sieht sehr kompliziert aus — der König ist bedroht. Auf 25. . . . Kg7 hat Weiß 26.f4! mit zahlreichen Drohungen vorbereitet. Desto lehrreicher ist Karpows Entscheidung.

25. . . . Sd7-f6!

Eine wunderbare Idee. Schwarz hat keine Absicht, sich an dem Bauern auf h6 festzuklammern, und strebt an, seine Verteidigungsstellung auszubauen. Mit dem Springer wird diese verstärkt. Tempo ist wichtiger als der Bauer.

26.Th1xh6

Noch stärker wäre 26.d6!

26. . . . Kg8-g7
27.Th6-h1 Ta8-d8
28.d5xe6 f7xe6
29.Se3-c2 Dc7-f4!

Noch ein wichtiger Entschluß. Schwarz sucht dem Manöver 30. Sd4 vorzubeugen, und im Falle von 30.De6: Td1:† 31.Td1: Dg4: ist bei ihm alles in Ordnung.

30.f2-f3 Kg7-f7
31.a2-a3 e6-e5
32.Sc2-b4 c5-c4!
33.f3xe4 Td8xd1†
34.Th1xd1 Tf8-e8!

Die letzte Feinheit, die es dem Nachziehenden erlaubt, das Spiel völlig auszugleichen. Fehlerhaft wäre 34. . . .Dg4: 35.Dg4: Sg4: 36.Tf1†! Ke7 (g7) 37.Tg1.

35.Sb4xa6 Df4xe4†
36.De2xe4 Te8xe4
37.Sa6-c7 b5-b4
38.a3xb4 Te4xb4
39.Td1-f1 Tb4-f4!

Hier einigten sich die Konkurrenten auf Remis.

Kennzeichnend ist die nächste Partie.

Portisch - Spasski
(Kandidatenwettkampf, 1980)

1.d2-d4 Sg8-f6
2.c2-c4 e7-e6
3.Sb1-c3 Lf8-b4
4.e2-e3 c7-c5
5.Lf1-d3 d7-d5
6.Sg1-f3 0—0
7.0—0 Sb8-c6
8.a2-a3 Lb4xc3
9.b2xc3 d5xc4
10.Ld3xc4 Dd8-c7
11.Lc4-b5 a7-a6
12.Lb5-e2 e6-e5
13.Lc1-b2 e5-e4!
14.Sf3-d2 Lc8-f5
15.a3-a4 Tf8-d8
16.Dd1-c2 Ta8-c8
17.Tf1-c1 c5xd4
18.c3xd4

Hier entstand auf dem Schachbrett eine Stellung, die bei dem üblichen rein positionellen Spielablauf eindeutige Aussichten für Weiß enthält, weil er ein starkes Bauernzentrum und zwei Läufer hat.

Diagramm Nr. 20

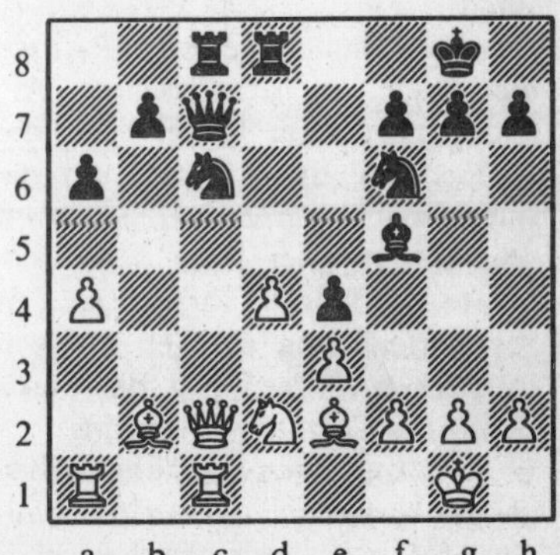

Desto lehrreicher ist die von Schwarz auf Ausgleich bedachte Spielweise.

18. . . . Sc6xd4!!

Ein positionelles Damenopfer, das es Schwarz erlaubt, befriedigendes Gegenspiel zu erzielen.

19.Dc2xc7 Sd4xe2†
20.Kg1-f1 Se2xc1
21.Dc7-b6 Sf6-d5
22.Db6-a5 Sc1-d3
23.Lb2-d4 Sd3-b4!
24.Sd2-c4!

Seinerseits muß Weiß nun auf der Hut sein. Schlecht ist 24.Kg1 Td6 mit dem Ziel b7-b6 oder 24. . . .Sc6, und Weiß wäre der Niederlage sehr nahe.

24. . . . Sb4-c6
25.Da5-d2 Lf5-e6
26.Sc4-a3 Sd5-b4
27.a4-a5 Sc6xd4
28.e3xd4 Sb4-d5
29.Ta1-c1 h7-h6
30.Tc1-c5 b7-b6
31.a5xb6 Sd5xb6
32.Tc5xc8 Td8xc8
33.h2-h3 Sb6-d5

Die Partner einigten sich auf Remis (folgte 34.Kg1 Tc3! mit Gleichstand).

Man stößt in der Praxis auf Partien, die reich an strategischen Veränderungen sind. Bringt einer der Partner ein Bauernopfer, um die Initiative zu ergreifen, so muß sein Gegenspieler trotz seiner geplanten Offensive für lange Zeit zur Verteidigung übergehen. Eben in solchen Fällen wird die Flexibilität des Denkens überprüft.

In diesem Zusammenhang geben viele Varianten des Marshall-Angriff-Systems ein reiches pädagogisches Material. Sehr lehrreich ist die Fortsetzung: 1.e4 e5 2.Sf3 Sc6 3.Lb5 a6 4.La4 Sf6 5.0-0 Le7 6.Te1 b5 7.Lb3 0-0 8.c3 d5 9.ed Sd5: 10.Se5: Se5: 11.Te5: c6

Diagramm Nr. 21

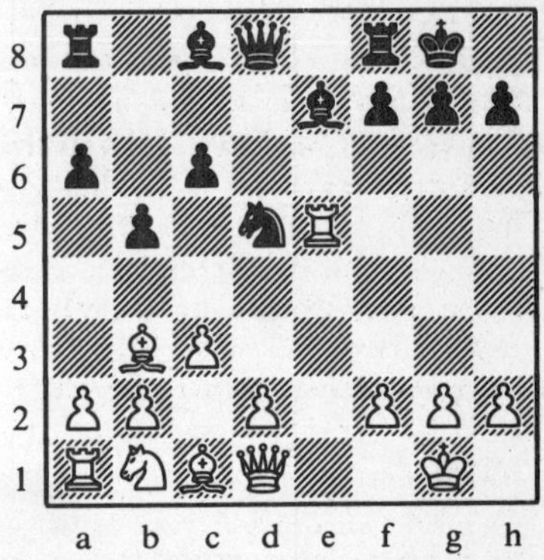

12.d3 Ld6 13.Te1 Lf5 14.Ld5: (14. Df3 Te8!) 14. . . .cd 15.Sd2.

Eine praktische Entscheidung. Weiß bevorzugt, den Bauern zurückzugeben, um erfolgreich die Entwicklung vollenden zu können. Dies führt übrigens zu schnellem Ausgleich.

In der Partie *Smyslow – Sokolski* (17. Meisterschaft der UdSSR, 1949) folgte weiter: 15. . . .Ld3 16.Sf1 Lg6 17.Dg4 Te8 18.Le3 b4, mit Chancengleichheit.

Es könnte auch gespielt werden: 12.d4 (siehe Diagramm Nr. 21) 12. . . .Ld6 13.Te1 Dh4 14.g3 Dh3 15.Le3 Lg4 16.Dd3 Tae8 17.Sbd2 Te6 18.a4 Dh5! 19.ab ab 20.c4 bc 21. Sc4: Lb4 22.Tec1 Le2 23.Ld1 Dh2:† (gut ist auch 23. . . .Ld3:) 24.Kh2: Ld3:, und Schwarz hat das Gleichgewicht im Endspiel erhalten (*Tal – Spasski,* Turnier, 1965).

Die Flexibilität des Denkens ist eine Eigenschaft des Spielers, die sich zusammen mit der Theorie und Praxis des Schachs entwickelte. Früher maß man ihr keine große Bedeutung zu. Viele große Meister des 19. Jahrhunderts strebten ihre Beherrschung überhaupt nicht an, weshalb sie dogmatisch an Ideenkomplexen festhielten. In der Regel war diese Eigenschaft für eifrige Anhänger der streng positionellen und der äußerst kombinatorischen Schule charakteristisch. Für sie war es eine Ehrensache, ihr schöpferisches Glaubensbekenntnis bis zum Letzten zu verteidigen. So spielte der Begründer der positionellen Schule, W. Steinitz, mit überraschender Hartnäckigkeit und dem großen Risiko zum Trotz, die ausgefallene Variante: 1.e4 e5 2.f4 ef 3.Sc3?! Dh4† 4.Ke2 oder 1.e4 e5 2.Sf3 Sc6 3.Lc4 Sf6 4.Sg5 d5 5.ed Sa5 6.Lb5† c6 7.dc bc 8.Le2 h6 9.Sh3?!

Auch im Mittelspiel ließ er seinen König oft im Zentrum, um damit die Richtigkeit seiner Idee über die Königszentralisation auf jeder Etappe der Schachpartie zu beweisen.

Auch der bedeutende Schach-Neuerer und zugleich auch hervorragende Vertreter des Kombinationsstils M. Tschigorin betrat diesen in die Irre führenden „Pfad“. Man findet bei ihm vor dem Hintergrund prächtiger schöpferischer Ideen verschrobene Schemata, für die er trotz des praktischen Mißerfolgs ständig eintrat. Viele Sorgen brachte ihm in den Wettkämpfen mit Steinitz sein geliebtes System 1.d4 d5 2.c4 Sc6!?, das später seinen Namen bekommen hat. Mit wahrhaft ritterlichem Mut bediente er sich aber trotz alledem immer wieder dieser Eröffnungsvariante.

Dieses System fand, ungeachtet seines Ideenreichtums, keine große Verbreitung. Doch sein Grundgedanke, Figurendruck auf das feindliche Zentrum zu schaffen, erwies sich als sehr wertvoll und weitsichtig. In unserer Zeit beruhen auf dieser Idee solche aktuelle Eröffnungen wie die Nimzowitsch-Indische und die Grünfeld-Indische Verteidigung.

An diesen historischen Beispielen sehen wir, wie die Mängel zur Fortsetzung der Vorzüge geworden sind. Festigkeit der Überzeugungen, standhaftes Eintreten für sie sind kennzeichnend für einen echten Künstler. Solchen „Eifer“ bei der Verteidigung ihrer Anschauungen zeigten S. Tarrasch, A. Rubinstein, A. Nimzowitsch, R. Reti, R. Spielmann und viele andere Koryphäen der Vergangenheit. Die Treue gegenüber eigenen Prinzipien und deren konsequente Verwirklichung in der Praxis charakterisieren auch das Schaffen vieler Schachspieler unserer Zeit, wie M. Botwinnik, P. Keres, W. Smyslow und L. Portisch.

Die Unterschätzung gegnerischer Drohungen

Der Schachspieler gerät in eine schwierige Lage, weil er die gegnerischen Drohungen unterschätzt

oder die eigenen Möglichkeiten überschätzt hat. In beiden Fällen handelt es sich um eine einseitige und subjektive Positionseinschätzung.
In einem Gespräch über einen schon reifen Meister, der aber seit langem keine guten Ergebnisse mehr zeigte, obwohl er sehr fleißig war, äußerte ich die Meinung, daß die Ursache der Stagnation in seiner kombinatorischen Schwäche zu suchen sei. Mein Gesprächspartner, der diesen Meister viel besser kannte als ich, erwiderte: „Es ist nicht ganz so. Seine eigenen taktischen Drohungen sieht er sehr wohl, aber die des Gegners schlecht". Nachdem ich nachgedacht hatte, gab ich ihm recht. Tatsächlich stößt man in der Praxis auf Schritt und Tritt auf solche Mängel des Denkens. Dabei erstreckt sich dies nicht nur auf die Taktik, sondern auch auf die Strategie. Natürlich sind die eigenen taktischen oder strategischen Ideen viel näher, aber die schachliche Logik verlangt, ebenso scharf die Drohungen des Gegners zu spüren. Interessant in dieser Hinsicht ist das nächste Beispiel.

Lisizin – Tolusch
(Leningrad, 1938)
(s. Diagramm Nr. 22)
Als Lisizin auf den Zug des Gegners wartete, war er optimistisch gestimmt. Er glaubte, daß der Verlust des Läuferbauern unvermeidlich war. Bei dem Versuch, ihn zu verteidigen (c6 oder b6), drohte 19.Dg5! Dabei hatte Schwarz verborgene Reserven, und zwar sehr wichtige.

Diagramm Nr. 22

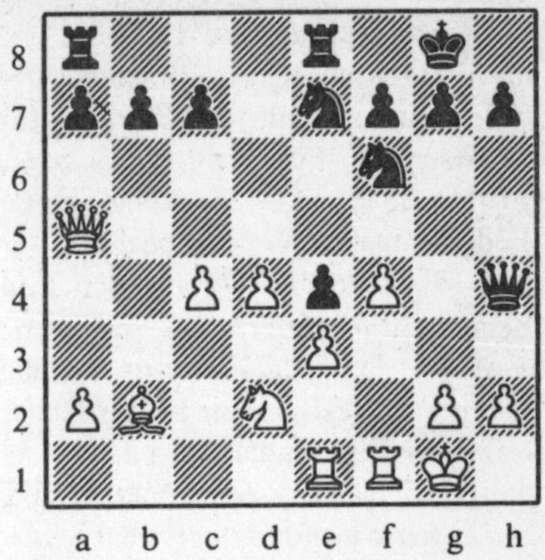

Der weitere Spielverlauf bestätigte dies:

18. . . . h7-h6!
19.Da5xc7 Se7-f5!

Hier lag das Gegenspiel für Schwarz verborgen. Seine „Kavallerie" beginnt einen gefährlichen Angriff am Königsflügel. Nach 20.Te2 Sg4 21.g3 Dh3 22.Tfe1 Sg3: (gut ist auch 22. . . .h5 mit der Drohung h5-h4!) 23.hg Dg3:† 24.Kf1 Sh2† ist die Niederlage unvermeidlich.
Es folgte:

20.h2-h3 Sf5-g3

Weiß büßte die Qualität ein (21.Tf2 Sg4!) und kämpfte auf verlorenem Posten. Daraus wird ersichtlich, zu welch schweren Folgen die einseitige Spielbeurteilung und die Unterschätzung gegnerischer Drohungen führen kann.
Hier ist noch ein Beispiel, bei bei dem außerdem auch psychologische Faktoren eine gewisse Rolle spielen. Rufen wir uns eine Partie zwischen *Alatorzew* und *Löwenfisch* ins Gedächtnis, die 1939 gespielt wurde.

Diagramm Nr. 23

Es war gespielt:

15.Tf1-d1(?)

Von seinen eigenen Plänen verführt, die die Organisation des Drucks im Zentrum als Ziel hatten, schwächt Alatorzew unvorsichtig seinen Königsflügel. Das gibt dem Nachziehenden ausgezeichnete Perspektiven für einen starken Gegenangriff auf den Punkt f3.

15. . . . Ta8-c8

16.Dc2-b3

Vorsichtiger wäre 16.De2, aber Weiß sieht nur seine eigene Drohung und richtet die ganze Aufmerksamkeit auf den Punkt d5.

16. . . . Lg4xf3

17.g2xf3 Se4xf2!

Das ist ein ausgezeichneter kombinatorischer Schlag. Sogar wenn er allein für den Sieg objektiv nicht ausreicht, hat er in der Praxis gute Chancen.

18.Kg1xf2 Sf6-g4†

19.Kf2-g3?

Überrascht von der unerwarteten Wende der Partie, macht Weiß sofort einen groben Fehler. Es sollte 19.fg Dh4† 20.Kg2! Dg4:† 21.Kf2 gespielt werden. Danach hätte Schwarz die Wahl zwischen Remis und einem interessanten, wenn auch riskanten Spiel auf Gewinn: 21. . . . Le3:†?! 22.Ke3: Dg2.

19. . . . Sg4xe3

20.f3-f4 Tc8-c6

21.Td1-g1 Dd8-d7!

22.h2-h3 Tc6-h6

23.Tg1-h1 Th6xh3†!

24.Th1xh3 Dd7-g4†

25.Kg3-f2 Dg4-g2†

26.Kf2-e1 Dg2xh3

Es ist nicht schwer zu erkennen, daß Schwarz in Gewinnstellung ist. Dennoch ist es nie zu spät, einen Fehler zu begehen. G. Löwenfisch z. B. verstand es nicht, diese Partie zu gewinnen.

Der Verlust der Spielkonsequenz

Wir haben schon vor einer Reihe von Gefahren gewarnt: vor dem Verlust des rechten Maßgefühls, der Flexibilität, der gebührenden Aufmerksamkeit gegenüber gegnerischen Drohungen, usw. In dieser Reihe nimmt gewiß nicht den letzten Platz das Können ein, seine Pläne und Ideen konsequent durchzusetzen. Behandeln wir das ausführlicher:

In der Praxis ist die Verwirklichung eines Plans, wie auch eines einzelnen taktischen Einfalls eine schwere Sache. Dabei betrifft es nicht nur die Fälle, in denen die Realisierung des Plans rein objektiver Hemmnisse wegen unerreichbar ist, das heißt, der Plan einfach irreal ist. Sogar dann, wenn die Voraus-

setzungen für die Erreichung des Ziels im Prinzip ausreichen, ist es gar nicht so leicht, den Plan zu verwirklichen. Dafür braucht man viel Geduld, äußerste Aufmerksamkeit, ganz zu schweigen von so wichtigen Eigenschaften wie taktischem Einfallsreichtum und feinem Positionsgefühl.
Das nächste Beispiel zeigt uns, wie kompliziert es ist, das angestrebte Ziel zu erreichen.

Seirawan – Kristiansen
(USA, 1980)
Englische Eröffnung

1.c2-c4 **Sg8-f6**
2.Sb1-c3 **e7-e6**
3.Sg1-f3 **Lf8-b4**
4.Dd1-c2 **0—0**
5.a2-a3 **Lb4xc3**
6.Dc2xc3 **b7-b6**
7.b2-b3 **Lc8-b7**
8.Lc1-b2 **d7-d6**
9.e2-e3 **Sb8-d7**
10.Lf1-e2 **e6-e5**
11.d2-d4 **Sf6-e4**
12.Dc3-c2 **Dd8-e7**
13.Ta1-d1 **Ta8-d8**
14.Lb2-a1 **Tf8-e8**

(14. . . .Sg5 15.Df5!).

15.0—0

Schwarz übt einen nicht sehr starken, aber andauernden Druck aus. Weiß hat ein potentiell starkes Läuferpaar und Aussichten für einen Angriff am Damenflügel. Im Laufe der nächsten zehn Züge baut Weiß sehr konsequent seine Stellung aus.

15. . . . **a7-a5**
16.Tf1-e1 **h7-h6**
17.Le2-d3 **f7-f5**
18.c4-c5! **b6xc5**
19.d4xe5 **Kg8-h8!?**

Zu Gunsten von Weiß wäre 19. . . . de? 20.Lb5! c6 21.Ld3.

20.e5xd6 **c7xd6**
21.Ld3-f1 **De7-f7**
22.Dc2-b2 **Sd7-f6**
23.Sf3-d2 **Lb7-d5!**
24.Sd2xe4 **Te8xe4**

Diagramm Nr. 24

Bislang konnte man dem Anziehenden nichts vorwerfen. Jetzt konnte Weiß rechtzeitig das Gegenspiel des Nachziehenden am Königsflügel mit 25.f3! bremsen und sich das Übergewicht sichern. Aber Weiß verliert plötzlich den Faden. Er unterschätzt die wachsende gegnerische Drohung und richtet seine Aufmerksamkeit auf ein nebensächliches Ziel — den „schwachen" schwarzen Bauern auf d6 zu erobern.

25.Td1-d3? **Te4-g4!**
26.Db2-d2?

Notwendig war 26.f4.

26. . . . **Ld5-f3!**

Es unterstreicht nur die plötzlichen Schwierigkeiten des Anziehenden, oder genauer gesagt, die Hoffnungslosigkeit seiner Lage.

27.g2-g3

Die Eroberung auf d6 mittels 27.Td6:? führt unverzüglich zur Niederlage nach 27. . . .Tg2:†! 28. Lg2: Dg6! 29.Td8:† Kh7 usw.

27. . . . Sf6-e4!

28.Dd2xa5 Td8-f8

29.Da5-a6

Nach 29.Lg2 Lg2: 30.Kg2: f4! 31.ef Df4: 32.f3 Tg3:† gewinnt Schwarz leicht.

29. . . . Df7-g6

30.Te1-d1 f5-f4!

31.Td3xd6

Weiß hat keine befriedigende Verteidigung mehr. Nach 31.ef Sg3:! 32.fg Tg3:† 33.Kf2 Tg2† wird Weiß matt.

31. . . . f4xg3!

32.La1xg7†?!

Letzte Falle.

32. . . . Kh8-h7!

und Weiß gab auf.

Der Erfolg eines strategischen Plans ist von vielen Einzelheiten abhängig. Bei seiner Verwirklichung darf man den entgegenwirkenden Plan des Gegners nicht aus den Augen verlieren. Es müssen also ständig mindestens zwei strategische Aufgaben gelöst werden: die positive (eigener Plan) und die negative (Neutralisierung des gegnerischen Plans). Hierzu kommt aber noch der komplizierte Komplex rein taktischer Aufgaben.

Wir haben gesehen, wie in der Partie *Seirawan – Kristiansen* die Verwirklichung des Plans plötzlich aus taktischen Motiven unterbrochen wurde. Eine andere typische Erscheinung ist das Verlieren des positionellen „Spürsinns“, was den Verlust der richtigen Kampflinie zur Folge hat und oft unauffällig zur Katastrophe führt. Es gibt sehr viele Faktoren, die dies beeinflussen können. Das Fallenlassen des richtigen Plans und der Verlust des rechten Maßgefühls sind eng miteinander verbunden.

Die Entfaltung des Kampfes in der Partie *Romanischin – Tal* (Tallinn, 1977) kann als lehrreiches Beispiel dienen.

Diagramm Nr. 25

Schwarz hat erfolgreich die in der Eröffnung entstandenen Schwierigkeiten gemeistert, und nach einfachem 16. . . .Sc6 wäre die Stellung völlig konsolidiert. Tal wurde aber von einer ehrgeizigen Idee verführt. Um schneller zu aktivem Gegenspiel zu kommen, setzte er hier fort:

16. . . . Da5-b4

worauf Weiß kaltblütig erwiderte mit:

17.b2-b3
Ich möchte bemerken, daß auch nach 17.Sd4: Lc4: 18.De3 cd 19.Dd4: Dc5 20.Dc5: dc 21.Tfc1 Le2: 22.Tc5: die Stellung von Weiß etwas besser wäre.

17. . . . f7-f5!?
Hier ist 17. . . .Sc6? 18.Dd6: schon unvorteilhaft, aber das kleinere Übel wäre 17. . . .Sf3:† 18.Lf3: Tfd8 mit annehmbarem Spiel.
18.Sf3xd4! f5xe4
19.Dd3xe4 Le6-h3
20.De4-d5† Kg8-h8
21.Sd4-b5!
Dieser Springerangriff unterstreicht, daß die Strategie des Nachziehenden fehlerhaft war. Weiß bekommt als Ersatz für die Qualität genügenden materiellen Ausgleich und, was wichtiger ist, seine Figuren, von dem mächtigen Bauernzentrum unterstützt, dominieren jetzt in der Stellung.
21. . . . Lh3xf1
22.Ta1xf1 Tf8-f6
23.e2-e4! Tf6-f3
(23. . . .Taf8 24.f4!)
24.Sb5xd6 Ta8-f8
25.Sd6-f5! Kh8-h7
26.Dd5-d6 Tf8-f7
27.Dd6-e6 Tf7-f8
28.De6-e7 Tf8-g8
29.Sf5xh6! Tg8-b8
30.Sh6-f5
Da kommt schon die Vergeltung mit dem entscheidenden Angriff auf den schwarzen König.
30. . . . Db4-c3
31.De7-h4† Kh7-g8
32.Dh4-h5 Tb8-d8
33.Sf5-e7†
Schwarz gab auf.

Über Schachkultur

Unser Jahrhundert ist das Jahrhundert des exakten Wissens. In hohem Maße bezieht sich das auch auf das Schachspiel. Nicht zufällig werden tausende Seiten der Schachtheorie gewidmet, die eine lebendige Widerspiegelung konzentrierter und verallgemeinerter Praxis darstellt. In unserer Zeit ist es schwer, sich die Vervollkommnung des Schachspielers ohne die ständige häusliche Arbeit in Eröffnung und Endspiel vorzustellen. Die Rolle des exakten Wissens zeigt sich hier am deutlichsten. Dennoch kommt es oft vor, daß erfahrene Praktiker die elementarsten Grundlagen des Endspiels nicht beherrschen. Man sagt über solche Spieler, daß es ihnen an Schachkenntnissen, ja sogar an Schachkultur mangelt. Nehmen wir zum Beispiel einen ziemlich einfachen Fall wie das Mattsetzen des alleinstehenden Königs durch Läufer und Springer. In der Praxis kommt so ein Endspiel sehr selten vor. Mancher Spieler wird mit diesem Endspiel erst dann konfrontiert, wenn er schon Meisterniveau erreicht hat. Hier kann man leicht in eine kuriose Lage geraten, wenn man das zum Ziel führende Verfahren nicht kennt. Wie bekannt, muß man den gegnerischen König in die Ecke zwingen, die der Läufer beherrscht. Dies wird durch das gemeinsame Vorgehen des Königs und der Leichtfiguren erreicht, wobei der Springer einen bestimmten Weg zu gehen hat, den man sich gut merken muß.

In diesem Zusammenhang erinnere ich mich an einen komischen Vorfall mit einem Schachmeister. Er war ein ziemlich begabter Spieler, vor allem ein gefürchteter Taktiker, aber es fehlte ihm an Fleiß. Wenn sein Eröffnungswissen auch ziemlich ausreichend war, so beschäftigte er sich mit dem Endspiel überhaupt niemals und wußte infolgedessen die einfachsten Dinge nicht. Er vertraute darauf, daß er erforderlichenfalls am Brett schon alles in den Griff kriegen würde. Nun ergab es sich, daß er schon als reifer Spieler zum ersten Mal in seinem Leben das Endspiel mit dem Springer und Läufer gegen den König zu spielen hatte. Die Zeit verging, aber er konnte kein Matt setzen. Er paßte einen geeigneten Augenblick ab, stand vom Tisch auf, kam auf einen der Kollegen zu und fragte: „Wie wird denn hier mattgesetzt?" „Treibe ihn in eine Ecke, die der Läufer beherrscht", antwortete jener schnell. „Ich versuche es ja, aber sein König geht nicht dorthin!" Leider hatte er keine Zeit, um ausführlichere Erläuterungen zu bekommen, und es endete damit, daß er innerhalb der festgelegten 50 Züge kein Matt erzwingen konnte. Gewiß sind Beispiele solcher Unwissenheit sehr selten. Sie zeigen aber, daß es notwendig ist, nicht nur alle grundlegenden Regeln und Prinzipien des Endspiels zu erlernen, sondern ihre Beherrschung bis zu einem gewissen Automatismus zu entwickeln.

Das folgende Turmendspiel stammt aus der Partie *Geller – Fischer* (Palma de Mallorca, 1970).

Diagramm Nr. 26

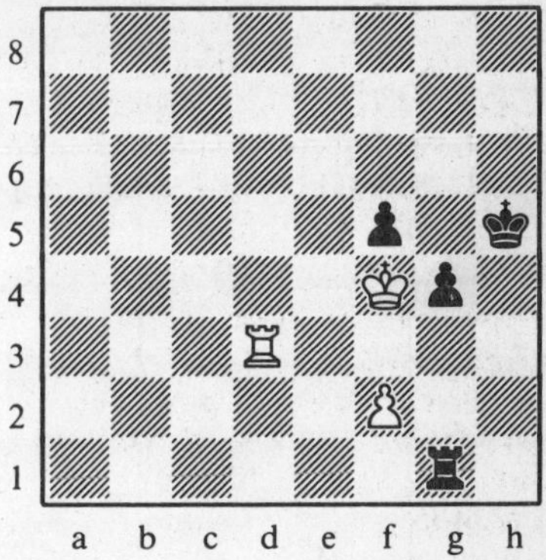

Schwarz spielte:

65. . . . Tg1-f1

Auf dem Schachbrett entstand ein objektives Remis, das am einfachsten durch den Zug 66.Kg3! zu erreichen wäre. Unter ruhigeren Umständen wäre es nicht schwer zu erkennen. Es kam aber so, daß E. Geller, von Zeitnot und Ermüdung beeinflußt, hier 65. . . .Tg2 erwartete, worauf er 66.Td2 Kh4 67.Kf5: mit Remis plante. Ganz automatisch machte er hier den Zug:

66.Td3-d2?

Zwar führt das nicht zur Niederlage, bringt aber für Weiß unangenehme Folgen.

66. . . . Kh5-h4

67.Kf4xf5

(Schlecht ist 67.Tb2 g3 68.Kf3 Kh3!).

67. . . . g4-g3

68.f2-f4 Kh4-h3?

Jetzt „revanchiert" sich Schwarz. Mehr Chancen hätte 68. . . .Ta1 gegeben, obwohl Weiß auch hier keine Niederlage erleiden würde. Aber die Fehler setzen ihr „Lustspiel“ fort.

69.Td2-d3 Kh3-h4

70.Td3-d2(?)

Einfacher führte 70.Td8! g2 71.Th8† Kg3 82.Tg8† Kf3 73.Ke6 usw. zu Remis.

70. . . . Tf1-a1

71.Kf5-e5??

Der letzte Zug in Zeitnot wurde zum Schicksalsschlag. Remis wäre mit 71.Kg6 einfach zu erreichen.

71. . . . Kh4-g4

72.f4-f5 Ta1-a5†

Weiß gab auf.

Das nächste Beispiel enthält einen taktischen „Kern“.

Hübner – Adorjan
(Wettkampf, 1980)

Diagramm Nr. 27

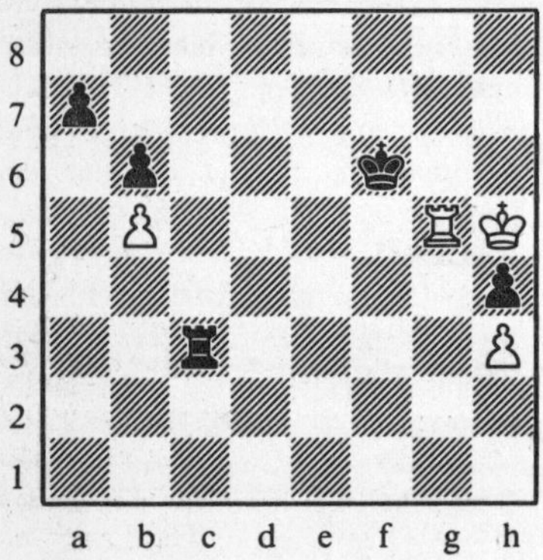

Diese Stellung entstand in der neunten, entscheidenden Partie. Hübner mußte stärkstem gegnerischem Druck standhalten, und es schien, daß Adorjan schon dem Sieg nahe war. Im einfachen Turmendspiel hatte er nicht nur einen Mehrbauern, sondern auch die bessere Stellung.

Um die Ereignisse zu beschleunigen, spielte Schwarz:

65. . . . Tc3-c5??

Zum Sieg führte aber 65. . . .Th3:!

Wie ein Blitz aus heiterem Himmel folgte jedoch:

66.Kh5xh4!

Es stellte sich heraus, daß Weiß „vergessen hatte“, daß nach 66. . . . Tg5: ein Patt entsteht.

Die Liste solcher Kuriositäten könnte man natürlich beliebig fortsetzen. Das alles aber zeugt davon, daß man die Technik des Endspiels wie das Einmaleins kennen muß.

Es ist unnötig zu beweisen, daß auch die Eröffnungstheorie ein ebenso sorgfältiges Erlernen erfordert. Natürlich gibt es eine ganze Reihe von Systemen und Varianten, die vor allem das Verständnis für die Strategie fördern. In der Theorie gibt es aber auch scharfe Varianten, bei denen taktische Momente dominieren. Hier ist die Logik allein, wie auch das feinste Positionsgefühl nicht mehr ausreichend. Man braucht exaktes Wissen. Wenn man sich zu so einem taktischen Spiel entscheidet, muß man einen ganz genauen Komplex der Eröffnungszüge im Kopf haben.

Nehmen wir zum Beispiel die Variante der Spanischen Partie von Jänisch: 1.e4 e5 2.Sf3 Sc6 3.Lb5 f5. Wenn man sie als Nachziehender spielt, so ist es notwendig, die schärfste Fortsetzung zu erlernen: 4.Sc3 fe 5.Se4: d5 6.Se5: de 7.Sc6:. Weiter folgt ein breites Spektrum von Varianten: 7. . . .bc 8.Lc6:† Ld7 9.Dh5† Ke7 10.De5† Le6 11.f4!; oder auch 7. . . .Dg5 8.De2 Sf6 9.f4 Dh4† (9. . . .Df4: 10.Sa7:†!) 10.g3 Dh3 11.Se5† (interessant ist auch 11.Sa7:† Ld7 12.Ld7:† Dd7: 13.Sb5 c6! 14.Sc3 0-0-0 15.b3 Lb4! 16.a3 Lc3: 17.dc e3 18.0-0 The8 19. Lb2 Dd2 mit sehr scharfem Spiel) 11. . . . c6 12.Lc4 Lc5 13.c3! Sg4 14.d4 Se5: 15.De4: usw.

Außer Grundvarianten gibt es noch viele Feinheiten taktischer Art, die zu kennen auch notwendig ist. Zum Beispiel die Variante: 4.d4!? fe 5.Se5: Se5: 6.de c6 7.Sc3!? cb 8.Se4: d5 9.ed Sf6 10.Dd4 Se4: 11. De4:† Kf7 12.Lf4 De8 13.Le5 Dc6 14.Df4† Kg8 15.0-0-0 mit unübersehbar komplizierten Verwicklungen.

Viele ähnliche taktische Systeme gibt es in der Eröffnungstheorie! Dabei hat jedes ein gewisses „Etwas", das man in gleichem Maße wissen und auch spüren müßte.

Den Lesern, die sich mit meiner Methode des Erlernens typischer Stellungen bekannt machen wollen, kann ich meine Bücher — „Die Grundlagen der modernen Eröffnungstheorie", Belgosizdat, 1958 und 1962; „Das Mittelspiel", Belgosizdat, 1961 (beides in Russisch-Übers.); „Laboratorium des Schachspielers", FIS, 1972 und 1978 — empfehlen. Darin werden die Spielverfahren bei verschiedenen Arten des Zentrums, bei Entstehung der Bauernschwäche anstatt der Figurenaktivität u. a. m. analysiert.

Im folgenden Abschnitt werden wir uns dem Schaffen zweier Weltmeister verschiedener Jahre zuwenden. Ihre Meisterschaft des Spiels in typischen Stellungen ist ein Zeichen für höchste schachliche Kultur.

Botwinnik – Kan
(11. Meisterschaft der UdSSR, 1939)

Diagramm Nr. 28

Natürlich ist der Plan des Anziehenden mit dem schwachen Punkt d5 verbunden, woraus sich die Versetzung des Springers auf dieses Feld als selbstverständlich ergibt, z. B. 14.e4 Sc6 15.Tfd1 Le6 16.Sf1 Tad8 17.Se3. Aber nach 17. . . .Se7 erhält Schwarz eine solide, verteidigungsgünstige Stellung. Stellt Weiß den Springer auf d5, so folgt Ld5:! mit weiterer Versetzung des schwarzen Springers auf d6, wobei der Vorteil so-

gar zum Nachziehenden übergehen kann.
Die Entscheidung Botwinniks ist sehr lehrreich. Er rückt die unmittelbare Eroberung des Feldes d5 beiseite und strebt an, die Zone seiner Aktivitäten bis auf das Zentrum und den Königsflügel auszudehnen. Es folgt:

14.f2-f4! Sb8-d7
15.f4-f5! Sd7-f6?

(Besser ist 15. . . .f6).

16.Sd2-e4!

Noch ein lehrreicher Moment. Man muß die Springer abtauschen; das führt zur Aktivierung des weißen Läufers, dem ein passiver Gegner von Schwarz gegenübersteht.

16. . . . Da5-d8
17.Se4xf6† Dd8xf6
18.Ld3-e4 Ta8-b8
19.Ta1-d1 b7-b6
20.h2-h3 Lc8-a6
21.Lc4-d5 b6-b5
22.c4xb5 Tb8xb5
23.c3-c4 Tb5-b6
24.Td1-b1

Weiß hat deutlichen Vorteil. Der folgende Teil der Partie wird von Botwinnik sehr exakt gespielt.

24. . . . Tf8-d8

Schwarz kann die b-Linie nicht erobern. Nach 24. . . .Tfb8 25.Tb6: Db6: folgt 26.f6! mit stärkster Drohung 27.Dg6.

25.Tb1xb6 a7xb6
26.e3-e4

Die Drohung wäre mit 26. . . .Td5: pariert. Schlecht ist auch 26. . . . b5 27.cb Lb5: 28.Tb1 mit Bauernverlust.

26. . . . La6-c8
27.Dc2-a4! Lc8-d7
28.Da4-a7 Ld7-e8
29.Tf1-b1 Td8-d6
30.a3-a4

Völlige Lähmung der Streitkräfte von Schwarz am Damenflügel. Jetzt ist die Drohung 31.a5! entscheidend.

30. . . . Kg8-h7
31.a4-a5! b6xa5
32.Da7xa5 Td6-a6
33.Da5xc5 Ta6-a2
34.Dc5-e3 Df6-a6
35.Tb1-b8 Da6-a4
36.Kg1-h2!

Feiner Zug. Weiß bewahrt die Exaktheit bis zum Ende. Jetzt wäre der Angriff von Schwarz 36. . . .Dc2 mittels 37.Dg3 Ta1 38.Te8: Dd1 39. Dg6†!! fg 40.Lg8† Kh8 41.Lf7† Kh7 42.Lg6:†! im Keim erstickt.

36. . . . Ta2-a3
37.De3-c5 Ta3-a2
38.Tb8-a8 Da4xa8
39.Ld5xa8 Ta2xa8
40.Dc5xe5 Le8-c6
41.De5-c7

Schwarz gab auf.
In dieser Partie verfolgte Botwinnik die für die moderne Strategie charakteristische Methode, die auf der Ausdehnung des Wirkungsraumes der Figuren mittels des ständigen Drucks auf organische Schwachstellen der gegnerischen Position beruht.

Karpow – Parma
(Caracas, 1970)

(s. Diagramm Nr. 29)

Auf dem Schachbrett entstand eine der typischsten Stellungen mit dem zurückgebliebenen schwarzen Bauern auf d6. Selbstverständlich beruht der Plan des Anziehenden auf der

Diagramm Nr. 29

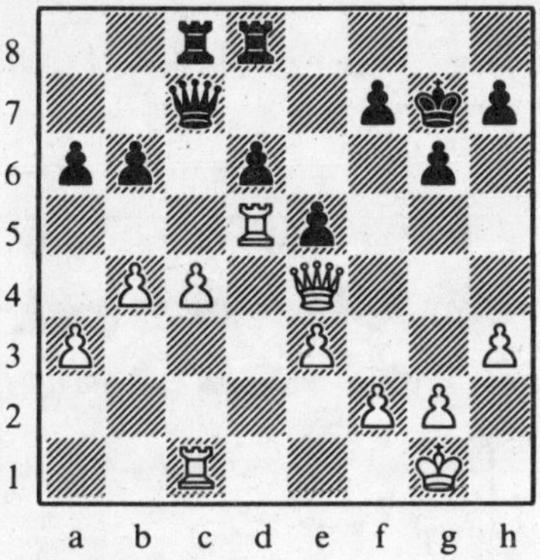

Ausnutzung dieser schwachen Stelle bei Schwarz. Aber bei Anwendung der Methode des Drucks (Dd3, e3-e4 usw.) kann Weiß keine großen Vorteile erreichen. Karpow benutzt hier deswegen die Methode der Ausdehnung des Wirkungsraumes.

29.f2-f4! **Td8-e8**
30.f4xe5

Karpows Kommentar zu diesem Zug ist sehr lehrreich: „Es war möglich, mit 30.f5 fortzusetzen, aber bei nur einer Schwäche in der gegnerischen Position (Bauer d6), ist es sehr schwer zu gewinnen. Jetzt kommen aber zum schwachen Bauern auf e5 auch noch andere Vorteile meiner Stellung hinzu, und zwar die Beherrschung der offenen Linien und die Möglichkeit eines kombinatorischen Spiels".

30. . . . **d6xe5**
(30. . . .Te5: 31.Dd4!)
31.c4-c5! **Te8-e6**
32.De4-d3 **b6xc5**
33.b4xc5

Aber auf keinen Fall 33.Tdc5: Td8! — es bringt Chancenausgleich.

33. . . . **Dc7-c6**
34.Tc1-b1 **Dc6-c7**
35.Tb1-f1 **Tc8-f8**
36.Kg1-h1 **Dc7-c6**
37.Tf1-b1

Obwohl Weiß noch keinen deutlichen Plan zur Erreichung eines realen Vorteils hat, besitzt er die Initiative und hält meisterhaft die Spannung aufrecht. Schwarz muß sich allen möglichen Drohungen von Weiß anpassen und ist zur langen erschöpfenden Verteidigung verurteilt. Eine Rettung für Schwarz ist noch möglich, aber sie zu finden ist praktisch sehr schwer. Wir haben eine der typischen problematischen Stellungen, in denen es weder einen eindeutigen Sieg noch ein klares Remis gibt, vor uns.

37. . . . **Dc6-c7**
38.e3-e4 **Tf8-b8**
39.Tb1-f1 **Tb8-b7**
40.Dd3-c3 **Tb7-b5**
41.a3-a4 **Tb5-b8**
42.Tf1-c1 **Tb8-c8**
43.Tc1-b1 **Kg7-g8**
44.Tb1-d1 **Dc7-e7**
45.Td1-f1 **Tc8-c7**
46.a4-a5 **Te6-c6**
47.Tf1-c1 **f7-f6?**

Schon seit langem versuchte Weiß, diese Vorwärtsbewegung zu erzwingen, um einen Schwerfigurenangriff auf den geöffneten Linien zu starten. Schwarz konnte die Zuspitzung nicht mehr durchhalten und ließ die entscheidende Schwächung zu. Jetzt verwandelt sich die Initiative von Weiß in das Trommelfeuer der Offensive.

48.Dc3-d2 **Kg8-f7**
49.Kh1-h2 **Kf7-e8**

50.Td5-d6 Tc7-d7

Ein wenig besser wäre 50. . . .Tc5: 51.Tc5: Tc5: 52.Ta6:, obwohl es auch hier Schwarz schwerfallen würde, die letzte Reihe und das Feld d5 gleichzeitig zu verteidigen.

51.Tc1-d1 Tc6xd6
52.c5xd6 De7-e6
53.Dd2-d3 De6-a2
54.Dd3xa6 Da2-c2
55.Da6-a8† Ke8-f7
56.Da8-d5† Kf7-g7
57.Td1-d2 Dc2-c3
58.Td2-a2 h7-h5
59.Ta2-d2!

Zwei vorhergehende Züge von Weiß waren nicht ganz korrekt. Aber jetzt schlägt Weiß wieder den richtigen Kurs ein und führt die Partie sicher zum Sieg.

59. . . . h5-h4
60.Td2-d1 Dc3-c2
61.a5-a6 Dc2-a4
62.Dd5-d3 g6-g5
63.Td1-b1 f6-f5
64.Tb1-b7 g5-g4
65.h3xg4 f5xg4
66.Dd3-e2!

Schwarz gab auf.

Immer schön Ruhe bewahren!

Es ist seit langem bekannt, daß Fehler in der Schachpartie selten einzeln vorkommen. Nach dem ersten Fehlgriff folgt häufig eine Kettenreaktion von Fehlern, die zur Niederlage führt. Darum ist es besonders wichtig, Ruhe und Klarheit des Denkens zu bewahren, wenn das Spiel zu mißlingen droht. In schwieriger Situation soll man nie den Kopf verlieren. Dies gelingt nicht immer und nicht jedem.

Die nächste Stellung entstand in der Partie *Mednis – Larsen* (Interzonenturnier, Riga, 1979) nach 19 Zügen.

Diagramm Nr. 30

Die Stellung von Weiß sieht aussichtsreicher aus. Dies würde vom Zug 20.Td3! unterstrichen, weil 20. . . .Tac8 21.Dg5! h6 (es drohte 22.Tf3) 22.Dh6: Td4: 23.Tf3! und die Drohung 24.Dg7 sehr unangenehm sind.

Weiß wählt aber einen falschen Weg (auf den Weg, und nicht so sehr auf den Zug möchte ich den Leser besonders aufmerksam machen):

20.d4-d5?! Td8-d6
21.d5xe6?

In diesem Moment wäre die Stellung von Weiß noch besser nach 21.The1! Tad8 22.Td4 Dc5 23.Tf4 Sd5: (Nach 23. . . .Sh5? 24.Tf7:†! gewinnt Weiß leicht) 24.Ld5: Td5: 25.Df6† Kd7, und es fällt Schwarz nicht leicht, die Schwierigkeiten zu bewältigen.

21. . . . Td6xe6
22.De5-d4 Db6xd4
23.Td1xd4 Ta8-b8
24.Th1-d1 b7-b6
25.Lg2-f1?

Weiß spürt die Situationsveränderung nicht. Das Spiel würde durch 25.b4 stabilisiert, und die Stellung bei Weiß würde dadurch keinesfalls schlechter.

25. . . . Tb8-c8
26.Lf1-d3 Tc8-c5
27.Kc1-c2 Te6-e5
28.Td4-f4?

Weiß kann schon nichts mehr am weiteren „Verderben" seiner Stellung ändern. Richtig war 28.b4! Tc7 29.Kb3, um Chancengleichheit aufrechtzuerhalten.

28. . . . Tc5-c7
29.Tf4-d4 Sf6-h5
30.h3-h4 Sh5-g7
31.Td1-g1 Sg7-e6
32.Td4-e4 Te5xe4
33.Ld3xe4 Tc7-c5
34.Le4-d3 Se6-f4
35.Ld3-e4 Tc5-e5
36.Le4-f3 Sf4-h3!
37.Tg1-g4 Sh3xf2
38.Tg4-c4 Tc5-f5
39.Lf3-b7 Ke7-d6

Weiß hat den Zeitpunkt zur Aufgabe versäumt. Aber seine Lage war sowieso hoffnungslos.

Viel seltener begegnet man der umgekehrten Reaktion, d. h. daß es rechtzeitig gelingt, die notwendige „Bremse" zu finden und auf dem Weg zur Niederlage stehenzubleiben.

Botwinnik – Romanowski
(11. Meisterschaft der UdSSR, 1939)
(s. Diagramm Nr. 31)

Diagramm Nr. 31

In dieser komplizierten Lage setzte Weiß mit

19.Td1-d2

fort. Das erwies sich als nicht die beste Entscheidung. Weiß hätte auch mit 19.Se4 d5 20.Sc3 Ld7 21.e4 de! nichts erreicht, aber er könnte die gegnerische Stellung noch unter Druck halten mit 19.a5!, wenn z. B. 19. . . .Se5 20.Sa4 Sc6 21.Lc6: bc 22.Sb6 c5 23.Dc3 Lb7 24.b4 usw. (von M. Botwinnik aufgezeigt).

19. . . . Sg6-e5!
20.Ta1-d1 Se5-f7!
21.Dd4-e3

Stärker wäre a4-a5 und weiter Sa4, um relativen Ausgleich zu erreichen.

21. . . . Td8-e8
22.a4-a5 Lc8-d7
23.b2-b3 Ld7-c6
24.Sc3-e4 Tb8-d8

Es entsteht die Drohung 25. . . . d5 26.Sc5? d4.

25.De3-c3 Td8-c8
26.Dc3-b4!

Die Bremse ist gefunden! Unter Berücksichtigung des zunehmenden Drucks von Schwarz im Mittelspiel trifft Weiß eine vernünftige Entscheidung: er versucht zum Endspiel überzugehen, wobei er zwar einen Bauern verliert, aber eine aktive, für ein Remis ausreichende Stellung bekommt.

26. . . . Lc6xe4

27.Lg2xe4 d6-d5

Offenbar hätte Weiß mehr Schwierigkeiten nach 27. . . .Tc7 und weiterem Tec8.

28.Db4xe7 Te8xe7

29.Le4-g2 Tc8-c3

30.e2-e4!

Dieser energische Zug folgte auch nach 29. . . .Sd6 mit möglicher Variante 30.e4 Se4: 31.Le4: de 32.Td8† Td8: 33.Td8:† Kf7 34.Td4, und Remis ist möglich.

30. . . . d5xe4

31.Lg2xe4 Tc3xb3

Erleichtert dem Anziehenden die Verteidigung. Aber auch nach 31. . . .Sg5 32.Lg2 Tb3: 33.Td8† Kf7 34.T8d3! Td3: 35.Td3: war Remis nicht allzu weit.

32.Td2-d7 Kg8-f8

33.Le4xh7! Tb3-b5

Nicht gut wäre 33. . . .Td7: 34. Td7: g6 35.Lg6: Se5 36.Td8† Ke7 37.Te8†.

34.Lh7-e4 Kf8-e8

35.Td7-d2!

Noch eine wichtige Feinheit. Nach 35. . . .Ta5: 36.Lg6! Tc7 37.Td8† Ke7 38.Lf7: Kf7: 39.Td7† gewinnt Weiß den Bauern zurück.

35. . . . Te7-c7

36.Le4-g6 Ke8-e7

37.Lg6xf7 Ke7xf7

38.Td2-d7† Tc7xd7

39.Td1xd7† Kf7-f6

40.h2-h4 g7-g6

41.Kg1-g2 Tb5xa5

Remis.

Wir betrachteten eine ganze Reihe charakteristischer Mängel des schachlichen Denkens. Es ist nicht schwer, sich davon zu überzeugen, daß alle diese Mängel (Verlust des rechten Maßgefühls und der Flexibilität, das übermäßige Selbstvertrauen und die lähmende Unsicherheit, Impulsivität usw.) eng miteinander verbunden sind. Die Beseitigung dieser Mängel erfordert vor allem, das schöpferische Denken zu entwickeln, das jegliche Schablone und mechanisches Herangehen an die Lösung komplizierter schachlicher Probleme im Prinzip ausschließt.

Hand in Hand mit der Entwicklung des schachlichen Denkens geht die Charaktererziehung des Spielers. Viele Denkmängel wurzeln auch im Charakter des Schachspielers. Wenn er am Schachbrett immer wieder seine Möglichkeiten überschätzt oder die Objektivität verliert, so ist für ihn auch im Leben die Oberflächlichkeit kennzeichnend. Wenn Sie Ihre Spielmängel bewältigen wollen, so ist es vor allem notwendig, sich eine klare Vorstellung über den eigenen Charakter zu verschaffen und darüber nachzudenken, was Sie stört, von welchen Schwächen Sie sich befreien sollten.

3. Kapitel
Direkte und indirekte Auswirkungen taktischer Fehler

Bisher schenkten wir den taktischen oder kombinatorischen Fehlern keine besondere Aufmerksamkeit. Aber es fiel nicht schwer zu bemerken, daß wir in vielen Ausführungen zu verschiedenen Themen auf taktisches Vorgehen stießen, das den Ausgang des Kampfes entscheidend beeinflußte.
Gehen wir jetzt ausführlicher auf die taktischen Fehler ein. Dabei ist es hier viel schwieriger, eine Systematisierung durchzuführen als bei dem vorher behandelten Thema.

Fehler, deren Auswirkungen schwer zu beheben sind

Es ist seit langem bekannt, daß taktische Fehler am härtesten bestraft werden und daß gerade sie in vielen Fällen das Schicksal der Partie beeinflussen. Nicht ohne Grund wird behauptet, daß, um die Partie zu gewinnen, oft auch 40 starke Züge nicht ausreichen und daß uns dabei ein einziger taktischer Fehler um die Früchte der mühsamen Arbeit bringen kann.
Ursachen für taktische Fehler liegen nicht nur im Mangel an kombinatorischem Sehvermögen oder in der unzureichenden Variantenberechnung. Die Zahl zusätzlicher Ursachen ist sehr groß: Zeitnot, Ermüdung, Nachlässigkeit, Nervenversagen, natürliche Unaufmerksamkeit usw. Wir müssen aber gleich hervorheben, daß es nicht leicht ist, die wahre Ursache dieses oder jenes Fehlgriffs zu bestimmen, weil alle aufgezählten Faktoren eng miteinander verbunden sind. Unter diesen Ursachen wollen wir besonders die unzulässige Neigung zum abstrakten Denken hervorheben. Diese schadet auf Schritt und Tritt der lebendigen Wahrnehmung des Spielgeschehens und führt infolgedessen zu taktischen Fehlern. Einerseits wird die abstrakte Wahrnehmung von solchen vorhergehend besprochenen Ersatzverfahren gefördert, wie dem Spiel aus allgemeinen Überlegungen, dem „negativen" Denken, des auf Analogie beruhenden Spiels usw. Auch das Bestreben zur Verwirklichung einer strategischen Idee, die sich später als Hirngespinst entpuppt, und die von Grund auf fehlerhafte Einschätzung der Ausgangsstellung können Folgen des unangebrachten abstrakten Denkens sein. Die Wahrscheinlichkeit taktischer „Fehlgriffe" ist natürlich bei hervorragenden, von Natur aus begabten und gut trainierten Schachspielern, Meistern der kombinatorischen Schule, nicht groß, aber auch sie sind gegen taktische Fehlgriffe und sogar offenbare Versehen nicht gefeit.
Wenden wir uns dem Schaffen des Großmeisters *E. Geller* zu. Ausgezeichnetes Kombinationsvermögen war immer seine Stärke gewesen. Auf sein Konto gehen sehr viele glänzend durchgeführte Kombinationen.

Hier eine seiner frühen schöpferischen Bestleistungen.

Diagramm Nr. 32

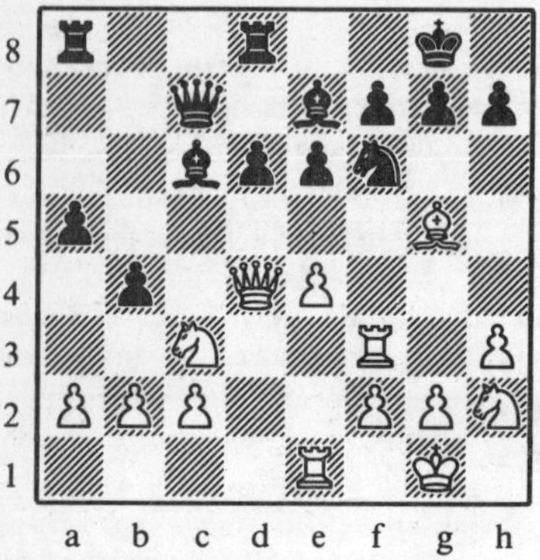

Diese Stellung entstand nach 15 Zügen in der Partie *Geller – Kogan* (Odessa, 1946).

Weiß beginnt eine gut durchdachte und phantasiereiche Kombination. Objektiv ist sie nicht ganz korrekt, aber ihre positiven Seiten sind hinreißend.

16.Tf3xf6!? b4xc3?

Schwarz fühlte sich in diesem Moment wahrscheinlich sehr sicher und glaubte, daß Weiß seinen Springer auf d1 zurückziehen würde, was er mit 16. . . .d5! parieren könnte. Diese Spielwende war für ihn unerwartet (obwohl der Zug 16.Tf6: eigentlich erzwungen war!) und versetzte Schwarz in einen Zustand der Lähmung. Man sollte 16. . . .gf 17.Sg4 e5 18.Dc4 bc! 19.Sh6† Kh8 20.Sf7:† Kg7 21.Lh6† Kg6 22.Te3 d5 spielen, und die Stellung wäre zugunsten von Schwarz ausgefallen.

17.Sh2-g4 h7-h5

Schlechter wäre 17. . . .gf 18.Sf6:† Kh8 19.Dc3!, und Schwarz hätte keine Verteidigung gegen die Drohung Sf6-d5.

18.Lg5-h6 e6-e5

Einen schönen Sieg erringt Weiß nach 18. . . .hg 19.Tg6! e5 20. Tg7:† Kh8 21.Dc4! Tf8 22.Tf7: d5! 23.Te7: De7: 24.Lf8: dc 25. Le7: cb 26.Lf6† Kh7 27.Le5: usw. Obwohl bei Weiß gleichzeitig vier Figuren bedroht sind und der Bauer auf c3 gefährlich ist, muß jetzt Schwarz ausschließlich an die Rettung denken.

19.Dd4-e3 h5xg4

20.Lh6xg7 Kg8xg7?

Dies ist der entscheidende Fehler. Notwendig war 20. . . .Lf6: 21. Lf6: Kf8! 22.Dg5 cb, und Weiß muß ewiges Schach bieten: 23.Dg7†.

21.De3-h6† Kg7-g8
22.Tf6-f5 Lc6-e8
23.Tf5-h5 f7-f6
24.Th5-h4! Dc7-c8
25.Dh6-h8† Kg8-f7
26.Th4-h7† Kf7-e6
27.Dh8-g7 Ke6-d7
28.Te1-e3

Das entscheidende Manöver und Matt ist für Schwarz schon „gebucht".

28. . . . c3xb2
29.Dg7xe7† Kd7-c6
30.Te3-c3† Kc6-b6
31.Tc3xc8 b2-b1D†
32.Kg1-h2 Td8-d7
33.De7xe8 Td7xh7
34.De8-c6†

Schwarz gab auf.

Geller gab viele Beispiele für wahrhaft einmalige Kombinationen. Aber

andererseits gab es in der Praxis dieses großen Schachmeisters viele Fälle, in denen er im Eifer des Gefechts geradezu peinliche Fehler zuließ.
Lehrreich ist auch das nächste Beispiel.

Diagramm Nr. 33

Diese Stellung entstand in der Partie *Geller – Matulowitsch* (Skopje, 1968) nach dem 22. Zug von Weiß. Es folgte:

22. . . . d5-d4
23.c3xd4??

Richtig ist hier aber 23.Sd4: Sd4: 24.Te8:† Te8: 25.cd mit gleichem Spiel. Jetzt verliert Weiß eine Figur.

23. . . . Te8xe6!
24.Te3xe6 Sc6xd4
25.Te6xb6 Sd4xc2

Wahrscheinlich äußert sich hier die schlechte Gewohnheit, undurchdachte Züge zu machen, die vielen Meistern anhaftet. Hier sind auch Zeitnot und anfällige Nerven im Spiel. So kommt es, daß großes Zielstreben oft an unnötige Hartnäckigkeit grenzt.
Ein kurioser Fall taktischer „Blindheit" geschah in der folgenden Partie.

Ebralidze – Ragosin
(10. Meisterschaft der UdSSR, 1937)

Diagramm Nr. 34

Mit Bauernvorteil im Endspiel, aber in Zeitnot, plante Schwarz eine taktische Operation, die aber unverzüglich zur Niederlage führen mußte.

39. . . . Lf8-e7
40.Td8-d7 Tc4-c7??

Optische Täuschung! Falls 41.Tc7: folgt, will Schwarz 41. . . .Ld6† erwidern, ohne zu bemerken, daß dieser Zug einfach unmöglich ist. Der Kontrollzug war schon gemacht, und Weiß hatte ausreichend Zeit zum Nachdenken. Obwohl Ebralidze nicht nur lange nachdachte, sondern auch die lauten Zurufe erregter Zuschauer: „Artschil, nimm doch den Turm!“, hörte, sah er nicht, was auf dem Schachbrett geschah. Nach langen Überlegungen folgte:

41.Td7-d5?? **Le7-f6**
42.Sd4-b5 **Tc7-c2†**
43.Kh2-g3 **a7-a6**
44.Td5-d7†? **Kf7-e8**
45.Td7-c7?? **Lf6-e5†**

und Weiß gab auf.

Gewiß kommt die taktische Blindheit in solch extremen Formen sehr selten vor. Aber man kann mehrere ähnliche Situationen als Beispiele anführen.

Das alles bedeutet natürlich nicht, daß kombinatorisches Sehvermögen nur zu Beginn der Partie wichtig ist. Im Gegenteil! Sehr oft geschieht das völlige Eindringen in das taktische Wesen einer Stellung nicht sofort und hängt dabei von verschiedenen Umständen ab.

Heute dominiert im Schach ein dynamischer Stil des Spiels, das manchmal sehr scharfe, an kombinatorischem Inhalt reiche Formen bekommt. Es ist nicht ausgeschlossen, daß sich eine der Ursachen für die Beliebtheit und zukünftigen Aussichten eines solchen Stils in seiner praktischen Effektivität verbirgt. Dem Gegner immer konkrete Aufgaben stellen, heimtückische taktische Klippen auf seinem Weg errichten — das ist einer der Leitsprüche dieser Spielstrategie. Viele Beispiele dafür kann man in der Praxis von M. Tal finden! Er kann den schärfsten taktischen Kampf sogar in hoffnungslos erscheinenden Stellungen aufnehmen.

Smyslow – Tal
(Kandidatenwettkampf, Jugoslawien, 1959)

Diagramm Nr. 35

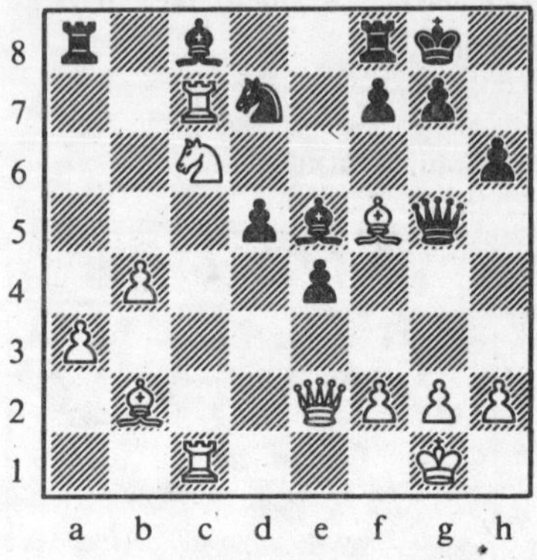

Die Stellung von Schwarz sieht hoffnungslos aus, und der folgende starke Zug des Anziehenden bestätigt diesen Eindruck:

25.h2-h4!

Die schwarze Dame hat kein günstiges Feld für den Rückzug. Schlecht ist 25. . . .Dc1:† 26.Lc1: Lc7: angesichts 27.Se7† Kh8 28. Sc8: und 29.Ld7:

Schwarz findet praktisch die einzig mögliche Chance.

25. . . . **Dg5xh4**
26.Sc6xe5 **Sd7xe5**
27.Tc7xc8 **Se5-f3†!?**
28.g2xf3 **Dh4-g5†**
29.Kg1-f1 **Dg5xf5**
30.Tc8xf8† **Ta8xf8**
31.f3xe4 **d5xe4**

Die Stellung des Nachziehenden ist schon so, daß gar keine Hoffnung bleibt. Aber, wie die Entwicklung der Ereignisse zeigt, ist der Kampf noch lange nicht beendet.

32.De2-e3 Tf8-d8
33.De3-g3 g7-g5
34.Tc1-c5 Td8-d1†
35.Kf1-g2 Df5-e6
36.b4-b5

Einfacher gewinnt Weiß mittels 36. Db8† Kh7 37.Dc8!

36. . . . Kg8-h7
37.Tc5-c6 De6-d5
38.De3-e5?

Und hier geschieht das Wunder, auf welches Schwarz hoffte. Sein erbitterter Widerstand ist ein gutes Beispiel für diejenigen, die den Mut zu früh sinken lassen. Gewinnbringend war 38.Dh2! e3† 39. Kg3. Aber im Eifer des Gefechts bemerkte Weiß die Drohung des ewigen Schachs nicht und verlor die Kontrolle über die Felder g1 und f3.

38. . . . Td1-g1†
39.Kg2-h2 Tg1-h1†
40.Kh2-g2 Th1-g1†

Remis.

Die nächste Stellung ist der Partie *Tal – Bannik* (23. Meisterschaft der UdSSR, 1957), als ein noch ganz junger Tal in der großen Schacharena debütierte, entnommen. Schon in der Eröffnung verlor Weiß eine Figur und geriet, wie es scheint, in eine aussichtslose Lage. Trotzdem setzte Tal den Kampf ohne jegliche Verlegenheit fort und griff nach jeder Chance.

(s. Diagramm Nr. 36)

Die Stellung in Diagramm Nr. 36 entstand nach dem 31. Zug von Schwarz. Objektiv ist die Stellung gewinnbringend für Schwarz. Aber das Spiel ist keine häusliche Analyse, sondern praktischer Kampf.

32.Se4-g3 Ta8-d8
33.Dd7-g4 Td8-e8

Diagramm Nr. 36

34.Te1-d1 Ld5xa2
35.f4-f5 c5-c4
36.h2-h4 d6-d5
37.Td1-f1 Lg7-f6
38.Dg4-d1 d5-d4
39.Dd1-a4 La2-b3
40.Da4-c6 Df8-e7

Hier wurde die Partie abgebrochen. Wahrscheinlich würde Schwarz sich mit Remis zufriedengeben müssen. Aber er will nicht die reale Lage der Dinge sehen. Mit der hartnäckigen Fortsetzung des Kampfes hatte Bannik den „Bogen überspannt". Er geriet in den stärksten Angriff von Weiß, bei dem den beiden Bauern auf f5 und g6 eine wichtige Rolle zukam.

41.Sg3-h5! Te8-f8
42.Dc6-d5† Kg8-h8
43.Sh5xf6 De7xf6
44.Dd5-b7! Df6-g7
45.Db7xb4 Kh8-g8
46.h4-h5 Dg7-d7
47.f5-f6 Dd7-g4
48.f6-f7† Kg8-g7
49.Db4-c5 Dg4-h4†

50.Kh1-g1
Schwarz gab auf.

Ungenauigkeiten, die positionelle Nachteile bringen

Wie wir gesehen haben, führt ein schwerer taktischer Fehler — sei es ein Rechenfehler oder einfaches Versehen — in vielen Fällen unmittelbar zur Niederlage.
Ein Beispiel aus meiner eigenen bitteren Erfahrung: In der Partie *Suetin - Kuprejtschik* (Daugavpils, 1978) wurde von Schwarz eine extravagante Eröffnungsvariante gespielt: 1.d4 d5 2.c4 e6 3.Sf3 Sf6 4.Lg5 h6 5.Lf6: Df6: 6.Sc3 dc?! 7.e4 a6 8.Lc4: b5 9.Ld3 c5.
Jetzt kommt der entscheidende Moment der Eröffnung. Weiß hat einen großen Vorteil in der Figurenentwicklung, aber wenn er ihn nicht effektiv nutzt, so wirken sich mit der Zeit die potentiellen Vorteile von Schwarz aus: zwei Läufer, Druck auf das Zentrum. Am Brett konnte Weiß keinen richtigen Plan finden und nach 10.e5 Dd8 11.dc Lc5: 12.0-0 Ta7! 13. De2 Td7 14.Tfd1 0-0 15.a4 b4 16.Se4 Le7 17.Lc2 Lb7 18.Td7: Sd7: 19.Sed2 Dc7 erlaubte er dem Gegner nicht nur das Spiel auszugleichen, sondern bekam auch selbst eine etwas schlechtere Stellung.
Weiß hatte aber die Möglichkeit, einen wesentlichen Vorteil zu erringen. Ich entdeckte sie auch sofort, als ich nach Hause gekommen war und einen „frischen" Blick auf die Stellung geworfen hatte. Notwendig wäre 10.Tc1!, und der Turm begänne sehr stark auf der c-Linie mitzuspielen. Gefährlich ist 11.dc! (es folgt Bauerngewinn). Nach 10. . . .Sbd7 ist 11.e5 Dd8 12.d5! unangenehm. Weiß hatte aber die Gelegenheit, Vorteile zu erhalten, verpaßt.
Auch am nächsten Beispiel können wir sehen, wie eine taktische Ungenauigkeit einem der Spieler große positionelle Nachteile einbrachte.

Cholmow - Fischer
(Skopje, 1967)

Diagramm Nr. 37

Diese Stellung entstand nach 9 Zügen. Weiß spielte eine sehr ruhige, aber auch wenig aktive Variante der Altindischen Verteidigung. Dem Wesen der Stellung hätte 10.Lb2 entsprochen, um die Entwicklung abzuschließen und die Symmetrie zu bewahren.
Weiß ließ sich aber von dem äußerlich aktiven Läuferangriff verführen und versuchte, den Druck im Zentrum zu steigern.

10.Lc1-a3? **c7-c6**
11.La3-d6?
Die Idee des Anziehenden ist auf den ersten Blick völlig berechtigt. Er plant, die schwarzen Figuren zu lähmen und dann alle Kräfte auf den Punkt e5 zu richten. Aber Schwarz hatte darauf eine starke, verborgene taktische Antwort, die Weiß schließlich in eine strategisch hoffnungslose Lage versetzte. Richtig war 11.De2.
11. . . . **Dd8-a5**
12.Dd1-d3 **Te8-e6!**
Ein schlauer taktischer Trick. Es wird klar, daß 13.Sg5? Td6:! 14. Dd6: h6! schlecht ist und Weiß einen materiellen Verlust erleidet. Für Schwarz ist auch 13.Se2 Se4:! usw. günstig.
13.b3-b4 **Da5-a3!**
Wie ein Damoklesschwert schwebt über Weiß wieder die Drohung 14. . . .Td6:.
14.Ld6-c7 **Da3xb4!**
Das Einfachste! Mehr Chancen hätte Weiß im Fall 14. . . .Se8 15. La5 b6 16.Tab1! ba 17.Tb3 Sc5 18.bc Dc5: 19.Tfb1 usw.
15.Ta1-b1 **Db4-e7!**
16.Tf1-d1 **Sf6-e8**
17.Lc7-a5 **Te6-d6**
18.Dd3-e2 **Td6xd1†**
19.De2xd1 **Lg7-f8**
20.Sf3-d2
Oder 20.Lb4 Df6 21.Lf8: Sf8:, und Weiß bleibt ohne Bauern und in gefährlich geschwächter Stellung.
20. . . . **De7-a3!**
21.Sd2-c4 **Da3-c5**
22.Lg2-f1 **b7-b5**
23.Sc4-d2 **Dc5-a3!**
24.Sd2-b3 **Sd7-c5**
25.Lf1xb5 **c6xb5**
26.Sc3xb5 **Da3-a4**
27.Sb3xc5 **Da4xa5**
28.Dd1-d5 **Ta8-b8**
29.a2-a4 **Lc8-h3!**
30.Dd5xe5 **Tb8-c8**
31.Sc5-d3 **Da5xa4**
32.Sd3-e1 **a7-a6**
Weiß gab auf.
Jetzt analysieren wir zum Vergleich einen Fall, wo eine strategisch verlorene Stellung auf Grund rein positioneller Ungenauigkeiten entstanden ist.

Schlechter – Janowski
Damengambit
(Oostende, 1905)
1.d2-d4 **d7-d5**
2.c2-c4 **e7-e6**
3.Sb1-c3 **Sg8-f6**
4.Lc1-g5 **Sb8-d7**
5.e2-e3 **Lf8-e7**
6.Sg1-f3 **0—0**
7.Lf1-d3 **b7-b6?**
Besser ist 7. . . .c5, oder 7. . . .dc.
8.c4xd5 **e6xd5**
9.0—0 **c7-c5**
10.Sf3-e5 **Sd7xe5(?)**
11.d4xe5 **Sf6-d7**
12.Lg5-f4 **Lc8-b7**
13.Dd1-f3 **Tf8-e8**
14.Df3-h3
Im Ergebnis der Eröffnung bekam Weiß eine wichtige Initiative am Königsflügel. Im weiteren Verlauf verstärkt er zielstrebig den Druck.
14. . . . **Sd7-f8**
15.Ta1-d1 **Sf8-g6**
16.Lf4-g3 **a7-a6**
17.f2-f4 **Le7-f8**
18.Ld3-c2 **b6-b5**
19.e5-e6! **f7xe6**
20.f4-f5 **e6xf5**
21.Dh3xf5 **Dd8-e7(?)**

22.Sc3xd5 **Lb7xd5**
23.Df5xd5† **De7-e6**
24.Lc2-e4!

Das ist der entscheidende taktische Schlag, der die Strategie von Weiß krönt. Weiß gewinnt die Qualität und auch das Spiel.

24. . . . **Ta8-c8**
25.Dd5xe6† **Te8xe6**
26.Le4-d5 **Tc8-e8**
27.Ld5xe6† **Te8xe6**
28.Td1-d8 **c5-c4**
29.Lg3-d6 **Te6xd6**
30.Tf1xf8† **Sg6xf8**
31.Td8xd6

Schwarz gab auf.

Meiner Meinung nach passieren viele positionelle Ungenauigkeiten im Spiel der Schachmeister auf Grund falscher Variantenberechnungen. Dies spricht für die unlösbare Verknüpfung des strategischen mit dem taktischen Element des modernen Schachspiels.

Natürlich sind die Fehler nicht immer so deutlich zu sehen, wie dies z. B. in der angeführten Partie *Cholmow – Fischer* der Fall war. Um die Schattenseiten des einen oder anderen Zuges zu erkennen, muß man sich oft der „Lupe" der eingehenden Analyse bedienen.

Bronstein – Botwinnik
(Weltmeisterschaft, Moskau 1951)

(s. Diagramm Nr. 38)

Auf dem Schachbrett entwickelt sich ein komplizierter strategischer Kampf. Schwarz strebt nach aktivem Spiel am Königsflügel, und Weiß plant mit wenigen Kräften einen Bauernangriff am Damenflügel zu organisieren, um bei günstiger

Diagramm Nr. 38

Gelegenheit das Bauernzentrum mit e3-e4 zu sprengen. Um die Initiative schneller zu entwickeln, setzte Schwarz fort mit:

14. . . . **g5-g4?**

Dabei rechnet er mit 15.fg Sg4: 16. Sf4 Sf6 und weiterem Se4, was ihm ermöglicht, einen starken Vorposten im Zentrum zu errichten. Doch der Weltmeister unterschätzte die ganze Feinheit des 16. Zuges. Nebenbei bemerkt wäre 14. . . .Le6 besser, um die Entwicklung abzuschließen.

15.f3xg4 **Sf6xg4**
16.Lg2-h3!

Angesichts der Drohung 17.Lg4: fg 18.e4! mußte Schwarz seinen Springer in eine ungünstige Stellung zurückziehen, was Weiß ermöglichte, die Offensive am Damenflügel schnell zu entwickeln.

16. . . . **Sg4-h6**
17.Se2-f4 **Le7-d6**
18.b3-b4 **a7-a6**
19.a2-a4 **Dd8-e7**
20.Ta1-b1 **b7-b5**
21.Lh3-g2

Genauer ist 21.Ld2, und der Springer h6 wird am Rand gehalten.

21. . . .	**Sh6-g4**
22.Lc3-d2	**Sg4-f6**
23.Tb1-b2	**Lc8-d7**
24.Tf1-a1	**Sf6-e4**
25.Ld2-e1	**Tf8-e8**
26.Dd3-b3	**Kg8-h8**

Schwarz verteidigt sich gegen die Drohung 27.ab ab 28.Ta8: Ta8: 29. Sd5:! Man müßte sich aber wahrscheinlich doch für 26. . . .Lf4: entscheiden. Der weiße Springer wird bald sehr aktiv.

27.Tb2-a2	**De7-f8**
28.Sf4-d3!	

Obwohl es Schwarz gelang, seinen Springer auf e4 zu behaupten, fällt die allgemeine Positionseinschätzung zu Gunsten von Weiß aus. Bronstein aktiviert seine Figuren und bereitet eine Offensive auf der a-Linie vor.

28. . . .	**Ta8-b8**
29.a4xb5	**a6xb5**
30.Ta2-a7	**Te8-e7**
31.Sd3-e5	**Ld7-e8**
32.g3-g4!	

Ein starker und unerwarteter taktischer Schlag. Der bis dahin „schlummernde“ schwarzfeldrige Läufer von Weiß mischt sich aktiv in das Spielgeschehen ein.

32. . . .	**f5xg4**
33.Lg2xe4	**d5xe4**
34.Le1-h4	**Te7xe5**

Ein erzwungenes Opfer. Nicht besser sind auch die anderen Fortsetzungen: Nach 34. . . .Ta7: 35.Ta7:, entscheidet die Drohung 36.Sf7†. Falls 34. . . .Tg7, gewinnt 35.De6.

35.d4xe5	**Ld6xe5**
36.Ta1-f1	**Df8-g8**
37.Lh4-g3!	**Le5-g7**
38.Db3xg8†	

Schwarz gab auf.

Oft vergißt der Schachspieler, in die Berechnungen komplizierter Varianten vertieft, die Notwendigkeit einer richtigen Positionseinschätzung. Dabei muß er aber nicht nur die Ausgangsstellung richtig einschätzen können, sondern auch alle Stellungen, die ihm während der Variantenberechnung in den Sinn kommen.

Hier einige Beispiele dafür:

Sehr aufschlußreich ist die Partie *Schlechter – Herzfeld* (Wien, 1893), in der schon nach den ersten Zügen ein scharfer taktischer Kampf entbrannte:

1.e2-e4	**e7-e5**
2.Sb1-c3	**Sg8-f6**
3.f2-f4	**d7-d5**
4.d2-d3	**Lf8-b4**
5.f4xe5	**Sf6xe4!**
6.d3xe4	**Dd8-h4†**
7.Ke1-e2	**Lb4xc3**
8.b2xc3	**Lc8-g4†**

Dieser Zug bringt noch keine schweren Folgen, obwohl 8. . . . De4:† 9.Le3 Sc6 oder 9. . . .Lf5 mit gefährlichem Gegenspiel bei Schwarz objektiv stärker wäre.

9.Sg1-f3	**d5xe4**
10.Dd1-d4	**Lg4-h5**
11.Ke2-e3	**Lh5xf3**
12.g2xf3	**Dh4-e1†**
13.Ke3-f4	**Sb8-c6**
14.Dd4xe4	**De1xc3?**

(s. Diagramm Nr. 39, S. 64)

In der Hitze des taktischen Gefechts überschätzt Schwarz seine Möglichkeiten. Es wäre vernünftiger, ein Remis mit ewigem Schach 14. . . . Dh4† usw. zu forcieren.

Diagramm Nr. 39

15.Lf1-b5 **0—0—0**

Schwarz setzte große Hoffnungen in die kommende Antwort. Seine Drohung 16. ... Td4 ist wirklich sehr stark. Kommt 16. Le3, so kann 16. . . .Sd4 fortgesetzt werden, und wenn 17.Ld3, so folgt 17. . . .The8. Weiß würde es sehr schwerfallen, die zahlreichen starken Drohungen des Gegners zu parieren. Und doch hat Weiß eine effektive taktische Lösung gefunden, die auf tiefem Eindringen in die Positionseinschätzung beruht. Während Schwarz im Mittelspiel rein taktisch handelte, folgte Weiß präzise der Logik des Kampfes.

16.Lb5xc6! **Td8-d4**
17.Lc6xb7† **Kc8-b8**
18.Ta1-b1 **Td4xe4†**
19.Lb7xe4† **Kb8-c8**
20.Th1-d1

Die Situation verändert sich sehr rasch. Weiß bekam für das Damenopfer nicht nur ausreichenden materiellen Ausgleich, sondern ergriff auch endgültig die Initiative.

20. . . . **g7-g5†**
21.Kf4-g3 **Dc3xe5†**
22.Kg3-g2 **De5-a5**
23.Le4-b7† **Kc8-b8**
24.Lb7-c6† **Kb8-c8**
25.Lc6-d7† **Kc8-d8**
26.Tb1-b5 **Da5-c3**
27.Lc1xg5† **f7-f6**
28.Ld7-f5† **Kd8-e8**
29.Tb5-b8† **Ke8-f7**
30.Td1-d7#

Ähnliche Ungenauigkeiten in der Einschätzung der Folgen des eigenen Zuges unterlaufen besonders oft, wenn während des scharfen taktischen Kampfes rein positionelle Probleme auftauchen. In solch einem Kampf kann man den Kopf sehr leicht verlieren. Sehr lehrreich ist in diesem Zusammenhang die Partie *Westerinen – Mestel* (Esbjerg, 1979). Hier stieß Weiß in einer scharfen Variante des Drachensystems auf „irrsinnige" Verwicklungen.

Diagramm Nr. 40

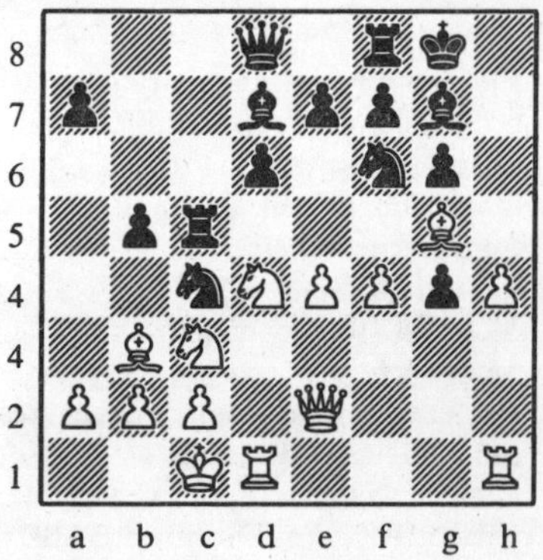

Es folgte:

17.e4-e5?!

Besser wäre wahrscheinlich 17.f5.

17. . . .	**d6xe5**
18.Sd4xb5	**Sc4xb2!**

Schwarz nimmt die Herausforderung tapfer an und verschärft das Spiel. Dabei berücksichtigt er aber nicht nur den Arbeitsaufwand der Variantenberechnung (damit wird er erfolgreich fertig), sondern, was noch wichtiger ist, auch die Auswirkungen des kommenden taktischen Sturms.

19.Kc1xb2	**Dd8-a5**
20.Td1xd7	**Sf6xd7**
21.Lg5xe7	**Tc5xc3**
22.Sb5xc3	**e5xf4!**
23.De2-c4	**Sd7-b6**
24.Dc4-b4	**Da5xb4**
25.Le7xb4	**Tf8-c8**

Das Spiel ging in ein taktisches Endspiel über, bei dem Schwarz nicht nur genügenden materiellen Vorteil, sondern auch die harmonischere Aufstellung der Kräfte hat. Letzten Endes ist jetzt die mächtige Kohorte schwarzer Bauern entscheidend.

26.Th1-f1	**f4-f3**
27.a2-a4	**Tc8-c4!**

Ein prickelnder taktischer Stich. Die Kombination von Schwarz ist schlicht und überzeugend.

28.Lb3xc4

(28.La5 Sa4:†!)

28. . . .	**Sb6xc4†**
29.Kb2-c1	

Falls 29.Ka2 ist 29. . . .a5! entscheidend.

29. . . .	**Lg7-h6†**
30.Kc1-d1	**Sc4-e3†**
31.Kd1-e1	**Se3xc2†**
32.Ke1-f2	**Sc2xb4**
33.Tf1-d1	**f7-f5**
34.Td1-d6	**Lh6-f8!**
35.Td6-d8	**Kg8-f7**
36.Kf2-g3	**Lf8-c5**
37.Sc3-d1	**Kf7-e6**
38.Td8-d2	**Sb4-d5**
39.a4-a5	**Sd5-f6**
40.Td2-c2	**Sf6-h5†**
41.Kg3-h2	**g4-g3†**

Weiß gab auf.

In den meisten Fällen ist das Spiel auf Grund der Variantenberechnung unmittelbar mit der Erreichung positioneller Vorteile verbunden. Andererseits müssen alle positionellen Manöver konkret und taktisch begründet sein.

Uhlmann – Larsen
(Kandidatenwettkampf,
Las Palmas, 1971)

Diagramm Nr. 41

In dieser Stellung setzte Weiß **14. Ld3-b5†** fort.

Es ist ein natürlicher Zug. Es ist verlockend, dem Nachziehenden die Rochademöglichkeit zu entziehen. Und trotzdem gab es hier vieles, worüber man gründlich nachzudenken hatte. Beachtenswert war 14.0-0, und wenn 14. . . .h6 (14. . . . 0-0? 15.Lh7:†! usw.) so 15.De2 0-0 16.De4! (empfohlen von J. Awerbach).

14. . . . Ke8-e7!

Eine interessante Idee. Obwohl der schwarze König im Zentrum steht, behindert er keineswegs die Mobilisierung der Kräfte. Dabei wird auch die Aufstellung der Schwerfiguren erhalten, was beim „logischen" 14. . . . Kf8 unmöglich wäre. Außerdem steht der weiße Läufer auf b5 taktisch unsicher, und es schwebt über ihm schon die Drohung 15. . . .Db6. Gleichzeitig hat Weiß nichts von 15.Lg5† f6 16.ef† gf 17.Lh4 Sf4! oder 17.Lh6 Db6!

15.0—0 Dd8-b6

16.Lb5-d3

Etwas besser wäre 16.De2. Aber Weiß läßt sich während des ganzen Spiels von natürlichen Zügen lenken, und seine äußerliche Schablone wird zur Ursache großen Unheils.

16. . . . h7-h6!

17.Dd1-e2 Th8-d8

18.Lc1-d2 Ke7-f8

Es ist möglich, die Bilanz des Kampfes in der Übergangsstellung zum Mittelspiel zu ziehen. Die schwarzen Figuren handeln abgestimmt und aktiv. Auch der Vorteil von Weiß in der Figurenentwicklung kommt nicht zum Zuge. Der Grund des Übels besteht darin, daß Weiß keinen guten Plan hat, was seinem Gegner erlaubt, seine Stellung ungehindert auszubauen.

19.Ta1-c1 Ta8-c8

20.Tc1-c2 a7-a5

21.Tf1-c1 Kf8-g8

22.h2-h3 Sd5-e7

Obwohl Schwarz sehr einfach handelt, wachsen seine Drohungen an. Drohend ist nicht nur 23. . . .Lf2:†, sondern auch 23. . . .Sf5 mit weiterem Lf3: und Sd4!

23.Sf3-e1 Lc5-d4

Um die Stellung seines schwarzfeldrigen Läufers zu verstärken, macht sich B. Larsen von der Fesselung auf der c-Linie frei.

24.Tc2xc8 Td8xc8

25.Tc1xc8† Se7xc8

26.b2-b3

Dies ist eine wichtige Schwächung des Punktes c3, aber Weiß ist schon zu einer aussichtslosen Verteidigung verurteilt.

26. . . . Sc8-e7

27.Se1-f3 Ld4-c5

28.Ld2-e1

Nach 28.Le3 Le3: 29.De3: De3: 30. fe Lf3: 31.gf Sd5 ist die Drohung 32. . . .Sc3 sehr unangenehm.

28. . . . Se7-f5

29.Kg1-f1 Db6-c6!

Die Zeit für das entscheidende Handeln ist gekommen. Drohend ist 30. . . .Sd4!

30.Ld3-b5 Dc6-c7

31.Lb5-d3 Sf5-d4

32.Sf3xd4 Lc5xd4

33.f2-f4 Dc7-c1

34.De2-d2 Dc1-a1

35.Dd2-c2 Ld4-c3

36.Dc2-b1 Lb7-a6!

Ein typischer taktischer Schlag, der die solide Strategie von Schwarz krönt. Weiß gab auf.

4. Kapitel
Das Problem der Zugwahl

Die Prinzipien und Kniffe der Strategie und Taktik werden in der Schachliteratur seit langem untersucht, aber wenig erforscht bleibt das Problem der Zugwahl, das aus psychologischer Sicht besonders interessant ist. Im Endergebnis laufen die Denkwege auf die Auswahl der besten Züge und die mit diesem Prozeß untrennbar verbundene Berechnung von Varianten hinaus. Ich möchte frühere Ausführungen zu diesem Thema fortsetzen und auf einige noch wenig erforschte Fragen eingehen.

Selbstverständlich gibt es zahlreiche Positionen, bei denen die Zugwahl keine Probleme bereitet. In den meisten Fällen bieten sich die Züge von selbst an, weil sie vom Spielplan oder von der Entwicklung forcierter Varianten bestimmt werden. Gerade darin zeigt sich die wissenschaftliche Natur des Schachs. Es ist recht einfach, den Zug beim Spielen bekannter Eröffnungsvarianten, in verschiedenen Abtauschoperationen, beim Parieren von offensichtlichen Drohungen, in theoretischen Endspielen usw. zu wählen. Gleichzeitig gibt es jedoch ungemein viele Stellungen, bei denen die Zugwahl ein sehr großes Problem darstellt. Wenn ein echter Kampf beginnt, entstehen einige wirklich schöpferische Momente, die nicht nur Kenntnisse und gesammelte Erfahrungen, sondern auch vollen Einsatz der Kräfte und Energie fordern. Die Wahl eines konkreten strategischen Planes beim Übergang ins Mittelspiel wird üblicherweise als eines solcher Momente betrachtet. Ähnliche Probleme entstehen oft auch beim Übergang ins Endspiel. Kann es denn leicht sein, den Zug im Prozeß einer heißen taktischen Schlacht zu finden, die komplizierte Varianten in Hülle und Fülle bietet?

In diesem Kapitel wird die Rede gerade von schweren Fällen der Zugwahl sein. Zuerst verweilen wir bei der Geschichte dieser Frage.

In den letzten Jahren wurde eine Reihe interessanter Werke vom Großmeister und Doktor der Psychologie N. Krogius veröffentlicht. Seine Bücher, die mit dem Studium der Psychologie des schachlichen Schaffens eng verbunden sind, sind bekannt und besitzen eine aktuelle Bedeutung für die von uns zu behandelnden Probleme.

Nun gehen wir auf die relativ wenig bekannten, doch interessanten Werke des sowjetischen Meisters und Methodikers B. Blumenfeld ausführlich ein. Viele von ihm aufgestellte Postulate sind originell und haben ihre theoretische Bedeutung auch heute noch nicht eingebüßt.

Bei der Betrachtung dieser Ideen werden wir Parallelen zu den modernen Auffassungen ziehen.

Über visuelle Vorstellungskraft und Variantenberechnung

(nach Materialien Blumenfelds aus der Zeitschrift „Schach in der UdSSR“, Heft 1, 1936)

In seinem inhaltsreichen Artikel unterstreicht Blumenfeld vor allem die Wichtigkeit der richtigen

Variantenberechnung. „Die Korrektur von Irrtümern beim Überlegen besitzt keine geringere Bedeutung, als perfekte Eröffnungskenntnisse", — schreibt er.

Blumenfeld verweist darauf, wie wichtig es ist, sich die nach jeder im Geist ausgeführten Figurenbewegung (der eigenen oder der des Gegners) entstehenden Positionen mit Hilfe der visuellen Vorstellungskraft zu vergegenwärtigen. Grobe Fehler in der Partie haben häufig ihre Ursache in den nur unscharf wahrgenommenen Zwischenstellungen.

Betrachten wir ein von Blumenfeld angeführtes Beispiel zu diesem Thema:

Diagramm Nr. 42

In dieser Stellung aus der Partie *Blumenfeld – Shiwzow,* die im Halbfinale der Moskauer Meisterschaft 1935 gespielt wurde, setzte Schwarz den Läufer einem Angriff aus:

1. . . .   Lg2-e4??

Es ist zu bemerken, daß Shiwzow bis zu diesem Moment die Partie gut geführt hatte und nicht in Zeitnot war. Bevor er den Zug machte, hatte er ziemlich lange über die Stellung nachgedacht. Als er diesen Zug ausführte, dachte er, daß der Läufer angesichts der Variante 1. . . .Le4 2.Le4: De5: 3.Lh7† Kh7: 4.De5: Sd3† mit Ausgleich für die verlorene Dame nicht geschlagen werden darf, aber er „vergaß", daß nach

2.Lc2xe4

der Turm a8 angegriffen wurde.

Das mutet paradox an: Schwarz berechnete die Abspiele ziemlich weit und beging dennoch einen äußerst groben Schnitzer. Die Ursache für dieses Versehen sieht Blumenfeld darin, daß der Partner sich den Läufer c2 auf dem Feld e4 im Geist nicht vergegenwärtigte und ihn „in der Schwebe hielt", dem Punkt h7 zustrebend, um nach dem Schachgebot die Dame zu erobern. Die Berechnung von Schwarz drehte sich nur um eine einzige taktische Idee: der Läufer auf Punkt c2 strebt dem Punkt h7 zu. Aber auf dem Wege zu ihm lag der „Transitpunkt" e4. Diese „Zwischenlandung" wurde jedoch mittels der visuellen Vorstellungskraft nicht vergegenwärtigt.

Der Autor bemerkt, daß derartige Fehler meist nicht die Folge eines schwachen visuellen Vorstellungsvermögens sind, sondern der Nervosität oder unzureichender Willensstärke entspringen. Blumenfeld schreibt: „Manchmal ist man zu bequem, sich die Veränderung, die ein im Geist ausgeführter Zug bewirkt, sofort mittels der visuellen Vorstellungskraft zu vergegenwärtigen, man macht es sich leicht und macht seinen Zug nach dem Gespräch mit sich selbst oder einer Zugnotation im Geist oder nach einer Figurenbewegung im Geist und im Raum, ohne sich jedoch die Lage nach dem Zug mit Hilfe der visuellen Vorstellungskraft zu vergegenwärtigen."

Daraus läßt sich ableiten, daß manchmal die durch die visuelle Phantasie geschaffene Vorstellung die Wirklichkeit verdrängt. Die bei den Überlegungen zu einer Variante im Geist ausgeführten Figurenbewegungen behindern häufig die fehlerfreie Wiedergabe von Positionen, die sich in einem anderen Abspiel ergeben. Offensichtlich wächst die Quote der taktischen Fehler mit der Zahl der Varianten und deren Länge.

Blumenfeld warnt vor dem überflüssigen Berechnen langer Varianten bei der Zugwahl, denn mit jedem im Geist ausgeführten Zug verliert die gedachte Stellung immer mehr die Verbindung zur Wirklichkeit, und die entstehenden „Gedankenbilder" der Zwischenstellungen werden Zug um Zug verschwommener. Da das Denken des Schachspielers untrennbar mit visuellen Vorstellungen verknüpft ist, funktioniert es um so besser und genauer, je schärfer das vor dem geistigen Auge befindliche Bild ist.

Recht lehrreich sind folgende Schlußfolgerungen und Ratschläge des Autors, die wir leicht gekürzt wiedergeben.

„Nachdem der gegnerische Zug geschehen ist, sollte man die entstandene Stellung noch einmal auf sich wirken und seine Überlegungen nicht durch eine vorgefaßte Meinung beeinflussen lassen. Wie gut das visuelle Vorstellungsvermögen auch entwickelt sein mag, ist das vom geistigen Auge Erfaßte unschärfer als das unmittelbar Wahrgenommene. Übereilen Sie sich nicht und führen Sie nie selbst einen vorbereiteten Zug aus, ohne sich erneut besonnen zu haben.

Man sollte beim Überlegen der Varianten auf strengste innere Disziplin achten; insbesondere sollte man nicht von einem Abspiel zum anderen pendeln und mehrmals zu einem bestimmten zurückkehren.

Beim Überlegen der Varianten sollte eine gewisse Reihenfolge eingehalten werden.

Bei der Festlegung der Reihenfolge der zu berechnenden Varianten sollte man bestrebt sein, deren Zahl und Länge in Grenzen zu halten. Zuallererst sollte man den auf den ersten Blick am gefährlichsten aussehenden Zug prüfen. Erst wenn man dagegen eine Verteidigung gefunden hat, sollte man sich fragen, ob der Gegner nicht über andere, versteckte Möglichkeiten gebietet.

Hat man die Wahl zwischen zwei etwa gleich starken Fortsetzungen, sollte man diejenige mit weniger Varianten bevorzugen, um auf diese Weise die Fehlergefahr zu verringern".

Da Blumenfeld Einwände von Anhängern der Schachästhetik voraussah, machte er folgende Bemerkung:

„Variantenberechnung ist nur eine notwendige Technik. Kann man diese vereinfachen oder erleichtern — um so besser. Die Schönheit des Schachspiels liegt in der inneren Logik und dem Ideenreichtum ... Die Berechnung ist nur dazu da, die Richtigkeit der Ideen zu überprüfen."

In unserer Zeit lehnt die Praxis die Konzeption einer starren Einschränkung des Variantenberechnens im großen und ganzen ab. Selbst eifrige Rationalisten, die sonst mit ihren Rechenkünsten haushalten pflegen, unterziehen sich, falls notwendig, einer Kopfzerbrechen verursachenden Rechenarbeit. Ohne die Berechnung „überflüssiger" Varianten kommt man im modernen dynamischen Kampf eben nicht mehr aus — die Evolution des Schachdenkens fordert dies so. Man darf nicht vergessen, daß Blumenfeld seine Ideen vor 40 Jahren dargelegt hat, dabei hat er sich fast ausschließlich auf seine eigenen relativ bescheidenen praktischen Erfahrungen gestützt. Wenn auch seine Konzeption heute veraltet und naiv aussieht, bleiben einige Hinweise von Blumenfeld recht interessant. Vor allem können sie den jungen Spielern der mittleren Leistungsklassen als Tips zur Technik der Rechenarbeit empfohlen werden. „Vergegenwärtigen der Aufstellung", Denkdisziplin, exaktes Einprägen von visuellen Bildern, nützliche Ökonomie der Kräfte usw. — All das sind wichtige Elemente der Rechenarbeit, die dem Spieler enorme Anstrengungen abverlangen.

Probleme der Einteilung der Bedenkzeit bei der Zugwahl

Dieses Problem wurde ebenfalls von Blumenfeld erforscht.
Hier die von ihm entwickelten Hauptpostulate:
Die Zugwahl ist keine Lösung einer theoretischen Aufgabe, sondern eine Entscheidung in der Kampfsituation, bei der nicht nur alle wesentlichen Momente, unter anderem die objektiven Vorteile eines Zuges, sondern auch die verfügbare Überlegungszeit zu berücksichtigen sind.
Er führt als Beispiel eine Stellung an, die nach 16 Zügen in der Partie *Aljechin – Reshevsky* (Kemeri, 1937) entstand.

Diagramm Nr. 43

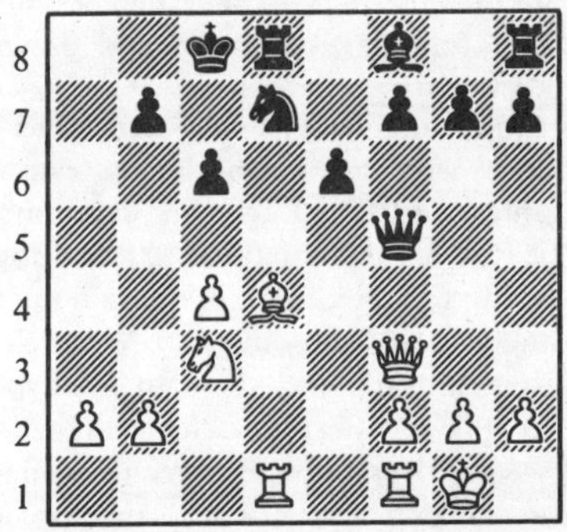

In dieser Stellung drängte sich der Damentausch (17.Df5: ef) auf, nach dem Weiß ein deutliches Übergewicht behielt, weil er dann praktisch einen Mehrbauern am Damenflügel gehabt hätte.

A. Aljechin setzte trotzdem 17. Dg3?! fort und wählte somit einen zweischneidigen Kampf. Vorweg sei gesagt, daß er diese Partie mit einer schönen Kombination nach einem Fehler des Partners gewann, der in arger Zeitnot gemacht wurde. Sehen Sie nun selbst, wie es war.

17.Df3-g3	**e6-e5**
18.Ld4-e3	**Lf8-b4**
19.Sc3-a4	**Lb4-a5!**
20.f2-f4!	**La5-c7**
21.b2-b3	**f7-f6**
22.f4xe5	**Df5-e6**
23.h2-h3	**Th8-g8**
24.Le3-d4	**Sd7xe5**

Besser ist 24. . . .fe.

25.Dg3-c3!	**Se5-d7**
26.c4-c5!	**Tg8-e8**
27.b3-b4!	**Sd7-b8**
28.Sa4-b6†	**Lc7xb6**
29.c5xb6	**De6xa2**
30.Dc3-g3!	**Td8-d7**
31.Ld4-c5	**Da2-f7**
32.Td1-a1	**Df7-g6**
33.Dg3-h2!	**Te8-e5**
34.Ta1-a8	**Td7-d2**
35.Ta8xb8†!	**Kc8xb8**
36.Dh2xe5†!	

Schwarz gab auf.

Aljechins Wahl im 17. Zug wurde, wie Blumenfeld meint, von der Gesamtheit konkreter Ursachen motiviert, wobei psychologische Faktoren keine geringe Rolle spielten. Zum einen war er von seiner Überlegenheit in solchen Spielsituationen sogar über einen Schachspieler wie Reshevsky überzeugt. Zum anderen berücksichtigte er den Umstand, daß Reshevsky ein leidenschaftlicher Zeitnotspieler ist, der gerade in einem zweischneidigen, konkreten Spiel Gefahr läuft, in Zeitnot zu geraten.

Blumenfeld macht die Überlegungszeit von der Willensstärke bei der Berechnung abhängig. Ist der Schachspieler unsicher, vergeudet er den größten Teil der Zeit mit dem Bedauern früher gemachter Fehler oder gar über den ausgewählten Spielplan überhaupt. Viel Überlegungszeit kann verschwendet werden, wenn eine entsprechende Organisiertheit bei der Variantenberechnung fehlt.

Die Ökonomie der Bedenkzeit muß für jeden Praktiker des Schachs oberstes Gebot sein. Gleichzeitig — so Blumenfeld — muß ein bestimmtes Mindestmaß an Zeit für das Überlegen eines Zuges eingehalten werden. Macht man es sich beispielsweise zur Regel, sogar für selbstverständliche Züge fünf bis zehn Sekunden zu opfern, bewahrt einen das vor vielen Fehlern. Ein nützlicher Tip! Junge Schachspieler die große Turniere besuchen, an denen Großmeister und Meister teilnehmen, sollten übrigens auch darauf achten, mit welcher Besonnenheit diese selbst die naheliegendsten Züge ausführen. Wie bei einem geübten Autofahrer wird man selbst bei den vom Meister schnell gemachten Zügen (vom Spiel in Zeitnot einmal abgesehen) keine Hast entdecken. Demgegenüber kann man in den Partien unerfahrener Schachspieler immer wieder überstürzte Reflexbewegungen beobachten, die mitunter mit Spielfaktoren und Zeit teuer bezahlt werden müssen.

Blumenfeld warnt vor unergiebiger

Zeitverschwendung, die aus unklaren Befürchtungen entsteht: „Ob hier eine unangenehme Überraschung auf mich lauert?“ Es muß allerdings eingeräumt werden, daß diese Frage nicht einhellig beurteilt wird.

Wie uns schon bekannt ist, haben sehr viele Schachspieler ein bedeutend besseres Gespür für ihre eigenen taktischen Möglichkeiten als für die Überraschungen durch den Partner. Deshalb ist es beispielsweise ratsam, wenn der Partner einen Zug macht, der zu verlieren scheint, genau zu prüfen, ob es nicht noch einen versteckten Ausweg gibt, ohne in unbegründete Befürchtungen zu verfallen. Manchmal vergißt man in der Hitze des Gefechts, daß — im Unterschied zum Damespiel — das sofortige Wiederschlagen im Schach nicht Pflicht ist. Selbst bei unverfänglich erscheinenden Abtauschaktionen sind unvermutet auftauchende unangenehme Zwischenzüge nie ganz von der Hand zu weisen.

Mit einem Wort, begründete und unbegründete Befürchtungen unterscheiden sich oftmals gar nicht so deutlich voneinander.

Am Ende seines Artikels wirft Blumenfeld einige Fragen auf, die seiner Ansicht nach spezielle Erforschung verdienen:

„Wie soll man die Zeit ausnutzen, wenn der Partner über seinen Zug nachdenkt; wie soll man Verfahren der Zeiteinsparung üben; welche Zeitkontrolle ist am zweckmäßigsten; wird das Überlegen von der Qualität der Steine, Spielbedingungen usw. beeinflußt?“. Einige dieser Fragen bleiben auch heute noch offen.

In diesem Zusammenhang möchte ich auf einen wichtigen Punkt eingehen. Bisher haben nur wenige darüber nachgedacht, wieviel Bedenkzeit man höchstens für einen Zug aufwenden sollte. Es geschieht sogar erfahrenen Meistern, daß sie für einen einzigen Zug eine Stunde oder mehr brauchen.

Bei Bobby Fischer fiel mir während des 1971 in Buenos Aires ausgetragenen Wettkampfs mit Petrosjan folgendes auf: Selbst in den kompliziertesten Situationen schien er sich für jeden Zug ein Bedenkzeitlimit vorgegeben zu haben, und zwar maximal eine halbe Stunde. War diese verstrichen, schlug er alle Zweifel in den Wind und entschied sich für einen Zug. Übrigens strebte Fischer mit enormem Kraftaufwand danach, die Bedenkzeit auch dann auszunutzen, wenn sein Partner am Zuge war. Obwohl Fischer selbst rasch zog, saß er — von kurzen, notwendigen Pausen abgesehen — die gesamte fünfstündige Spielzeit über am Brett und arbeitete intensiv.

Natürlich handelt es sich hierbei um eine Eigenart seiner Spielauffassung. Dennoch muß man den Schlüssel zu optimalen Entscheidungen in der Praxis führender Schachspieler suchen. Von ihnen muß man lernen, mit der eigenen Bedenkzeit sparsam umzugehen.

Über kombinatorisches Sehvermögen

Die Praxis zeigt, daß die Variantenberechnung eine sehr komplizierte Angelegenheit ist. Ihre „Seele" ist das Eindringen in die kombinatorischen Feinheiten der Stellung. In dieser Beziehung ist die Vorausberechnung eine Art abgeleitete Funktion des kombinatorischen Sehvermögens. Über dieses besondere Sehvermögen zu verfügen, oder, wie die Schachspieler sagen, das Schachbrett zu sehen, ist notwendig, um die kombinatorische Harmonie einer bestimmten Position aufzuspüren. Ohne dieses Sehvermögen würde sich die Berechnung in eine sinnlose, rein formale Operation auflösen.

Kombinatorisches Sehvermögen und Variantenberechnung sind sehr eng miteinander verbunden. Das Sehvermögen erleichtert in vielen Fällen die Vorausberechnung und ersetzt sie manchmal sogar. Andererseits überprüft die Berechnung die Exaktheit des vom Schachspieler gesehenen Bildes.

Sogar relativ unerfahrene Schachliebhaber fühlen sich vor allem von der Schönheit und Unerschöpflichkeit der Kombinationen angezogen. Was spielt sich nicht alles in einer Schachpartie an kombinatorischen Wundern ab! Deshalb ist das kombinatorische Sehvermögen die wohl unentbehrlichste Waffe des Schachspielers. Wird sie nicht beherrscht, kann von einer Weiterentwicklung überhaupt nicht die Rede sein. Nicht zufällig hat ein so hervorragender Methodiker, wie Großmeister R. Réti einmal gesagt: „Bevor man versucht, positionell zu spielen, sollte man kombinieren lernen. Möglicherweise verlieren Sie einige Partien, dafür haben Sie aber Schachspielen gelernt!"

Und doch wirkt sich ein mangelhaft ausgeprägter Blick für Kombinationen selbst bei erfahrenen Kämpfern nur zu oft negativ aus. Es ist sehr kompliziert, eine ausführliche Systemübersicht dieser Mängel zu erarbeiten, weil wir es hier mit den sprödesten und heikelsten Seiten des Schachdenkens zu tun haben. Ich möchte vielmehr die Aufmerksamkeit des Lesers auf einige psychologische Faktoren lenken, die das kombinatorische Sehvermögen beeinträchtigen.

Zu diesem Zweck ist es nützlich, sich mit dem Abschnitt „Rätsel der Schachbilder" im Buch von N. W. Krogius „Über die Psychologie des schachlichen Schaffens" (FIS-Verlag, 1969) bekanntzumachen. Nachstehend einige Lehrsätze, die der Autor recht ausführlich behandelt. Wir gehen auf sie vor allem unter taktischem Blickwinkel ein.

Restbild bedeutet die unveränderte Übertragung der Bewertung einer vergangenen Stellung auf die neue Lage. Dadurch überlagert das Vergangene die tatsächlichen Verhältnisse und das Sehvermögen wird gestört.

Beispiele dieser Art gibt es ohne Zahl. Gerade das Restbild führt nicht selten zu Versehen, ja groben Schnitzern.

Das nachstehende Beispiel aus der Partie *Sigurjonsson – Miles* (Wijk aan Zee, 1977) kann als ein typisches Beispiel für ein Restbild dienen.

Diagramm Nr. 44

Nach 28 Zügen entstand auf dem Brett eine recht zweischneidige Stellung, bei der der Anziehende am Königsflügel eine Offensive führt und der Nachziehende seinerseits den weißen König aufs Korn genommen hat. In solchen Positionen kann ein taktischer Fehlgriff zur sofortigen Katastrophe führen. So geschah es auch in dieser Partie. Weiß machte den wahrscheinlich von langer Hand geplanten äußerlich aktiven Zug:

29.Da3-d6??

worauf

29. . . . Tb8xb2!

folgte.

Ein äußerst starker Schlag. Weiß gerät in eine hoffnungslose Lage. Auf 30.Kb2: folgt 30. . . .Tb7†, und auf 30.Td2 gibt 30. . . .Tb1†! den Ausschlag. Jedesmal zieht Weiß wegen der ungeschützten weißen Dame auf d6 den kürzeren.

Die psychologische Ursache für das grobe Versehen von Weiß war ein Restbild. Die weiße Dame auf a3 bewachte lange Zeit ihre Stellung, gleichzeitig war sie selbst zuverlässig geschützt. Weiß hat sich wahrscheinlich so sehr daran „gewöhnt“, daß er die Wachsamkeit völlig verloren hat und seine Dame vom wichtigsten Punkt zur falschen Zeit abgezogen hat.

Wie viele andere Faktoren des Schachdenkens, kann das Restbild mitunter eine wertvolle Hilfe für Sie sein, wenn die Aufmerksamkeit bewußt geregelt und die notwendige Selbstkontrolle geübt werden. Man wird nicht selten Zeuge davon, wie ein erfahrener Taktiker, sobald er ein listiges Kombinationsmotiv erspäht hat, „sein Opfer gleich einem richtigen Jäger geduldig aufspürt“, die Aufmerksamkeit des Gegners mit verschiedenen Manövern ablenkt und die vorbereitete Falle sorgfältig tarnt, um die Wachsamkeit des Partners einzuschläfern. Wenden wir uns z. B. dem ideenreichen Schaffen von D. Bronstein zu. Hier sind zwei beachtenswerte Fragmente aus seinen Partien.

(s. Diagramm Nr. 45)

Die Lage in Diagramm Nr. 45 entstand in der Partie *Bronstein – Reshevsky* (Kandidatenturnier, Zürich 1953). In dieser Partie, die von großer sportlicher Bedeutung war, befanden sich beide Partner in starker Zeitnot. Weiß spielte auf Gewinn und wählte einen riskanten Weg, der allerdings mit einer listigen Falle verbunden war.

38.Te8-c8?!

Diagramm Nr. 45

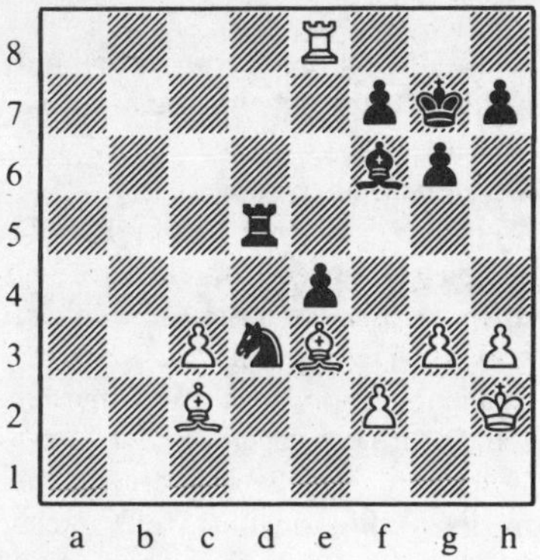

Umsichtiger wäre 38.c4, worauf Schwarz 38. . . .Te5! antworten müßte, um die Stellung zu halten. Nun beginnt der Seiltanz.

38. . . . Sd3xf2!
39.c3-c4 Td5-a5
40.Lc2-b3

Da ist der „Köder". In Zeitnot machte Schwarz krampfhaft den natürlichen Zug und geriet in die vorbereitete Falle.

40. . . . Ta5-a3?
41.Lc3-c5!

Der Doppelschlag (die Drohung 42.Lf8† mit Matt und Turmangriff a3) besiegelt sofort den Kampfausgang.

41. . . . Lf6-e7
42.Lc5xa3 Lc7xa3
43.c4-c5! e4-e3
44.c5-c6 Sf2-e4
45.Tc8-e8 f7-f5
46.Lb3-c4 La3-d6
47.c6-c7 Ld6xg3†
48.Kh2-g2 Lg3xc7
49.Te8-e7† Kg7-f6
50.Te7xc7 f5-f4
51.Kg2-f3

Schwarz gab auf.

Auf dem nachstehenden Diagramm wird die Position aus *Mikenas – Bronstein* (33. Meisterschaft der UdSSR, 1965) gezeigt.

Diagramm Nr. 46

Auch hier hatte Bronstein einen versteckten kombinatorischen Schlag vorbereitet. Er spielte:

23. . . . Dd6-e5!

als ob er damit Weiß zum natürlichen Zug

24.Th4-b4

auffordern würde, mit dem er gleichzeitig den Turm gegen 24. . . . De1† und den Punkt b2 verteidigte. Aber gerade auf diesen Zug wartete der Nachziehende! Es folgte

24. . . . Ta8xa3!!

und Weiß gab auf. Mikenas „vergaß" die taktische Schwäche der ersten Reihe (richtig war 24.Dd2).

In diesen Beispielen spielte das Restbild eine positive Rolle.

Wir wollen nicht länger vom Hauptthema abschweifen. Wir sprechen ja über negative Momente, die die Sicht verzerren. Betrachten wir das Gegenstück des vorangegangenen Bildes — das vorweggenommene Bild. Wenn es entsteht, wird die Rolle des zukünftigen Partieverlaufs allzu hoch eingeschätzt. Mitunter verdrängt der Wunsch die Wirklichkeit.

Charakteristisch für das vorweggenommene Bild ist das Beispiel aus der Partie *Spielmann – Petrow* (Margate 1938). Die nachstehende Position entstand nach 29 Zügen.

Diagramm Nr. 47

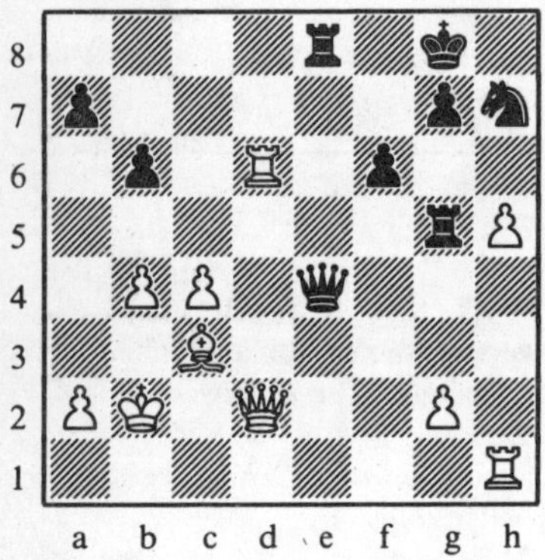

Weiß setzte mit

30.Td6-d8!

fort, worauf Schwarz 30. . . .Td8: 31.Dd8:† Sf8 antworten müßte, was nach 32.Td1 Tg2:† 33.Td2 Td2:† 34.Dd2: Dc4: 35.h6 zum Remis führen würde. Da der Nachziehende in hoher Zeitnot war, spielte er reflexhaft:

30. . . . Tg5xg2??

Dieser grobe Fehler ist ein typischer Ausdruck des negativen vorweggenommenen Bildes. In diesem Moment sah Schwarz seine Aufgabe nur im Schlag gegen g2. Die erste Reaktion mußte zum Verhängnis werden. Natürlich hat Schwarz sofort die Uhr gestoppt.

Und noch ein Beispiel:

Wenn wir uns den alten Paradebeispielen zuwenden, erinnern wir uns an den tragischen Fehlgriff von *M. Tschigorin* in der entscheidenden Partie des Weltmeisterschaftsturniers gegen *W. Steinitz.*

Nach dem 31. Zug in dieser Partie, in der Tschigorin mit Weiß spielte, ergab sich die nachstehende Stellung:

Diagramm Nr. 48

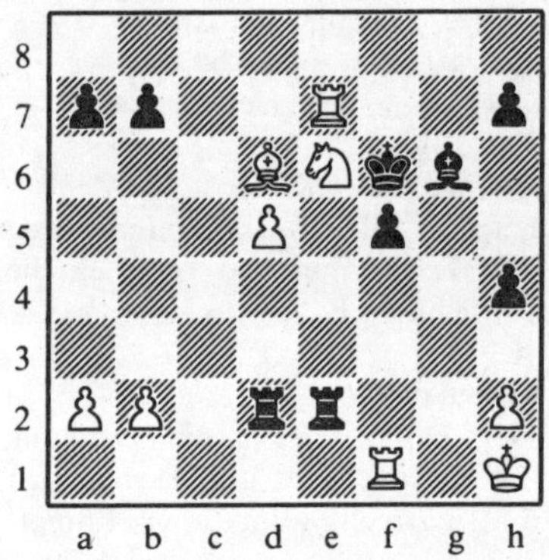

Weiß hat für einen Bauern eine Figur mehr. Obwohl die schwarzen Türme in die zweite Reihe eingedrungen sind, zeigt eine einfache Analyse, daß Weiß alle Chancen zum Gewinn hat. Zu diesem Ziel führte wahrscheinlich einfacher 32.Tb7: und wenn 32. . . .Te6:, so 33.de Td6: 34.e7 Le8 35.Tc1,

oder 32. . . .Td5: 33.Sf4 und Weiß gewinnt. Aber in der Partie geschah:
32.Ld6-b4??
Unfaßbar! Übrigens verteidigte der Läufer von d6 aus während sieben Zügen den Bauern h2. Jetzt wurde das Spiel blitzschnell mit Matt in zwei Zügen beendet:
32. . . . Te2xh2†
Weiß gab auf.
Eine der psychologischen Ursachen des Fehlgriffs ist meiner Meinung nach das negative vorweggenommene Bild gewesen. Weiß wollte möglichst schnell zur Offensive übergehen und den unangenehmen Druck abschütteln.
Halten wir fest:
Das übermäßige Streben, weit vorausschauen zu wollen, kann die Aufmerksamkeit mindern, gerade wenn der Aufmerksamkeit keiner der sogenannten Zwischenzüge des Gegners entgehen darf. Selbst die attraktivsten Kombinationen dürfen nicht übereilt und unkontrolliert verwirklicht werden.
Sicherlich ist dieses Beispiel eher eine Karikatur als Illustration zu unserem Thema. Aber auch eine Karikatur kann eine wirksame Lektion erteilen.
Wie Krogius richtigerweise betont, können vorweggenommene Bilder, ähnlich den Restbildern, in guten Händen wichtige Faktoren bei der Herausbildung der Fähigkeit sein, die Ereignisse auf dem Schachbrett vorherzusehen.
„Sehstörungen" im kombinatorischen Sehvermögen sind eng mit dem Nachlassen der Aufmerksamkeit des Schachspielers verbunden. Natürlich ist die Aufmerksamkeit von äußerst individuellen Eigenschaften abhängig. Indes gibt es allgemeine Prinzipien, die für alle Spieler gelten. Der Schachspieler muß sich während des Spieles nur auf seine Partie konzentrieren und darf seine Aufmerksamkeit nicht verzetteln. Das hilft ihm zwar nicht, Fehlgriffe völlig auszumerzen, aber bewahrt ihn vor manchem Schnitzer. Man muß beachten, daß mangelnde Aufmerksamkeit und innere Konzentration nur mit Hilfe eines ständigen und unermüdlichen Trainings sowie einer systematischen Selbsterziehung überwunden werden können. Gewöhnlich schließt diese Arbeit beide Komponenten des konkreten Denkens ein. Die visuelle Vorstellungskraft ist von der Berechnung nicht zu trennen. Das gilt besonders für moderne dynamische Schachkämpfe, die einem Spieler enorme Rechenarbeit abverlangen.

Timman – Sigurjonsson
(Genf, 1977)

Diagramm Nr. 49

Schon bei der Eröffnung dieser Partie entbrannte ein sehr angespannter Kampf, der vor allem einen scharfen kombinatorischen Blick und weitgehende Variantenberechnung erfordert. Weiß erreichte objektiv ein bestimmtes Übergewicht, aber er hat auf seinem Weg noch viele Schwierigkeiten zu bewältigen.

16.Tf1-e1! Sh6-g8
17.a2-a3 f7-f5
18.e5xf6?!

Weiß erfaßte das Wesen der Position nicht. Deutlich stärker war 18.Dc4! mit der unangenehmen Drohung b4, und Schwarz hat es schwer, eine befriedigende Verteidigung zu finden.

18. . . . Sg8xf6
19.De4-e6† Sf6-d7
20.Sc3-d5 Te8-f8
21.Lc1-f4 Da5-c5†
22.Kg1-g2(?)

Ein weiterer Fehler. Es war besser, den König auf der ersten Reihe — 22.Kh1 zu halten. Auf g2 wird ihm in einigen Varianten ein unangenehmes Schach auf der zweiten Reihe geboten.

22. . . . g6-g5!?
23.Lf4-e3?

Auch hier findet Weiß keine richtige Antwort. Übrigens entstand in der Zwischenzeit ein kompliziertes Labyrinth von Varianten, das viel Kopfzerbrechen bereitet. Schlecht ist beispielsweise 23.Lg5:?? Tf3:! oder 23.Sg5:? Tf4: 24.Sf4: Dg5:, und Schwarz gewinnt. Richtig war 23.b4 mit der vorbildlichen Fortsetzung 23. . . .Dc2:† 24.Te2 Dg6 25.Dg6:! hg 26.Tc1 gf 27.b5.

23. . . . Dc5xc2†
24.Sf3-d2 Kc8-b8
25.Sd5xe7?

Und das ist schon die entscheidende Fehlkalkulation, die für Weiß zum Verlust der Partie führt. Relativ besser war 25.Tac1, obwohl auch hier nach 25. . . .Dg6 Schwarz im Vorteil ist.

25. . . . Sc6xe7
26.Ta1-c1

Zum Verlust der Partie führt auch 26.De7: Se5 27.Te2 Td2: 28.Ld2: Dc6† 29.Kh2 Te8 usw.

26. . . . Sd7-c5!
27.De6xe7 Td8xd2†
28.Le3xd2 Dc2xd2†
29.De6-e2 Dd2xe2†
30.Te1xe2 Sc5-d3

Weiß gab auf.

Bislang habe ich mich bemüht, im vorliegenden Buch typische positionelle und taktische Fehler unter besonderer Beachtung des praktischen Denkens eines Schachspielers zu untersuchen. Ich denke, daß solch eine relativ wenig vorbereitete methodische Anleitung berechtigt ist und, mehr noch, die selbständige Arbeit derjenigen fördern kann, die sich vervollkommnen wollen. Ich möchte ebenfalls bemerken, daß der Schachspieler in vielem dem Erfinder ähnlich ist.

Der junge Schachspieler muß sich darüber im klaren sein, daß viele Irrtümer und „schlüpfrige Pfade" auf seinem Weg zur Meisterschaft liegen, vor denen das im ersten Teil des Buches zusammengetragene Material warnt.

Nun wird es Zeit, die Aufmerksamkeit auf positive Seiten des Denkens zu richten. Aber bevor wir dazu übergehen, verweisen wir noch mit Nachdruck auf eine Fehlhaltung im Denken. Gemeint ist der „alleszerfressende Rost" der Schablone. Sie wurde schon in den vorangegangenen Abschnitten erwähnt. Betrachten wir dieses Problem aus dem Blickwinkel der Zugwahl.

Über die Schädlichkeit schablonenhafter Züge

Die Schachspieler wissen sehr wohl, daß es leichter ist, eine Partie zu verlieren als zu gewinnen! Dabei bedarf es nicht einmal grober Fehler. Man kann ziemlich rasch verlieren, ohne offensichtliche Fehler gemacht zu haben.
Hier ein kleines Beispiel zu diesem Thema.
Diese Position, die in jener Zeit theoretisch wenig erforscht war, entstand in der Partie *Unzicker – Fischer* (Olympiade 1962) nach 14 Zügen.

Diagramm Nr. 50

Damals schien es, daß die Probleme dieser Stellung gar nicht so verwickelt sind, und vor allem darin bestehen, den Druck auf den kritischen Punkt d5 zu steigern. Und deswegen paßt es Weiß gut ins Konzept, seinen schwarzfeldrigen Läufer gegen den schwarzen Springer b6 zu tauschen, der diesen kritischen Punkt kontrolliert. So geschah es auch in dieser Partie:

15.Le3xb6?

Stellen wir im vorhinein fest, daß das bedauerlicherweise eine schablonenhafte und im Grunde genommen wenig attraktive Entscheidung ist. 15.Kh1 würde Schwarz vor mehr Probleme stellen.

15. . . . Dc7xb6†
16.Kg1-h1 Lc4-b5!
17.Le2xb5

Weiß ist nach wie vor auf die Eroberung des Punktes d5 aus. Viel zweckmäßiger wäre indes 17.Sb5: ab 18.Dd3.

17. . . . a6xb5
18.Sc3-d5 Sf6xd5
19.Dd1xd5 Ta8-a4!

Die Feder des schwarzen Gegenspiels beginnt sich zu entspannen und das mit wachsender Kraft.

20.c2-c3 Db6-a6
21.h2-h3 Tf8-c8
22.Tf1-e1 h7-h6!
23.Kh1-h2 Le7-g5
24.g2-g3?

Eine wesentliche Schwächung. Besser war 24.Tad1.

24. . . . Da6-a7!
25.Kh2-g2 Ta4-a2
26.Kg2-f1 Tc8xc3!

27.Ta2: Tf3†!.
Weiß gab auf.

Die Ursache für die Niederlage von

Weiß sind schablonenhafte, wenn auch äußerlich ganz solide Züge, die jedoch innerer Logik entbehren. Die Schablone verursacht viel Schlimmes.

Sehr bemerkenswert ist in dieser Hinsicht die Partie *Sämisch – Aljechin* (Dresden, 1926).

1.d2-d4	**Sg8-f6**
2.Sg1-f3	**b7-b6**
3.c2-c4	**Lc8-b7**
4.e2-e3	**e7-e6**
5.Lf1-d3	**Lf8-b4†**
6.Lc1-d2	**Lb4xd2†**
7.Sb1xd2	**d7-d6**
8.0—0	**Sb8-d7**

In diesem Moment machte F. Sämisch den völlig natürlichen Zug 9.Dc2. Auf den ersten Blick braucht sich Weiß um keine taktischen Feinheiten zu kümmern. Indes verfolgt der Anziehende ein im großen und ganzen richtiges strategisches Ziel, den Punkt e4 zu erobern. Dennoch schafft es Schwarz nach dem Zug

9.Dd1-c2

seine Stellung zu konsolidieren und den Abtausch seines wichtigen weißfeldrigen Läufers zu verhindern. Deshalb empfiehlt A. Aljechin einen interessanten Angriff — 9.Sg5 mit der mustergültigen Fortsetzung 9. . . .h6 10.Sge4 0-0 11.f4 d5 12.Sg3 c5 13.De2 und dann Tad1, weil er meinte, daß die Position für Weiß vorteilhaft ist.

Zu diesem Punkt macht Aljechin folgende Anmerkung in seinem Buch „Auf dem Wege zur Weltmeisterschaft": „Kleine Ursachen zeitigen große Folgen! Dieses Beispiel zeigt uns, wie wichtig es doch ist, sich schon bei der Analyse einer Partie größter Sorgfalt zu befleißigen. Nichts ist in dieser Beziehung schädlicher als die Schablone. Sie birgt immer die Gefahr direkten Nachteils und fördert jedenfalls die Verödung des Schachspiels. Sicherlich hat sie viel dazu beigetragen, wenn vor einigen Jahren das Gespenst des sogenannten ‚Remistodes' auftauchte, eine Erscheinung, welche durch das Auftreten einiger junger selbständig denkender Schachtalente gottlob rasch genug gebannt wurde."

In der Partie ging es weiter mit:

9. . . .	**0—0**
10.Ta1-d1	**Dd8-e7**
11.Sf3-g5	

Mit zwei Tempi Verspätung. Nun ist es leider zu spät, „der Zug ist abgefahren."

11. . . .	**h7-h6**
12.Sg5-h7	**Tf8-d8**
13.Sh7xf6†	**Sd7xf6**
14.Sd2-e4	**c7-c5**
15.Se4xf6†	**De7xf6**
16.d4xc5	

Weiß spielt nach wie vor matt und schablonenhaft. Jetzt bekommt Schwarz noch einen Trumpf — die halboffene b-Linie. Besser war 16.Tfe1!

16. . . .	**b6xc5!**
17.Td1-d2	**Ta8-b8**
18.Tf1-d1	**Lb7-c6**
19.b2-b3	**Df6-e5!**
20.Dc2-b2	**De5xb2**
21.Td2xb2	**a7-a5**
22.Tb2-d2	**Kg8-f8**
23.Ld3-c2	**Kf8-e7**
24.f2-f3	**a5-a4!**

Im Unterschied zum vorangegangenen Beispiel kommt die Vergeltung für die Schablone nicht sofort. Weiß bekam ein aussichtsloses Endspiel und Aljechin nutzt das präzise aus.

25.Kg1-f2	**a4xb3**
26.Lc2xb3	**f7-f5**
27.Kf2-e2	**Tb8-b4**
28.Ke2-d3	**Lc6-a4**
29.Lb3xa4	**Tb4xa4**
30.Td1-b1	**Ta4-a3†**
31.Kd3-e2	

(31.Tb3 Tda8!)

31. . . .	**Ta3-c3**
32.a2-a4	**Tc3-a3!**
33.Tb1-b7†	**Td8-d7**
34.Td2-b2	**Ta3xa4**
35.Tb7xd7†	**Ke7xd7**
36.Tb1-b7†	**Kd7-c6**
37.Tb7xg7	**Ta4xc4**
38.Tg7-g6	**Kc6-d5**
39.Tg6xh6	**Tc4-c2†**
40.Ke2-f1	**c5-c4**
41.Th6-h8	**c4-c3**
42.h2-h4!	

Bei 42.Tc8 f4! 43.ef Kd4 44.h4 Ke3 45.Kg1 Kf4:! 46.h5 Kg5 47.g4 d5 gewinnt Schwarz leicht.

42. . . .	**Tc2-d2!**
43.Kf1-e1	**Td2xg2**
44.Th8-c8	**c3-c2**
45.h4-h5	**Tg2-h2**
46.h5-h6	**Th2xh6**
47.Tc8xc2	**Th6-h1†**
48.Ke1-d2	**Th1-h2†**
49.Kd2-d3	**Th2xc2**

Weiß gab auf.

Wie wir uns überzeugen konnten, werden taktische Versehen und Schnitzer direkt und indirekt bestraft. In einigen Fällen ist eine unmittelbare Vergeltung unvermeidlich, in anderen kann man ihr entgehen, aber infolge des Fehlers wird die Stellung wesentlich geschwächt. Wir beobachten ein ähnliches Bild auch im Falle der Schablone, obwohl diese ein Fehler anderer Art ist. Verschiedene Fehler führen zu gleichermaßen traurigen Folgen.

Der schwerste Zug in der Partie

Auf diesen Begriff stieß ich das erste Mal in meiner Jugend, als ich die Partien Aljechins mit seinen wunderbaren Anmerkungen studierte. Ich glaube, daß gerade er diesen Begriff „der schwerste Zug in der Partie“ zu einem weit verbreiteten Fachausdruck machte.

Dieser Terminus hatte für den genialen Schachkünstler ein sehr breites Bedeutungsfeld — vom glänzenden kombinatorischen Schlag und dem mit ihm verbundenen Vulkan von phantastischen Varianten bis hin zum feinsten positionellen Manöver.

Aljechin – Koltanowski (London, 1932)

Diagramm Nr. 51

In der Partie, bei der sich bislang ein streng positioneller Kampf abspielt, zog Weiß unerwartet:

22.Sd5xc7!
Zu diesem Zug schreibt Aljechin: „Gewöhnlich sind sogenannte positionelle Opfer schwerer zu finden, sie müssen deshalb höher bewertet werden als jene, die ausschließlich auf einer genauen Berechnung taktischer Möglichkeiten basieren.
Die vorliegende Stellung stellt meiner Ansicht nach eine Ausnahme dar, weil die Vielzahl und Kompliziertheit der mit dem Springeropfer verbundenen Varianten mehr angestrengte geistige Arbeit erforderte als eine beliebige Beurteilung der beiderseitigen Möglichkeiten".

22. . . .	**Tf7xc7**
23.Td1xd6	

Hier führt Aljechin eine ins einzelne gehende Analyse, in der gründliche Berechnung mit durchdringendem Kombinationsblick verbunden ist.
I. 23. . . .Lb3:? 24.Df6:† nebst 25.Tb3:;
II. 23. . . .Sd4? 24.Sd4:;
III. 23. . . .Dc4 24.Sc5:!;
IV. 23. . . .Sd8 24.Tf3 Tf7 25.Sc5:;
V. 23. . . .Lf7 24.Tf6:! Sd4 25.Sd4: cd 26.Dc7:† Kf6: 27.Tf3†;
VI. 23. . . .Te8 24.Sc5: Sd8 25.b4 Sf7 26.Te6:;
VII. 23. . . .Kf7 24.Tf3 Ke7 25.a4 Db6 26.Te6:† Ke6: 27.Sc5:† Kd6 (oder 27. . . .Kf7 28.Df6:† Kg8 29.Se6!) 28.Df6:† Kc5: 29.Tc3† Kb4 30.Dd6†.
In der Partie geschah:

23. . . .	**Le6-c4**
24.a3-a4!	**Db5xa4**
25.Sb3xc5	**Da4-b5**
26.Dc3xf6†	**Kg7-g8**
27.Sc5-d7!	**Tb8-d8**
28.Te3-f3	**Db5-b4**
29.c2-c3	**Db4-b5**
30.Sd7-e5!	**Td8-c8**
31.Se5xc6	

Schwarz gab auf.

Stahlberg – Aljechin
(Hamburg, „Nationenturnier", 1930)

Diagramm Nr. 52

Auch im nachstehenden Beispiel findet Aljechin einen „stillen" Zug, der die Entscheidung herbeiführt.

30. . . .	**h7-h6!**

Schwarz bereitet den effektvollen kombinatorischen Schlag 31. . . . Tf3:! 32.Dg5: Tf2: vor. Im Falle von 31.Dd2 führt 31. . . .Lf3: 32.Sf3: Sf3:† 33.Tf3: Tf3: 34.Dg5: Tf1:† 35.Tf1: Tf1:† 36.Kf1: hg 37.Ke2 Kf7 38.Kf3 Ke6 39.Ke4 b5! zum Sieg, und Schwarz gewinnt das Bauernendspiel.

31.Kg1-h1	**Tf4xf3!!**

Weiß gab auf.
Derlei „unauffällige", aber folgenschwere Züge sind ein Zeichen der Könnerschaft in der taktischen Kunst. In diesem Fall war der Bauernzug der letzte Auftakt-

akkord zum Königsangriff. Die Ziele solcher stillen Züge können selbstverständlich ganz verschieden sein. *Karpow – Sawon* (Aljechin-„Memorial“, Moskau 1971).

Diagramm Nr. 53

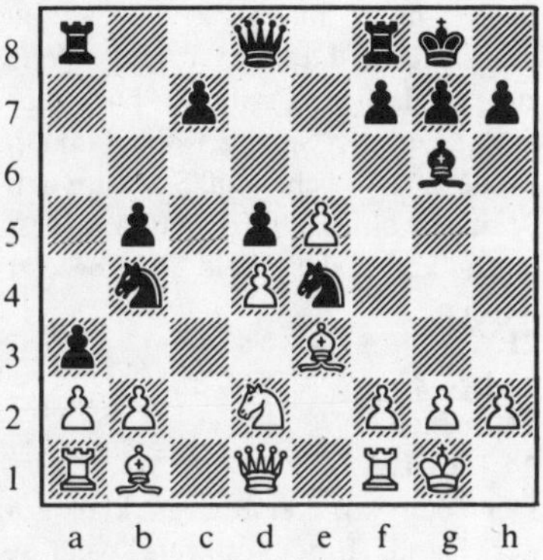

Es entsteht der Eindruck, daß Schwarz mit dem energischen Vormarsch des Randbauern aktives Gegenspiel am Damenflügel bekommen hat. Am natürlichsten sieht jetzt 18.Db3 aus, aber in diesem Fall antwortet Schwarz 18. . . .Sc6 und behält im Zusammenhang mit der Drohung Sc6xd4 gute Chancen. Vielleicht rechnete Sawon schon lange damit, aber Karpow machte einen stillen „kurzen“ Zug

18.Dd1-c1!

und es wurde klar, daß der schwarze Plan in Frage gestellt war. Mit einer einzigen Figurenbewegung übernimmt Weiß die Kontrolle der Felder b2 und c6.

Jetzt führen alle konkreten Abspiele zum Vorteil für Weiß. Eventuell bestand das kleinere Übel in 18. . . . c5 19.ba! cd 20.ab de 21.Se4: de (oder 21. . . .Le4: 22. De3: Lb1: 23.Tfb1:) 22.De3:, und Weiß behält einen Mehrbauern und gute Aussichten auf Gewinn.

In der Partie lief alles noch schneller:

18. . . . **Ta8-a6?!**
19.b2xa3 **Ta6-c6**
20.Dc1-b2 **Sb4-c2**

Schlecht war 20. . . .Sd2: 21.Ld2: Sd3 22.Db3!

21.Tf1-c1 **Sc2xe3**
22.Tc1xc6 **Se4xf2**
23.Sd2-f1 **Dd8-d7**
24.Sf1xe3

Schwarz gab auf.

Übrigens zeichnet sich der Weltmeister durch die erstaunliche Fähigkeit aus, äußerlich unspektakuläre, aber sehr exakte Züge zu finden. Ich möchte ein weiteres Beispiel aus dieser Reihe anführen. Bislang haben wir die Positionen behandelt, bei denen die richtige Zugwahl erreichte Vorteile ausbaut, nun gehen wir auf die Situation des Gleichgewichts ein. Die Verantwortung und Schwierigkeit, den richtigen Zug zu finden, ist hier keineswegs geringer, wenn nicht größer, als in den Stellungen mit deutlichem Übergewicht.

Karpow – Portisch

(Portoroz, 1975)

(s. Diagramm Nr. 54, S. 84)

Ein angespannter positioneller Kampf um Raum und Initiative. Mit dem letzten Zug Sd7-b6 griff Schwarz den Läufer an, um sich nach dem natürlichen 16.Ld3 oder 16.Le2 c6-c5 freizukämpfen. Der nächste Zwischenzug von Weiß er-

Diagramm Nr. 54

schwert jedoch wesentlich die Durchführung dieses Unternehmens:

16.Sc3-a2!

Eine ausgezeichnete Erwiderung. Auf 16. . . .Sc4: antwortet Weiß 17.Sb4:! um Schwarz um das Gegenspiel zu bringen. Gleichzeitig ist nach 16. . . .Ld6 17.Le2 die Drohung a4-a5! sehr stark.

16. . . . Lb4-a5

17.Lc4-e2 e6-e5

Wieder die beste Lösung. Der früher geplante Zug 17. . . .c5 ist schlecht wegen 18.dc! Dc5:† 19.Le3.

18.Db3-c2!

Der Austausch kleiner „Stiche" hört nicht auf. Mit der Drohung 19.b4, wird gleichzeitig der Punkt c5 aufs Korn genommen.

18. . . . Sb6-d7

Wenig Sinn hatte 18. . . .ed 19.b4! Lb4: 20.Sb4: Db4: 21.La3 Da5 22.Lf8: Dg5:† 23.Kh1 Kf8: 24.a5 S6d7 25.Db2 Sc5 26.Dd4: mit materiellem Übergewicht für Weiß.

19.d4xe5 De7xe5

20.Kg1-h1! Tf8-e8

21.Le2-c4

Noch eine wichtige Feinheit. Der weiße König hat einen nützlichen vorbeugenden Zug gemacht,. indem er von der Diagonalen a7-g1 wegzog. Die günstigste Postierung für den weißfeldrigen Läufer ist d3. Spielt man sofort 21.Ld3, folgt 21. . . .Sc5. Deshalb nimmt Weiß zur taktischen Drohung Db3 Zuflucht, um den Springer abzulenken. Zu dessen Abwehr muß Schwarz den Springer auf b6 abziehen und erst dann kann das Feld d3 besetzt werden.

21. . . . Sd7-b6

22.Lc4-d3 Sb8-a6

23.Ld3xa6 b7xa6

24.Tf1-d1!

Der Zug lag keineswegs klar auf der Hand. Eine konkrete Analyse zeigt, daß er bei der Stellung am stärksten ist. Auf 24.Tb1 wird beispielsweise 24. . . .c5 geantwortet, 24.Le3 wird mit 24. . . .Sd5! pariert, und schließlich trifft 24.Sc3 c5 25.Le3 auf gebührenden Widerstand mittels 25. . . .Sc4. Solche kurzen, aber genauen Varianten sind für Stellungen charakteristisch, die vor allem an positionellem Inhalt reich sind. Die Fähigkeit, sie zu erkennen, sowie das Vermögen, eine adäquate Kombination zu finden und weitgehende Varianten im scharfen, taktischen Kampf zu berechnen, sind kennzeichnend für das starke konkrete Denken des Schachspielers.

24. . . . c6-c5

Nach 24. . . .Tad8 konnte 25.Le3 Sd5 26.Ld4! folgen.

25.Lc1-e3 Ta8-c8

26.Sa2-c3 **Sb6-c4**

27.Le3-c1 **Tc8-b8?**

Bislang bestritt L. Portisch ganz souverän den Wettkampf in der Kunst, die bestmöglichen Züge zu finden, aber jetzt hält er die Spannung nicht mehr aus (gerade in solchen Momenten wird völlig klar, welch große Anspannung feinste geistige Arbeit fordert) und übersieht die offensichtliche Antwort von Weiß. Notwendig war der Zug 27. . . .Lc3:. Wie Karpow richtig einschätzte, verfehlte 28.Td5 Dd5:! 29.ed Te1† 30.Kg2 Lb2: 31. Dc4: La1: das Ziel, die Konsequenzen wären unklar.

28.Sc3-d5! **Sc4xb2**

29.Lc1-f4 **De5-e6**

30.Td1-b1 **De6-h3**

31.Lf4xb8 **Te8xb8**

32.Tb1xb2

Schwarz gab auf.

Es ist bezeichnend, daß Karpow in dieser Partie zum ersten Mal, nachdem er Weltmeister geworden war, in der Praxis mit Weiß gespielt hat. Die Kunst, die schwersten, mitunter auch ungewöhnliche Züge zu finden, ist auch in der Verteidigung nicht minder wertvoll.

Adorjan – Waganjan

(Teesside, 1974)

(s. Diagramm Nr. 55)

Hier entstand eine sehr scharfe Stellung. Weiß opferte eine Qualität und eroberte dafür mit seinen leichten Figuren starke Vorposten im Zentrum. Allerdings sieht die Postierung des weißen Königs nicht sehr stabil aus. Mit seinem nächsten Zug will Weiß daher auch dem gegnerischen König zu Leibe rücken.

Diagramm Nr. 55

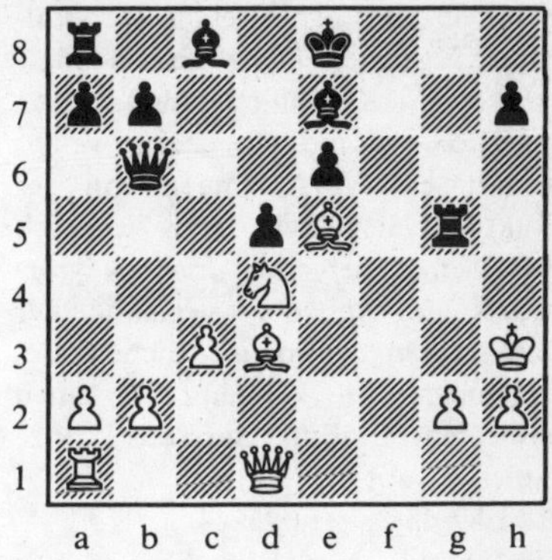

19.Ld3-b5† **Ke8-d8!**

Aber nicht 19. . . .Ld7 20.Ld7:† Kd7: 21.Da4† Kd8 22.Te1 mit starkem Angriff von Weiß.

20.Dd1-e2 **Lc8-d7**

21.Lb5-d3 **Kd8-c8!**

22.Sd4-f3

Schlecht ist 22.Lh7: Ld6! 23.Ld6: Dd6: usw., und Schwarz gewinnt.

22. . . . **Tg5-g8**

23.c3-c4 **Kc8-d8!**

Ein erstaunliches Spiel des Königs im Zentrum auf dem Höhepunkt des scharfen Mittelspieles. Der Zug, den Waganjan hier ausführt, ergibt sich eindeutig aus der konkreten Situation. Schlecht ist jetzt 23. . . . Ld6 24.Tc1 Le5: 25.Sc5: d4 26.c5! mit Übergewicht für Weiß.

24.Ld3xh7 **Tg8-f8**

25.De2-d2 **Ta8-c8**

26.b2-b3 **Tc8-c5!**

27.Ta1-d1 **Kd8-c8!**

Ein weiteres wichtiges Glied im schwarzen Plan. Ehe der Angriff auf den weißen König begonnen werden soll, führt Schwarz seinen König vorsorglich von der Linie weg, in der er in einen Frontalangriff geraten kann. Die Königsmanöver (Ke8-d8-c8-d8-c8) sehen paradox aus und bereichern zweifellos unsere Vorstellungen von der Taktik. Hier liegt der Vergleich mit dem Spiel eines Eishockeytorwarts von Spitzenklasse nahe, der mit seinen kaum merklichen Bewegungen im kleinen Tor einen enormen Einfluß auf das ganze Spiel ausübt.

28.Lh7-d3 d5xc4
29.Ld3xc4 Db6-c6!

Nun kommt der lang ersehnte Moment des Übergangs zum Gegenangriff auf die geschwächten Bastionen des weißen Königs.

30.Lc4-e2 Tc5xe5!
31.Sf3xe5 Tf8-h8†
32.Kh3-g3 Le7-h4†
33.Kg3-f4 Th8-f8†

Weiß gab auf.

Vor dem Leser passierte eine kleinere Übersicht von schwierigen Zügen aus verschiedenen Spielsituationen. Mein Wunsch war, daran zu erinnern, daß es viel leichter ist, einen Fehlgriff zu machen als einen guten, und erst recht den besten Zug zu finden.

Zweiter Teil
Moderne Denkmethoden und Wege zur Meisterschaft

1. Kapitel
Die Dynamik des Kampfes und das konkrete Vorgehen bei der Positionseinschätzung

Allgemeine Vorstellungen vom dynamischen Kampf

Um eine hohe Qualifikation zu erreichen, hat man sich in erster Linie klare Vorstellungen über die Prinzipien und Gesetzmäßigkeiten der modernen Spielführung zu verschaffen. Der denkende Schachspieler muß mit einer Konzeption von Ansichten ausgerüstet sein, die das objektive Panorama des Schachgefechts richtig widerspiegeln. In dieser Beziehung ist es besonders wichtig, die komplizierte Dynamik eines modernen Schachspiels zu „erfühlen".

Bereits Ende des vorigen Jahrhunderts trat der hervorragende russische Schachspieler Tschigorin entschieden gegen den Dogmatismus der Steinitz-Theorie auf, indem er die wichtige Rolle der Phantasie im schachlichen Schaffen in der Praxis demonstrierte. Die Entwicklung der Theorie bestätigt die Richtigkeit der Auffassungen Tschigorins immer mehr. Den unerschöpflichen Reichtum des Schachs kann man nicht auf den Rahmen trockener Regeln beschränken.

Die moderne Theorie und Praxis zeigt unbegrenzte Möglichkeiten, komplizierte, kombinationsgeladene Positionen zu erhalten. Das Spiel in solchen Positionen zeichnet sich durch Reichtum und Vielfalt der Ideen aus, die über die Grenzen der formalen Logik hinausgehen. Infolgedessen werden rein positionelle Faktoren in vielen Fällen zu Hilfsmitteln im Spiel, und der Kampf um sie verläuft keineswegs so logisch, wie es die Regeln der alten Positionsschule „vorgeschrieben haben".

Daraus folgt, daß das Spiel zur Ansammlung kleiner Positionsvorteile seine Grenzen hat, über die hinaus es seine Kraft verliert. In der Praxis entstehen oft Situationen, in denen eine rein positionelle Spielführung offensichtlich nicht mehr ausreicht. In diesem Zusammenhang spielen dynamische Kampffaktoren eine wachsende Rolle, die die Strategie und Taktik des Schachs beachtlich bereichert haben.

Die Anhänger der dynamischen Positionsbeurteilung gehen davon aus, daß in einer Reihe von komplizierten Situationen neben stabilen äußeren Faktoren, die sich aus ihrem Umriß ergeben, auch die sehr beweglichen verborgenen Faktoren eine große Rolle spielen. Dazu gehört z. B. die Koordinierung der Kampfkräfte, ihre konkrete Postierung usw. Bei der Einschätzung derartiger Positionen spielen nicht selten individuelle Besonderheiten eine erstrangige Rolle, die nur der gegebenen Aufstellung eigen sind.

Die auf Dynamik gegründete Strategie zeichnet sich durch eine maximale Annäherung an die Handlung aus. Der Plan gibt sich nicht die Mühe, sich die Handlung um jeden Preis unterzuordnen, sondern er richtet sich die ganze Zeit nach ihr, indem er den ganzen Reichtum der Ideen aus dem „Schachleben" auf dem Brett in sich aufnimmt.

Kennzeichnend in diesem Sinne ist die Partie

Tukmakow – Geller
(Zonenturnier, Lwow 1978)

Diagramm Nr. 56

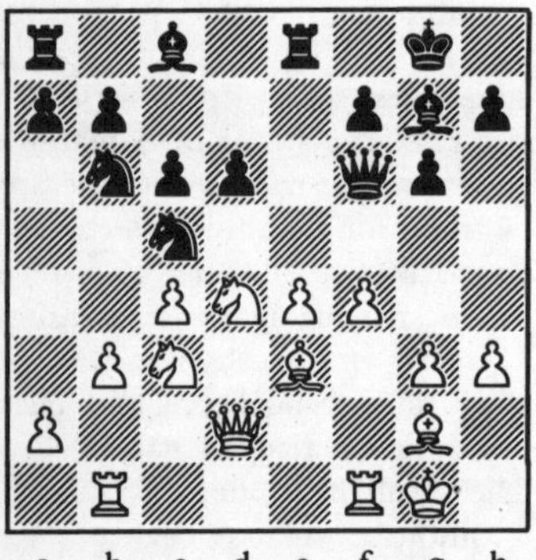

Auf dem Brett entstand eine charakteristische dynamische Situation, die man aus allgemeinen positionellen Erwägungen heraus kaum einschätzen kann. Der Reichtum der der Position innewohnenden Motive kommt im folgenden scharfen taktischen Kampf zum Vorschein, der im Zentrum entstand.

17. . . . Lc8-f5!?
18.e4-e5!

Nicht aber 18.ef? Te3: 19.De3: Dd4: mit einem Übergewicht von Schwarz.

Weiß muß zu forciertem Spiel greifen, denn sonst ist der Punkt e4 ungeschützt.

18. . . . d6xe5
19.Sd4xf5 Df6xf5
20.Le3xc5 e5xf4
21.Lc5xb6 a7xb6
22.Tb1-c1!

Nur so. Unvorteilhaft für Weiß ist zum Beispiel 22.gf Tad8 23.Dc1 Td3 24.Sa4 Te2.

22. . . . Df5-c5†
23.Kg1-h1 Dc5-e3
24.Dd2-c2 f4xg3?

Ein schwerer Fehler. Die logische Fortsetzung des Kampfes war 24. . . . Lc3: 25.Dc3: fg, und Schwarz erhielt das dynamische Gleichgewicht.

Jetzt tritt eine Krise ein:

25.Sc3-e4 Lg7-e5
26.Tf1-f3 De3-h6
27.Tc1-f1 f7-f5
28.Se4xg3

Bald darauf verwertet Weiß seinen materiellen Vorteil. Die Dynamik des Schachkampfes hebt somit die Bedeutung der Taktik und vor allem der kombinatorischen Mittel. Im modernen Spiel gibt es zum Beispiel sehr oft Positionsopfer, um dynamische Vorteile zu erreichen.

Diese — nach Großmeister Spielmann — ausgezeichnete Eigenschaft des Schachs — die Umwandlung des Materials in Kraft — erweitert erheblich die Kampfmittel zur Erreichung eines Positionsübergewichts.

Kasparow – Pantschenko
(Daugawpils 1978)

Diagramm Nr. 57

In der bekannten Variante des Rauser-Angriffs in der Sizilianischen Verteidigung wählt Weiß einen interessanten Weg, der mit einem Bauernopfer verbunden ist:

12.e4-e5!?	**d6xe5**
13.f4xe5	**Sf6-d7**
14.Lg5xe7	**Dd8xe7**
15.Ld3-e4	**Lc6xe4**
16.Sc3xe4	**Sd7xe5**

Schwarz nimmt die Herausforderung an, aber hatte er etwas Besseres?

17.Dd2-d4	**f7-f6**
18.Se4-d6†	**Ke8-f8**
19.Th1-f1	**Kf8-g8**
20.g2-g4!	

Für den Bauern erhielt Weiß eine Reihe von dynamischen Vorteilen. Es liegt nicht nur daran, daß dem schwarzen König die Rochade verwehrt ist, sondern auch am Fehlen der harmonischen Wechselwirkung der schwarzen Figuren, was die darauffolgenden taktischen Erwiderungen von Weiß unterstreichen.

20. . . .	**h7-h6**
21.h2-h4	**Se5-f7**
22.Dd4-e4!	

Ein wichtiger Zwischenzug, der es Weiß gestattet, seinen Springer im Tempo auf ein gutes Feld zu überführen.

22. . . .	**Ta8-f8**
23.Sd6-f5!	**De7-e8**
24.Sf5-d4	**e6-e5**
25.Sd4-f5	**h6-h5**
26.Tf1-g1	**Th8-h7**
27.De4-b7	**Kg8-h8**
28.g4xh5	**De8-e6**
29.Sf5xg7!	**De6xa2**
30.Db7-e7	**Tf8-g8**
31.De7xf6	**Da2-a1†**
32.Kc1-d2	**Da1-a5†**
33.Kd2-e2	**Tg8xg7**
34.Tg1xg7	**Th7xg7**
35.Td1-g1	

Schwarz gab auf.

Zweifellos ist eines der wirksamsten Mittel im dynamischen Kampf die Positionskombination. In der letzten Zeit wurde dieser Begriff beträchtlich bereichert.

Hier ist eines der kennzeichnenden Beispiele moderner Positionskombination, die sowohl weite Berechnung als auch feine Einschätzung der entsprechenden Positionen verlangt.

Auf dem folgenden Diagramm ist die Lage zu sehen, die in der gespannten Variante der Sizilianischen Verteidigung nach den Zügen:

1.e2-e4	**c7-c5**

2.Sg1-f3 d7-d6
3.d2-d4 c5xd4
4.Sf3xd4 Sg8-f6
5.Sb1-c3 a7-a6
6.Lc1-g5 e7-e6
7.f2-f4 Dd8-b6
8.Dd1-d2 Db6xb2
9.Ta1-b1 Db2-a3
10.f4-f5 Sb8-c6
11.f5xe6 f7xe6
12.Sd4xc6 b7xc6
13.e4-e5 d6xe5
14.Lg5xf6 g7xf6
15.Sc3-e4 Lf8-e7
16.Lf1-e2 h7-h5
17.Tb1-b3 Da3-a4

entsteht.

Diagramm Nr. 58

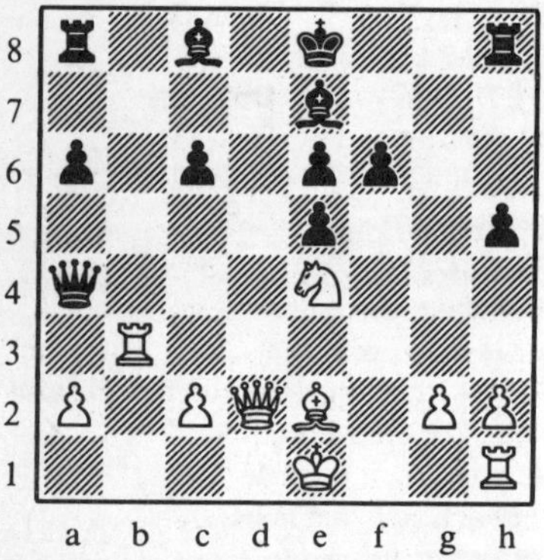

Das ist eine Position ununterbrochenen Suchens, das vor allem kombinatorischen Charakter trägt. Eine der aktuellen Fortsetzungen hier ist das folgende Figurenopfer, das in der Partie *Timman – Reably* (Niksic 1978) verwirklicht wurde.

18.Se4xf6†!? Le7xf6
19.c2-c4 Lf6-h4†

Schwarz strebt danach, den Zug g2-g3 herauszufordern. In der Partie *Kengis – Mankus* (1977) spielte Schwarz hier 19. . . .c5, aber nach 20. 0-0 Dd7 21.Dd7:† Kd7: 22.Tf6: Ke7 23. Tg6 Kf7 24.Tbg3 erhielt Weiß ein merkliches Übergewicht.

20.g2-g3 Lh4-e7
21.0—0 Lc8-d7?!

Ein einschneidender Fehlgriff.

Besser ist 21. . . .Ta7 22.Tb8 Tc7 23.Dd3 Lc5:† 24.Kh1 Ke7 25.Dg6 Kd6 26.Df6 Te8 27.Lh5: Tce7 28. Td1† Ld4 29.Td4:† ed 30.Dd4:† Kc7 mit gleichen Chancen (Vitolins — Gawrikow 1977).

Jetzt beginnt der weiße Angriff Schwarz „herumzuwirbeln".

22.Tb3-b7 Ta8-d8

Schwarz hat es nicht leicht, einen richtigen Weg zu finden. So ist 22. . . .0-0-0 schlecht wegen 23.Tfb1 Lc5† 24. Kh1 Ld4 25. c5! Ein höchst gefährlicher Angriff von Weiß folgt auch nach 22. . . .c5 23.Ld1 Dc6 24.Lf3!

23.Le2-d3 Le7-c5†
24.Kg1-h1 Th8-g8

Zum weißen Sieg führt 24. . . .Tf8 25.Lg6† Ke7 26.Tf8: Kf8: 27.Td7:.

25.Ld3-e2 Ke8-e7
26.Le2xh5 Tg8-g7
27.Dd2-h6 Da4xc4
28.Dh6xg7† Ke7-d6
29.Dg7-f6 Lc5-d4
30.Tf1-b1 Dc4-d3

Das Schicksal der Partie ist vorausbestimmt. Diesmal erlangt Weiß das entscheidende materielle Übergewicht.

31.Tb7-b3 Dd3-f5
32.Df6xd8 Df5xh5
33.Dd8-b8† Kd6-d5
34.Db8-c7 Dh5-h7

35.Tb1-e1 **Dh7-f7**
36.Tb3-d3 **Kd5-c4**
37.Td3-d2 **Ld4-c3**
38.Dc7xd7
39.Kh1-g1

Schwarz gab auf.

In den letzten Beispielen ließ die dynamische Beurteilung den Sieger die verborgenen Vorteile der Position ausnutzen. Durch Positionsopfer erfolgte die Erschließung des bereits vorhandenen Vorteils, und das Übergewicht wurde im gleichen Kampf erlangt, wenn einer der Partner die Spannung in der scharfen taktischen Auseinandersetzung nicht aushielt.

Betrachten wir ein weiteres Beispiel der geschickten Ausnutzung der dynamischen Faktoren.

Smyslow – Radulow
(Leningrad 1977)

Diagramm Nr. 59

Auf dem Diagramm sehen wir eine Gleichgewichtsposition. Schwarz errichtete am Königsflügel feste Bastionen und die weiße Initiative scheint in eine Sackgasse geraten zu sein. Jedoch findet Smyslow einen interessanten Spielplan:

25.Lf3-h5!? **Sc5xe4**
26.Sc3xe4 **Lb7xe4**
27.Sb3-d4!?

Nach 27.Lf7: Sf7: 28.Tf7: Dc8 29. Df4 T6e8! 30.Kh2 d5 oder 30. . . . Lg6 hätte Schwarz einen klaren Vorteil. Aber Weiß soll keineswegs den Bauern zurückgewinnen, sondern vor allem die Drohung am Königsflügel verstärken. Es entsteht ein zweischneidiges dynamisches Spiel, bei dem die Hergabe eines Bauern bedeutungslos ist.

27. . . . **Te6-e7**
28.Dg3-h4 **Dc7-b7**
29.Sd4-f5 **Te7-d7**
30.Lh5-e2 **f7-f6**
31.Sf5-g3 **Le4-c6**
32.Sg3-h5 **Td8-e8**
33.Dh4-g3 **Td7-c7**
34.Le3-d4 **Lc6-e4**
35.Sh5-f4 **Tc7-c8**
36.c2-c3 **Se5-c6?**

Schwarz hält die Spannung der schwierigen vorberechneten Verteidigung nicht aus und begeht einen entscheidenden Fehlgriff.

37.Sf4-g6† **Le4xg6**
38.Dg3xg6 **Sc6xd4**
39.Le2-d3!

Diesen Zug hat Schwarz in seinen Berechnungen nicht vorausgesehen. Auf 39. . . .f5 folgt jetzt 40.Tf5:! Sf5: 41.Tf5: und das Matt ist unvermeidlich.

39. . . . **Kh8-g8**
40.Tf1xf6!

Schwarz gab auf.

Die dynamische Beurteilung bereicherte das Herangehen an die

Hauptfaktoren Material, Raum und Zeit, indem sie sie mit der konkreten Idee für die Erreichung dieser oder jener Stellungsvorteile verband. So wird der Zeitfaktor nicht durch eine mechanische Tempoberechnung, sondern durch konkrete Ziele eingeschätzt, für deren Erreichung Züge aufgewendet werden müssen. In diesem Sinne ist die Zeit ein unsichtbarer Positionsfaktor.

Die dynamische Beurteilung setzt die Erfassung der zukünftigen Operationen auf dem Brett voraus, unter Berücksichtigung nicht nur äußerer, sondern auch verborgener individueller Besonderheiten der Stellung. Dabei hat man jedesmal das wichtigste Triebelement des Kampfes in dieser oder jener konkreten Situation zu suchen.

Es wäre völlig falsch gewesen, die positionelle und die dynamische Beurteilung einander gegenüberzustellen. Anders: sie ergänzen einander.

Wenn man über das Verhältnis von positionellen und dynamischen Faktoren spricht, so darf man nicht vergessen, daß das dynamische Herangehen auf gesunder Positionsgrundlage entstand, obwohl es auch ein Protestausdruck des lebendigen Schachdenkens gegen jene Dogmen gewesen ist, die das schachliche Schaffen „austrockneten".

Natürlich spielen nicht immer die „verborgenen" individuellen Faktoren im Kampf die erstrangige Rolle. Im Gegenteil: In der Praxis muß man sich vor allem von äußeren Faktoren der Position leiten lassen. Es gibt im Schachkampf bedeutend mehr harte alltägliche Logik als Elemente der Phantasie. Wie Tal treffend bemerkt hat, wäre Schach sonst ein zu schönes Spiel gewesen.

In einer großen Anzahl Fälle haben die Positionsprinzipien reale Kraft. Die dynamische Beurteilung der Position lehnt nicht nur positionelle Elemente und Prinzipien ab, die durch langjährige Erfahrung ermittelt wurden, sondern sie berücksichtigt im Gegenteil die wesentlichsten lebensfähigen Besonderheiten des Kampfes, indem sie das Verständnis positioneller Prinzipien vertieft.

Es sei extra unterstrichen, daß die Dynamik mit dem Schema überhaupt nichts zu tun hat. Ihre Hauptmethode ist, wißbegierig zu suchen, sich nach vorn zu wagen, die wahren Positionstiefen zu erreichen. Die dynamische Beurteilung bedeutet im Grunde genommen ein sachliches, reales Herangehen an den Kampf in einer Schachpartie.

Das moderne dynamische Positionsspiel ist zweifellos komplizierter und vollkommener als seine Vorgänger. Um den Haupttriebfaktor zu bestimmen, soll der echte Meister sowohl die Kunst des Positionskampfes als auch das Kombinationsspiel perfekt beherrschen. Und das alles immer in einer Synthese, weil man zu verschiedenartigen Prüfungen am Brett bei beschränkter Bedenkzeit bereit sein soll.

In der folgenden interessanten Partie, die sich, wie es scheint, in Positionsbahnen entwickelte, spielten auch dynamische Faktoren eine Rolle.

Smyslow – Tal
(Kandidatenturnier,
Jugoslawien 1959)

Diagramm Nr. 60

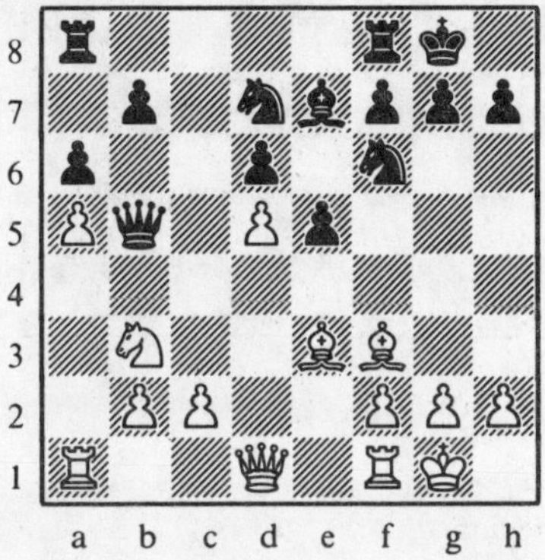

Die Stellung von Schwarz scheint im Zusammenhang mit der Drohung e5-e4 auf den ersten Blick aussichtsreich zu sein. Jedoch ändert der darauffolgende originelle Zug von Weiß ihre Einschätzung radikal.

15.Dd1-d3!

Dieses unschablonenhafte Vorhaben erforderte außer dem Verständnis der positionellen Feinheiten weite Berechnung, weil der Ausgang des darauffolgenden Kampfes im Endspiel in vielem davon abhängt, welche Seite die Türme schneller zu aktivieren versteht. Weiß geht freiwillig auf die Bauernverdoppelung in der d-Linie ein, indem er die reale Schwäche des Gegners — den Bauern b7 berücksichtigt.

15. . . .	**Tf8-c8**
16.Tf1-c1	**Db5xd3**

Die Drohung 17.c4 bestimmt den Entschluß von Schwarz, zum Endspiel überzugehen. Aber eine bessere Chance war wohl das Bauernopfer 16. . . .e4 17.Le4: Se4: 18.De4: Lf6.

17.c2xd3	**g7-g6**
18.Tc1-c3	**Tc8xc3**
19.b2xc3	**Ta8-c8**
20.c3-c4	**e5-e4**
21.d3xe4	**Tc8xc4**

Und wiederum scheint es, daß Schwarz nach der Aktivierung des Turmes die Initiative ergriff. Aber die Berechnung von Weiß war präzise.

22.Sb3-d2	**Tc4-c2**
23.Lf3-d1	**Tc2-c3**
24.Kg1-f1	**Sd7-c5**

Weiß will seine Position mittels Ke2, Ld4, Tb1 usw. verstärken, deshalb beschließt Schwarz, den Verlauf des Kampfes durch ein Qualitätsopfer zu ändern.

25.Le3-d4	**Tc3-d3**
26.Ld4xc5	**d6xc5**
27.Kf1-e2	**Td3xd2†**
28.Ke2xd2	**Sf6xe4†**
29.Kd2-c2	

Strategisch hat Weiß das Gefecht gewonnen. Freilich erwies sich die Realisierung des Vorteils als schwierig.

Die Partie endete so:

29. . . .	**Se4-d6**
30.Ld1-e2	**Le7-f6**
31.Ta1-b1	**Kg8-f8**
32.Kc2-b3	**Kf8-e7**
33.Le2-d3	**Ke7-d7**
34.f2-f4	**Lf6-d4**
35.Tb1-f1	**Ld4-e3**
36.f4-f5	**Le3-d2**
37.f5xg6	**h7xg6**
38.Tf1-a1	**Kd7-e7**
39.Ta1-a2	**Ld2-b4**
40.h2-h4	**Ke7-f6**
41.g2-g4	**Lb4-e1**

42.h4-h5 **Kf6-g5**
43.Ta2-a1! **Le1-d2**
44.Ta1-h1 **g6xh5**
45.g4xh5 **c5-c4†**

Auch nach 45. . . .Kh6 46.Tf1 Lg5 47.Le2 ist die schwarze Stellung hoffnungslos.

46.Ld3xc4 **Kg5-h6**
47.Th1-f1 **Kh6xh5**
48.Tf1-f6 **Sd6-e4**
49.Lc4-e2† **Kh5-g5**
50.Tf6xf7 **Ld2-e3**
51.Tf7-e7 **Kg5-f4**
52.Le2-d3 **Se4-d6**
53.Kb3-b4 **b7-b6**
54.a5xb6 **Le3xb6**
55.Ld3-a6 **Lb6-d4**
56.Te7-e6 **Ld4-e5**
57.Kb4-c5 **Sd6-f7**
58.La6-d3 **Le5-b2**
59.Ld3-g6 **Sf7-g5**
60.Te6-e8 **Lb2-a3†**
61.Kc5-c6 **Sg5-f3**
62.Te8-e4† **Kf4-g5**
63.Lg6-h7 **Kg5-h6**
64.Lh7-f5 **Kh6-g5**
65.Lf5-g4

Schwarz gab auf.

Man muß auch beachten, daß es manchmal sehr schwer ist, Momente zu fixieren, wenn dynamische Faktoren ins Spiel einbezogen werden. Deshalb ist ihre rechtzeitige Ausnutzung sehr wirksam.

Portisch – Petrosjan
(Lone Pine 1978)

(s. Diagramm Nr. 61)

Bereits in der Eröffnung zeichnete Weiß einen soliden Positionsplan auf — der mit der Schaffung des Bauernzentrums verbunden ist

Diagramm Nr. 61

8
7
6
5
4
3
2
1

a b c d e f g h

—, den er auch zu verwirklichen beginnt.

Es scheint, daß Weiß sein Ziel erreicht hat, jedoch aus der Ferne die verborgenen dynamischen Ressourcen von Schwarz nicht berücksichtigt. Aber gerade sie spielen die Hauptrolle in der weiteren Entwicklung der Ereignisse.

23. . . . **Sd7-c5!!**

Gerade so! Sonst wäre das Vorhaben von Weiß vollkommen berechtigt, und Schwarz hätte eine aussichtslose Position erhalten. Jedoch ändert dieser dynamische Zug die Situation radikal.

24.Sd2-c4

24.dc Lc5:† oder 24.e5 Le5:! ist unbefriedigend für Weiß.

24. . . . **Sc5xe4**
25.Ta1-c1 **Ld6-f8**
26.Sc4-e5 **Se4-d6**
27.a3-a4 **f7-f6**
28.Se5-f3 **Te6xe1†**
29.Sf3xe1 **Td8-d7**
30.Se1-f3 **Sd6-f5**
31.Kg1-f2 **h7-h5**

Es ist nicht schwer, sich davon zu überzeugen, daß Weiß eine rundherum verlorene Position hat. Petrosjan verwertet energisch sein Übergewicht.

32.Tc1-c2	**g7-g5**
33.Tc2-c4	**Lf8-d6**
34.g2-g3	**Kg8-f7**
35.Sf3-g1	**Sf5-e7**
36.Sg1-e2	**Se7-d5**
37.Lb2-c1	**Kf7-e6**
38.Tc4-c2	**Ke6-f5**
39.Kf2-f3	**g5-g4†**
40.Kf3-f2	**Td7-h7**
41.Tc2-d2	**h5-h4**
42.Kf2-g2	**Kf5-e4**
43.Td2-d1	**Sd5-e3†**
44.Lc1xe3	**Ke4xe3**
45.Se2-c3	**h4-h3†**

Weiß gab auf.

Natürlich ist es in der Praxis, dazu noch unter den Bedingungen der Zeitbegrenzung, oft schwer zu bestimmen, welcher Weg der richtige wäre: streng positioneller und nur der Logik untergeordneter oder dynamischer Kampf, der individuelle Faktoren berücksichtigt und zu einem zweischneidigen Spiel führt. Viele im Schachkampf zu treffende Entscheidungen öffnen in gleichem Maße Spielraum sowohl für das logische Denken als auch für die Phantasie. In solchen Fällen hängt die Wahl der Mittel vom Geschmack und Stil des Spielers ab. Die dynamische Beurteilung bringt das Spiel gar nicht auf irgendeinen Standard. Wir kennen große Meister, die es vorziehen, das Spiel in Situationen zu führen, in denen die Elemente der Logik vorherrschen. Die anderen streben im Gegenteil ein verwickeltes Spiel an, das eine große Zahl von verschiedenartigen Ideen mit dem Vorherrschen des Einfalls und des kombinatorischen Schaffens enthält.

Natürlich beherrschen Schachspieler hoher Qualifikation verschiedene Methoden der Kampfführung und verwenden sie unter Beachtung der konkreten Situation in der Partie oder im Turnier. Das sind einige ganz allgemeine Züge der Dynamik. Mit ihr sind auch untrennbar so wichtige Begriffe verbunden wie Initiative, „Umsetzung" der Positionsfaktoren, harmonisches Zusammenwirken der Kampfkräfte u. ä.

Zum Beispiel bedeutet die moderne Auffassung der Initiative das Studium ihrer Dauer und Festigkeit, der Rolle des Tempos, der Möglichkeiten des Gegenspiels, dieses attraktivsten und perspektivreichsten Kampfmittels gegen die wachsende Initiative. Und die „Umsetzung" der Positionsfaktoren unterstreicht die Rolle der Übergangsperioden aus einer Stufe der Partie in eine andere.

Das harmonische Zusammenwirken der Kampfkräfte ist eines der wichtigsten und allgemeinsten Spielprinzipien. Das Zusammenwirken erfolgt in ununterbrochener Verbindung mit den Faktoren Zeit und Initiative. Die moderne dynamische Beurteilung des Prinzips der Wechselwirkung beweist immer beharrlicher, daß in vielen Fällen das Vorhandensein von äußeren Positionsvorteilen eine Harmonie der Kampfkräfte gar nicht sichert, sondern sie wird im Gegenteil nur auf

Kosten positioneller oder gar materieller Zugeständnisse erreicht.
Die gegenwärtige Praxis zeigt, daß unter dem mächtigen Druck der harmonischen Wechselwirkung der Kräfte nicht nur bewegliche Schwächen, sondern auch selbst an sich positionell starke Faktoren (z. B. Zentrum, Bauernkette u. a.) zu verwundbaren Angriffspunkten werden können. In einer Reihe von Fällen erfolgt der Angriff auf bewegliche Objekte des Gegners.
Das ist in allgemeinen Zügen das Panorama des modernen dynamischen Schachdenkens.

Das konkrete Verfahren bei der Positionseinschätzung

Das Denken eines Schachspielers soll vor allem konkret sein. Konkret zu denken, heißt die individuellen Besonderheiten der gegebenen Position allseitig zu berücksichtigen, um sie mit den allgemeinen Prinzipien verbinden zu können.
Konkretes Denken wird keineswegs einfach anerzogen. Seiner Entwicklung geht die Aneignung des kombinatorischen Sehvermögens voraus, von dem wir schon gesprochen haben. Ich möchte noch einmal unterstreichen, daß man an der Vervollkommnung dieser Eigenschaft ständig arbeiten muß. Parallel dazu (wie die Erfahrungen zeigen, besser sogar mit einem kleinen Zurückbleiben) muß ein Schachspieler verschiedene Positionsprinzipien, typische taktische und strategische Verfahren erlernen.
Auf einer gewissen Wachstumsstufe gewinnt der allgemeine Gesichtskreis des Schachspielers, seine Befähigung, die Schachkultur zu beherrschen, große Bedeutung. Sehr großen Nutzen bringt hier das systematische Studium des Schaffens der hervorragenden Meister verschiedener Zeiten, der klassischen Vorbilder der Schachkunst.
Eine gewissenhafte Arbeit an allen Komponenten der Schachwissenschaft wird helfen, jene Denkfehler zu vermeiden, von denen die Rede im ersten Teil des Buches war. Man muß daran denken, daß die positiven Denkeigenschaften des Schachspielers ein zartes und feines Material darstellen, das durch zielbewußte Praxis und Training geschaffen wird.

Natürlich gibt es im Leben keine vollständige Harmonie. Ein Schachspieler neigt in der Regel von Natur aus entweder zum kombinatorischen oder zum Positionsspiel. Es ist sehr gefährlich, mit der eigenen Natur zu „scherzen“. Aber gestützt auf eigene starke Natureigenschaften, darf man die andere Seite des Denkens nicht vergessen. Sonst kann sie sich aus einer wertvollen Hilfe in das schädliche Gegenteil verwandeln. Es gibt keinen stärkeren Gegner als denjenigen, der in uns selbst sitzt.
Kehren wir aber zum Hauptthema des Abschnitts zurück. Die Untersuchung der mit dem konkreten Denken zusammenhängenden Fragen ist die Hauptidee dieser Arbeit. Obwohl im ersten Teil des Buches hauptsächlich von den nega-

tiven Seiten des Denkens die Rede war, suchten wir vor ihrem Hintergrund jedes Mal ein Herangehen an eine richtige Methode. Dieses Herangehen besteht nur in einem entwickelten konkreten Denken.

Nur bei konkretem Herangehen an eine Position kann man in ihr Wesen eindringen. Das Hauptziel des konkreten Denkens besteht darin, die Dynamik der kritischen Position zu erforschen und den wirksamsten Weg zu finden. Dabei soll jeder einzelne Zug, dem allgemeinen Plan entsprechend, die dringlichste und wesentlichste Aufgabe in der gegebenen konkreten Situation lösen.

Die Positionseinschätzung ist das Hauptkriterium, auf das sich der Schachspieler bei der Zugwahl stützt. Der Denkvorgang bei der Positionseinschätzung erfolgt unwillkürlich, ohne spezielle Akzentuierung zu verlangen. Erinnern wir uns an eine weitere Äußerung Blumenfelds: „Die Einschätzung ist mit der Auffassung der Position verbunden und ist hauptsächlich eine unbewußte Handlung in dem Sinne, daß die Zwischenglieder in bedeutendem Maße, wenn nicht sogar völlig, das Bewußtseinszentrum nicht durchlaufen."

Die Spielstärke des Schachspielers wurde längst zu einem Synonym der Stärke seiner Einschätzungsfähigkeit. Sogar in äußerst konkreten Fällen, wenn Elemente der Taktik dominieren, wird die Positionseinschätzung nicht immer nur zum Ausgangspunkt für Berechnungen, sondern begleitet auch das taktische Spiel auf Zwischenetappen und ist sozusagen eine „Notbremse" nach der Beendigung der Berechnung. Die Kontrolle der Berechnungsoperationen besteht in der Einschätzung der Endposition, die sich bis jetzt noch im Kopf befindet.

Nun hat der Schachspieler im Verlauf des Kampfes die Position mehrere Male einzuschätzen. Gleichzeitig ist das ein einheitlicher Prozeß, der sozusagen in eine Reihe von Stufen zerfällt.

Gerade deshalb soll die Einschätzung auf den Zwischenstufen sehr schnell, manchmal sofort erfolgen. Das Problem solch schneller Einschätzungen wird zweifellos durch die Tatsache erleichtert, daß sie sich auf eine durchdachte Einschätzung der kritischen Ausgangsposition stützen. Zuerst dringen wir möglichst tief in die „Seele" der Position ein, mit der die Analyse beginnt.

Danach verläuft der Denkvorgang bis zu einem bestimmten Augenblick, wenn es keine „scharfen" Kurven taktischer Art gibt, in vielem automatisch. Man kann z. B. den folgenden interessanten Test durchführen: Wenn wir zwei Schachspieler gleicher Qualifikation bitten, den Verlauf des Kampfes in ein- und derselben Partie mit der Phase von 5 bis 6 Zügen parallel einzuschätzen, zwischen denen keine prinzipiellen Veränderungen im Charakter der Position erfolgen, wird in der Regel am Anfang der Einschätzung ein langes Nachdenken stehen, und dann entwickelt sich (im Falle einer gleichen richtigen Einschätzung) der Denkprozeß sowohl dem Spielver-

lauf als auch der Zeit nach beinahe gleichlaufend.
Auf den Zwischenstufen der Einschätzung stellt das Gehirn Veränderungen in der Position fest, was in einer Reihe von Fällen nicht nur durch Überlegungen allgemeiner Art registriert, sondern auch wenigstens durch konkrete Kurzvarianten unterstützt werden soll. Gerade solche Varianten illustrieren das Wesen der Position, wie Aljechin mehrmals betonte. Daher kommt der notwendige, wenn auch minimale Zeitaufwand. Zu prüfen sind sogar die naheliegendsten Züge.
Wenn die Berechnung der Varianten letzten Endes auf der richtigen „Sicht" des kombinatorischen Wesens der Stellung beruht, so stellt sich das konkrete Vorgehen bei der Einschätzung das Ziel, einen noch wichtigeren schöpferischen Prozeß zu erkennen: die Voraussicht.
Die Gabe vorauszusehen, ist eine der verborgensten im schachlichen Können. Einst sagte der große Lasker über einen jungen Meister folgendes: „Bei seiner zweifellos strategischen und taktischen Begabung mangelt es ihm jedoch an jener speziellen Phantasie, die notwendig ist, um sich die ungefähren Konturen der vorzubereitenden komplizierten Operation vorstellen zu können". Und einer der größten Theoretiker des Schachs, Nimzowitsch, behauptete, daß man den Verlauf der Ereignisse in der Partie nur beim Vorhandensein der schöpferischen Phantasie voraussehen kann.
Die Fähigkeit, kommende Ereignisse vorauszusehen, tritt nur bei dynamischer Einschätzung der Position auf, die man gewöhnlich zu Recht der statischen Einschätzung gegenüberstellt, die auf dem Studium rein äußerer Faktoren basiert. Beim Vergleich dieser beiden Arten des Vorgehens bei der Einschätzung sind folgende Überlegungen Aljechins sehr lehrreich. Wenden wir uns seinem Artikel „Der Kampf um die Weltmeisterschaft" zu, der unmittelbar nach seinem Revanchematch gegen Euwe (1937) geschrieben wurde.
Seine eigene Denkmethode mit der Methode des Widersachers vergleichend, schrieb Aljechin: „Euwes Schachtalent ist rein taktisch im Gegensatz zu solchen Meistern wie Steinitz, Rubinstein, Capablanca und Nimzowitsch. Aber er ist ein Taktiker, der beschlossen hat, um jeden Preis ein guter Stratege zu werden. Dank der verstärkten Arbeit an sich selbst erreichte Euwe einige Erfolge. Ein eindeutiges Zeichen, nach dem man einen wahren Strategen von einem ‚Auch-Strategen' unterscheiden kann, ist, wie originell seine Findigkeit ist.
In allen Euwe-Partien sehen wir ein und dasselbe Bild — der von ihm beschlossene Plan stützt sich auf die *äußere Form der Lage* (hervorgehoben durch den Autor). Zum Beispiel auf das Bauernübergewicht am Damenflügel, auf den isolierten Bauern des Gegners, auf den Vorteil der zwei Läufer usw. (mit anderen Worten, auf statische Faktoren — A. S.). Eigentlich ist diese Methode gut, aber je nach den taktischen Möglichkeiten dieser oder jener Position kann es in jedem Plan Ausnahmen geben und die gibt

es oft. Als Stratege stellt Euwe das ausgesprochene komplette Gegenteil zu Reti dar. In seinem bekannten Buch „Neue Ideen“ erklärte jener, daß ihn nur Ausnahmen interessieren. Euwe glaubt jedoch im Gegenteil zu statisch an die Unveränderlichkeit der Regeln“.

Es ist interessant, daß Euwe in einem ebenfalls damals veröffentlichten Artikel, „Nachruf“, eine ganz identische Meinung zum Ausdruck brachte: „Ich könnte mir keinen einzigen guten Plan ausdenken, und meine Niederlage ist eher auf unlogische als auf schlechte Züge zurückzuführen“.

Die Schlußfolgerung ist klar: Die dynamische Einschätzung (oder Beurteilung) der Position ist die einzig richtige Methode im Schachkampf. Eine statische Einschätzung kann man positiv nur in der Vorbereitungsphase der Bewertung einer Position vornehmen.

Betrachten wir einige Beispiele, in denen die Einschätzung auf konkretem Denken basiert.

Tarrasch – Aljechin
(Baden-Baden 1925)

(s. Diagramm Nr. 62)

Aljechin setzte hier

11. . . . De7-d8!

fort, dazu schrieb er: „Es ist der schwierigste Zug in der ganzen Partie! Schwarz zwingt den Gegner, die Position des gut postierten Läufers c4 zu klären, denn einerseits droht (sofort oder etwas später) e5xd4, c3xd4, d6-d5! mit Befreiung, aber andererseits wird auf eine natürliche

Diagramm Nr. 62

weiße Erwiderung 12.Sbd2, 12. . . . Se4: 13.Se4: d5 bereitgehalten, wobei Schwarz in beiden Fällen ein ziemlich bequemes Spiel erhält. Schließlich hat der Textzug auch den Vorteil, daß er dem Turm f8 die e-Linie freigibt“.

In dieser Bemerkung ist die Einschätzung unter Berücksichtigung der zukünftigen konkreten Perspektiven klar widergespiegelt, d. h. die dynamische Einschätzung. Da das Spiel keinen forcierten Charakter hat, betrachtet der Autor nur die notwendige Fortsetzung, um sich genauer vorzustellen, was der von ihm vorgezeichnete Plan bringen kann.

12.Lc4-d3 Tf8-e8
13.Sb1-d2 Lb6-a7!

Eine mögliche Drohung 14.Sc4 verhütend.

14.Dd1-c2 e5xd4
15.Sf3xd4 Sc6-e5
16.Ld3-f1 d6-d5
17.Ta1-d1 c7-c5
18.Sd4-b3 Dd8-c7
19.Le3-f4

Etwas besser ist 19.ed Sd5: 20.Sc4 Sc4: 21.Lc4: Se3: 22.Te3: Te3: 23.fe De7!, obwohl auch in diesem Falle das schwarze Übergewicht offensichtlich ist.

19. . . . Se5-f3†
20.Sd2xf3 Dc7xf4
21.e4xd5?

Notwendig war 21.e5 Lf5 22.Dd2 Dd2: 23.Td2: Se4 24.T2d1 Tab8, und Weiß kann noch durchhalten.

21. . . . Lc8-f5!
22.Lf1-d3 Lf5xh3
23.g2xh3 Df4xf3
24.Te1xe8† Ta8xe8
25.Ld3-f1 Te8-e5
26.c3-c4 Te5-g5†
27.Kg1-h2 Sf6-g4†
28.h3xg4 Tg5xg4

Weiß gab auf.

Aljechin – Capablanca
(34. Partie, Weltmeisterschaft 1927)

Diagramm Nr. 63

Auf dem Brett entstand eine fast symmetrische Lage, in der es nicht einmal eine Anspielung auf eine unmittelbare Gefahr gab. Aber der Schein trügt. Es genügte Schwarz, einen Zug aus allgemeinen Überlegungen heraus zu machen:

20. . . . h7-h6?

als nach

21.De2-d2!

bei ihm ernste Schwierigkeiten auftauchten. Das Manöver der weißen Dame ist mit einer konkreten Idee verbunden und beruht zugleich auf weiter Voraussicht. Die Hauptdrohung ist 22.Da5. Wenn Schwarz versucht, sie durch den Zug 21. . . . Lc6 zu parieren, wird Weiß die Partie mit einem effektvollen Zug am Königsflügel für sich entscheiden: 22.Sh4! Se4: (oder 22. . . .Le4: 23.De3!) 23.Shf5† gf 24.Sf5:† Kf6 25.Dh6:† Kf5: 26.g4†!.

Wie paradox es auch klingen mag, hatte Schwarz einen einzigen Zug zur Verfügung, der einige Chancen für eine erfolgreiche Abwehr erhoffen ließ und der von Lasker aufgezeigt wurde, und zwar 21. . . .Sa4! In diesem Fall verstärkte Weiß einfach seine Stellung mittels 22.Tfd1.

21. . . . Ld7-e6?

Praktisch ist das eine Kapitulation nicht nur in der Partie, sondern auch im Match. Aljechin erobert einen der Bauern und danach beginnt die Phase der Realisierung des Vorteils.

22.La2xe6 De7xe6
23.Dd2-a5 Sb6-c4
24.Da5xa7 Sc4xb2
25.Tc1xc8 Tf8xc8
26.Da7xb7 Sb2-c4
27.Db7-b4 Tc8-a8
28.Tf1-a1 De6-c6!
29.a3-a4! Sf6xe4
30.Sf3xe5

Hier ereignete sich nicht 30.Se4:

De4: 31.Tc1 Tc8 32.Se5:? Se3! 33.De4: Tc1:† 34.Kh2 Sf1† mit darauffolgendem Sg3† und Se4:.

30. . . . Dc6-d6!
31.Db4xc4 Dd6xe5
32.Ta1-e1 Se4-d6
33.Dc4-c1 De5-f6
34.Sg3-e4 Sd6xe4
35.Te1xe4

Der Realisierungsplan besteht in der Kombination der Bewegung des Freibauern mit dem Angriff auf die etwas geschwächte Stellung des schwarzen Königs. Vor allem besetzt Weiß die wichtige Diagonale a1-h8.

35. . . . Ta8-b8
36.Te4-e2 Tb8-a8
37.Te2-a2 Ta8-a5
38.Dc1-c7 Df6-a6
39.Dc7-c3† Kg7-h7
40.Ta2-d2 Da6-b6
41.Td2-d7 Db6-b1†
42.Kg1-h2 Db1-b8†
43.g2-g3 Ta5-f5
44.Dc3-d4 Db8-e8
45.Td7-d5 Tf5-f3
46.h3-h4! De8-h8
47.Dd4-b6 Dh8-a1
48.Kh2-g2 Tf3-f6
49.Db6-d4 Da7xd4
50.Td5xd4

Im Turmendspiel verwertete Aljechin sicher sein Übergewicht und gewann damit die Schlußpartie des Wettkampfes um die Weltmeisterschaft.

Karpow – Gligoric
(San Antonio 1972)

(s. Diagramm Nr. 64)

Diagramm Nr. 64

42.Dd1-g1!

Über dieses Manöver schrieb Karpow: „Es ist sehr kompliziert, solche Züge zu finden. Weiß hat ein offensichtliches Raumübergewicht und die sich daraus ergebenden Positionsvorteile. Um sie zu vergrößern, benötigt Weiß einen klaren Plan zur Umgruppierung der Figuren. Hier sind die Grundgedanken für diese Stellung: 1) Schwarz hat eine einzige Schwäche — den Bauern c5; der Angriff auf ihn muß schnell organisiert werden — das gewährleistet, die Manövrierfähigkeit der gegnerischen Figuren zu unterbinden; 2) der beste Platz für den König — auf f3, hier ist er keinem Schach ausgesetzt, darüber hinaus verteidigt er den Läufer g4, öffnet die Diagonale g1-a7 für das Gefüge Läufer-Dame und die zweite Reihe — für das Manöver der Türme; 3) Weiß muß um die Besetzung der h-Linie und die Initiative am Königsflügel kämpfen. Im geeigneten Augenblick kann er auch am gegenüberliegenden Flügel Operationen einleiten und die ganze

Schwere des Kampfes dorthin verlegen, indem er die große Beweglichkeit der eigenen Kräfte ausnutzt. All diesen Bedingungen entspricht der letzte Zug von Weiß".
Die folgende Kampfentwicklung illustriert die Stärke der Voraussicht der dynamischen Ausgangseinschätzung Karpows.

42. . . . Sd7-b6
43.Th1-h2 Dc7-e7?

Schwarz klammert sich dogmatisch an die Beherrschung der h-Linie und sieht nicht die Gefahr, die am Damenflügel heranreift. Besser wäre 43. . . .a5.

44.Sd2-b3 Kd8-c7
45.Kf2-f3!

Ein feiner Zug, der ein wichtiges Glied im weißen Plan ist. Einerseits wird der Weg für den Turm frei, andererseits reift eine taktische Attacke auf den Punkt c5 heran.

45. . . . Sb6-d7
46.a2-a3! b4xa3
47.Th2-a2! Th8-h4
48.Ta2xa3 Tg8-h8
49.Tc1-b1 Th8-b8
50.Dg1-e1 Th4xg4
51.Kf3xg4 Lb7-c8
52.De1-a5†

Schwarz gab auf.

Induktive und deduktive Denkmethoden

Die Spielweise jedes Schachspielers trägt Züge der Individualität in sich. Im Schach, wie auch in anderen Arten der schöpferischen Tätigkeit, kommen der Charakter und der allgemeine Intellekt des Menschen zum Vorschein, was das Spiel entscheidend prägt.
Nichtsdestoweniger kann man aus der gesamten Vielfalt der Schachhandschriften die Hauptgesetzmäßigkeiten auswählen. Bei Schachspielern höherer Qualifikation kann man zwei Haupttypen des Denkens feststellen. Die Vertreter des ersten Typs verlassen sich gern auf die Phantasie. Ihr „Credo" sind Kombination und Taktik, sie haben es nicht gern, aus allgemeinen Überlegungen heraus zu spielen. Die Einschätzung der Position leiten sie aus Varianten ab. Mit anderen Worten: Die Schachspieler dieser Art ziehen es vor, vom Einzelnen zum Ganzen zu gehen, indem sie der Detaillierung, der Untersuchung von verborgenen kombinatorischen Ressourcen offensichtlich den Vorzug geben. Verallgemeinerungen fallen ihnen schwer, zumal sie es nicht gern haben und verhältnismäßig selten tun.
Diese Denkmethode bezeichnen wir als induktiv.
Nebenbei sei bemerkt, daß solche Schachspieler in der Regel keine zähe Verteidigung vertragen und sich unter den Bedingungen des langen Manövrierens nicht wohlfühlen, zumal ihre Technik manchmal „hinkt".
In der entgegengesetzten Rolle tritt ein anderer Denktyp auf, der Einschätzungen allgemeinen Charakters bevorzugt. Die Schachspieler dieser Art verhalten sich zurückhaltend gegenüber endlosem Berechnungssuchen. Ihr Motto lautet: Die Berechnung soll die all-

gemeine Einschätzung untermauern. Sie haben kopfzerbrechende Situationen nicht gern, bei denen alles an einem „Faden" hängt, und geben sich Mühe, „irrationale Stellungen" zu vermeiden. In der Regel eignen sie sich allgemeine Prinzipien gut an und geben sich Mühe, ihnen zu folgen. Als Ergänzung zur Grundcharakteristik kann man hinzufügen, daß sie stärker zu ausdauernder Arbeit neigen und deshalb gewöhnlich eine große Hartnäckigkeit in der Verteidigung an den Tag legen.

Diese Denkart bezeichnet man als deduktive Methode.

Auf Grund meiner großen Erfahrungen kann ich behaupten, daß beide Arten aussichtsreich sind. Ich bin überzeugt, daß sehr viele junge Schachliebhaber, die über diese oder jene Denkcharakteristik verfügen, bei richtiger Erziehung das Niveau ihres Spiels erfolgreich heben können. Keine Perspektiven hat im schachlichen Schaffen vielleicht nur der Typ des „Silbenstechers". Solche Schachspieler richten in der Regel alle ihre Bemühungen auf das Studium einer riesigen Anzahl von Eröffnungsvarianten (und heutzutage auch auf die Schaffung von „handgestrickten" Kartotheken — zumal es inzwischen mehr als genügend Schachinformationen gibt). Damit wird eine enorme, vollkommen ungerechtfertigte Energie verbraucht, weil das Gedächtnis überladen wird und das Denken „schlummert". Gewöhnlich erreichen solche Schachspieler nicht viel, aber auch ihre Erfolge — wenn es sie gibt — verdanken sie gerade anderen Eigenschaften . . .

Also sind der induktive und der deduktive Denktyp rechtmäßig. Jeder von ihnen hat seine positiven Seiten, die als Grundlage für ein fruchtbares Wachstum dienen. Und doch muß jeder Schachspieler eine größere Universalität seines Spiels und besonders die Beseitigung der Mängel in seinem schwächsten Kettenglied anstreben. Dabei braucht man nicht alle seine Anstrengungen nur auf die Bekämpfung der Schwächen zu richten. Bei der Beseitigung von Mängeln darf man nicht vergessen, daß die starken Seiten des Denkens in ihrer Natur selbst liegen. Als Beispiel kann das Schaffen von Tal dienen. Sein markantes kombinatorisches Talent hatte sich bereits in jungen Jahren offenbart. Und obwohl er sein positionelles Können unermüdlich erweitert, bleibt seine Hauptwaffe nach wie vor das kombinatorische Schaffen. Das heißt sein Streben nach Ausgeglichenheit des Spiels muß sich mit einem behutsamen Verhalten zu den eigenen gegebenen Fähigkeiten verbinden.

Über anschauliche und verbale Ideen

Die schachliche Sprache hat ihre eigenen Ausdrücke. Heute jedoch, wo sich auch die Wissenschaft immer mehr für Schach interessiert, erhalten viele Schachtermini eine wissenschaftlich begründete Übertragung.

So finden wir in den Arbeiten von Blumenfeld die Bezeichnung von zwei Hauptkomponenten des Denkens beim Schachspieler, die rein theoretisch behandelt werden. Er unterscheidet anschauliche und verbale Ideen. Die anschaulichen Ideen sind äußerst konkret, sie drücken sich in der Berechnung und der kombinatorischen Sicht aus. Wie der Autor hervorhob, „tauchen" Ideen solcher Art im Denkprozeß des Schachspielers sozusagen automatisch „auf". Ein Vergleich mit der Äußerung von Euwe: „Die Taktik erfordert einen scharfsinnigen Blick" — zeigt bereits die übliche schachliche Interpretation.

Die verbale Idee enthält in ihrer Grundlage die Überlegung, sie kann leicht mündlich (verbal) formuliert werden. In der schachlichen Sprache ausgedrückt, handelt es sich um ein strategisches, positionelles Denken.

Zwischen den anschaulichen und den verbalen Ideen besteht eine untrennbare Verbindung. Ein bestimmter Komplex anschaulicher Ideen führt letzten Endes zur Entstehung von neuen verbalen Ideen. Wenn wir die Geschichte der Entwicklung der Schachtheorie überblicken, werden wir sehen, daß ein kühnes praktisches Experiment dann sehr oft zu einem Prinzip, zu einer Methode wurde. Der geniale Morphy schrieb keine Lehrwerke, aber indem er mit bewundernswerter Zielstrebigkeit und Energie gleich seit den ersten Zügen handelte, initiierte er in der Praxis die Schaffung und die darauffolgende Formulierung der Eröffnungsprinzipien, die auch heutzutage unerschüttert sind.

Die originellen, manchmal merkwürdigen praktischen Experimente und die äußerst konkreten Analysen des großen Tschigorin, der mit seltener Beharrlichkeit einen komplizierten dynamischen Kampf anstrebte, führten zum Entstehen der aussichtsreichsten Denkmethode.

Heutzutage formulieren wir ganz präzise die vielfältigen Seiten der Dynamik (zum Beispiel das Bauernopfer für die Initiative, die positionelle Kombination).

Nun sind die verbalen Ideen eine „Quintessenz" der Entwicklung dieses oder jenes Komplexes von anschaulichen Ideen. Zugleich bildet die tiefe Kenntnis und das Verständnis der verbalen Ideen nicht nur einen Teil der hohen Kultur des Schachspielers, sondern auch sein schöpferisches Potential, das ihm gestattet, neue ungewöhnliche anschauliche Ideen zu finden.

Interessant ist auch folgende Beobachtung. Es ist festzustellen, daß erfahrene Schachspieler mit den Jahren immer mehr zu den verbalen Ideen neigen. Im Gegenteil, das Festhalten an den anschaulichen Ideen läßt mit dem Alter zusehends nach. Das Aufblühen des anschaulichen Denkens ist eine Sache der Jugend. Dieses Beispiel zeigt noch einmal, wie eng die Probleme des schachlichen Denkens mit dem Finden der allgemeinen Gesetzmäßigkeiten verbunden sind. Denn in vielen Bereichen der schöpferischen Tätigkeit können wir einen ähnlichen Altersprozeß beobachten.

Der Plan und die strategische Drohung

Spricht man über die Probleme der Positionseinschätzung, so kommt man nicht umhin, die Fragen zu erwähnen, die mit der Wahl und der Realisierung des Spielplans verbunden sind. Gestützt auf den ausgearbeiteten Plan betrachtet der Spieler unter einer großen Anzahl von eventuellen Fortsetzungen nur einen gewissen Teil von ihnen. Der Plan beschränkt nicht nur in vernünftiger Weise den Umfang der Möglichkeiten und die Anzahl der Berechnungsvarianten, sondern er lenkt auch zielstrebig die Gedanken des Schachspielers.

In einer Schachpartie entsteht der Plan gewöhnlich unter schwierigen „Arbeitsbedingungen". Je nach den Handlungen des Gegners kann er sich oft verändern. Zugleich verlangt die Ausführung des Planes von dem Spielenden eine riesige Beharrlichkeit. Sonst werden sehr bald die augenblicklichen Sorgen von der strategischen Hauptlinie ablenken.

Wichtige Bestandteile des Planes sind verschiedenartige Drohungen. Natürlich tragen sie meistens taktischen Charakter. Ihr Bereich ist sehr breit: Von einem direkten Angriff auf dieses oder jenes Objekt, bis zu allerlei kombinatorischen Ideen. Jedoch darf man hinter dem Kaleidoskop der ununterbrochen wechselnden taktischen Drohungen auch stabilere Drohungen nicht außer acht lassen.

In einer Reihe von Situationen, in denen der Kampf Manövercharakter trägt und in dem ständig positionelle Faktoren vorherrschen, ist es nicht kompliziert, das strategische Vorhaben des Gegners zu überblicken. Aber auf Schritt und Tritt können, den taktischen Unannehmlichkeiten ähnlich, die strategischen Drohungen verschleiert sein, was auch ihre Gefährlichkeit bestimmt. Betrachten wir dazu folgendes Beispiel aus der Partie *Larsen – Geller* (Kopenhagen 1960).

Diagramm Nr. 65

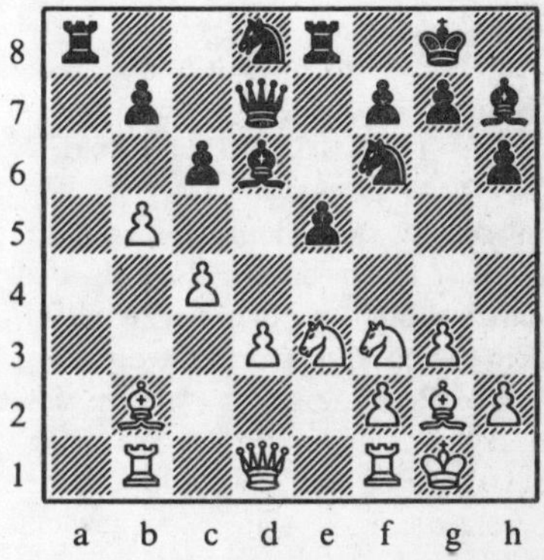

Natürlich sah es nach dem Zug 18. bc aus; er hatte das Ziel, Druck auf der b-Linie zu organisieren. Die nachstehende konventionelle Lösung von Weiß ändert jedoch schlagartig die Grundidee seines Planes.

18.Tb1-a1

Weiß plant einen Angriff auf den zentralen Punkt e5, was mit dem Kampf um die a-Linie und einer Reihe von konkreten Varianten zusammenhängt. Wenn Schwarz den Turm auf b8 zurückzieht, folgt 19. d4!

18. . . . Ta8xa1
19.Dd1xa1 c6xb5

Außerdem sollte Weiß den Varianten Rechnung tragen: 19. . . .Ld3: 20.Td1! Le2 21.Se5: Te5: 22.Td6: Dd6: 23.Le5: mit einem offensichtlichen Übergewicht von Weiß; 19. . . .Dc7 20.d4 e4 21.Sh4 cb 22. c5 Le7 23.d5! Dc5: 24.Tc1 Dd6 25. Shf5 Lf5: 26.Sf5: Da6 (unbefriedigend ist 26. . . .Dd7 27.Lh3 oder 26. . . .Dd5: 27.Se7:† Te7: 28.Td1 usw.) 27.d6 Da1: 28.La1: Lf8 29. Lf6: gf 30.Tc8 mit gewonnenem Endspiel für Weiß.

20.Sf3xe5 Dd7-c7
21.Se5-f3 Ld6-e7

Unmöglich ist 21. . . .Ld3: wegen 22.Lf6: Lf1: 23.Sd5! Dc4: 24.Sd2!

22.Tf1-c1!

In seinen Bemerkungen charakterisiert Larsen diesen Zug als den schwierigsten in der Partie. Nach dem tiefen Eindringen in die konkreten Besonderheiten der Position findet Weiß einen großartigen Plan, der darin besteht, den Punkt d5 zu besetzen, was sein Übergewicht festigt.

Auf 22. . . .Ld3: ist jetzt sehr stark 23.Sd5!, zum Beispiel: 23. . . .Dd6 24.Le5 Da6 25.Dd4 usw. In einer Reihe von Varianten entsteht ein charakteristischer strategischer Moment: beim Abtausch des Springers d5 gelangt der weiße Bauer auf dieses Feld, schränkt die Handlung des Springers d8 ein, und die Drohung Tc8! wird sehr gefährlich, zum Beispiel: 22. . . .Db6 23.Sd5 Sd5: 24.cd Lf8 25.Se5 Da6 26.Da6: ba 27.Lh3! Sb7 28.Tc7 Sd6 29.Ta7 mit großem Übergewicht von Weiß.

22. . . . b5xc4
23.d3xc4 Dc7-b6
24.Se3-d5 Sf6xd5
25.c4xd5 Le7-f8
26.Lb2-d4 Db6-b3
27.Sf3-e5 b7-b5

(27. . . .Lf5 28.g4!)

28.Se5-d7! Lf8-a3

Die Stellung von Schwarz ist schon unbefriedigend. So entscheidet auf 28. . . .f6 29.Lf6:!, und auf 28. . . . Da3 — 29.Lg7:! Schlecht ist auch 28. . . .Da4 29.Sf8: Da1: 30.Ta1: Kf8: 31.Lc5† Kg8 32.Lb4 Sb7 33.d6!

29.Ld4xg7! La3xc1
30.Sd7-f6† Kg8xg7
31.Sf6xe8†† Kg7-f8
32.Da1-h8† Kf8-e7
33.d5-d6† Ke7-d7
34.Se8-f6† Kd7-c8
35.Lg2-h3† Kc8-b7
36.Dh8xd8 Db3-d1†
37.Kg1-g2 Lh7-d3
38.Lh3-c8† Kb7-a8
39.Dd8-a5†

Schwarz gab auf.

Eine der modischen Varianten der Sizilianischen Verteidigung wurde in der Partie *Matulovic – Raikovic* (Belgrad 1977) ausgespielt:

1.e2-e4 c7-c5
2.Sg1-f3 e7-e6
3.d2-d4 c5xd4
4.Sf3xd4 Sg8-f6
5.Sb1-c3 Sb8-c6
6.Sd4-b5 d7-d6
7.Lc1-f4 e6-e5
8.Lf4-g5 a7-a6
9.Sb5-a3 b7-b5
10.Lg5xf6 g7xf6
11.Sc3-d5 f6-f5
12.e4xf5 Lc8xf5
13.Lf1-d3 e5-e4!

14.Dd1-e2	**Sc6-d4**
15.De2-e3	**Lf8-g7**
16.f2-f3	**Dd8-h4†**
17.g2-g3	**Sd4xf3†!**
18.De3xf3	**e4xf3**
19.g3xh4	**Lf5xd3**
20.c2xd3	**Lg7xb2**
21.Ta1-d1!	

Schwächer ist 21.Sc2?! La1: 22.Sa1: Tc8 23.0-0 Tg8† 24.Kh1 Tg2! mit einem Vorteil für Schwarz.

21. . . .	**Lb2xa3**
22.Sd5-c7†	**Ke8-d7**
23.Sc7xa8	**Th8xa8**
24.0—0	**Ta8-g8†**
25.Kg1-h1	**Tg8-g2**
26.Td1-a1!	**La3-b2**
27.Tf1xf3	**Tg2-d2**
28.Ta1-f1	**Lb2-d4!**
29.Tf3-f4!	**Td2xd3**
30.Tf4xf7†	**Kd7-e6**
31.Tf7-f3!	**Td3-d2**
32.Tf3-a3	**Ld4-e5**
33.Ta3xa6	**Td2xh2†**
34.Kh1-g1	**Th2xh4**
35.Tf1-b1	**b5-b4**
36.a2-a3	**Th4-g4†**
37.Kg1-h1	**b4xa3**
38.Ta6xa3	**h7-h5**
39.Tb1-g1	**Tg4-h4†**
40.Kh1-g2	**Th4-h2†**
41.Kg2-f1	**Le5-d4**
42.Tg1-g6†	**Ke6-d5**
43.Ta3-d3	**Th2-f2†**
44.Kf1-e1	Remis

In dieser Partie, die von einem kombinatorischen, forcierten Spiel geprägt wird, ist es nicht leicht, die strategische Linie zu finden. Und doch ist die Entscheidung von Schwarz, die mit einem Positionsopfer der Qualität im 21. Zug verbunden ist, vor allem strategisch und hängt mit einem bestimmten Plan der aktiven Verteidigung, wo sowohl die Gleichwertigkeit der Bauern als auch die Rolle des starken Läufers berücksichtigt werden, zusammen.

Diese Beispiele zeigen nochmals anschaulich, daß der Plan in der Schachpartie in der Regel konkret ist und in vielen Fällen bis zum Ende auf „Berechnung“ beruhen muß.
Ohne strategische Drohungen und die mit ihnen untrennbar verbundenen Pläne gibt es kein Leben auf dem Schachbrett. Wenn die strategische Hauptdrohung das Leitmotiv des Planes ist, so bestehen neben ihr oft andere weniger offensichtliche, aber ausreichend starke Drohungen. Besonders gilt das für moderne dynamische Konstruktionen des Mittelspiels, wovon der scharfsichtige Leser sich eben überzeugt hat und sich auch in Zukunft mehrmals überzeugen kann.
Die strategischen Aufgaben der Seiten ergeben sich nicht selten bereits aus der Eröffnungsart. Betrachten wir eine Stellung, die in einer der aktuellen Varianten der Nimzowitsch-Indischen Verteidigung entsteht: 1.d4 Sf6 2.c4 e6 3.Sc3 Lb4 4.e3 c5 5.Ld3 0-0 6.Sf3 d5 7.0-0 Sc6 8.a3 Lc3: 9.bc dc 10.Lc4:. Es ist nicht schwer, sich davon zu überzeugen, daß das Leitmotiv des weiteren Kampfes hier ein eigenartiges Duell der zwei Paare von verschiedenartigen leichten Figuren — der weißen Läufer und der schwarzen Springer — ist. Die Aufgabe von Schwarz ist es, die zentralen Grundpfeiler fest zu blockie-

ren und die Handlung der weißen Läufer maximal zu beschränken.

Dann werden auch für die „Kavallerie“ gute Manöverperspektiven geschaffen werden, zum Beispiel auf geschwächte Punkte von Weiß am Damenflügel. Gleichzeitig wäre der Abtausch im Zentrum ein ernster Fehler: 10. . . .cd? 11.cd. Dabei wird nicht nur „das Tor“ für den Ausgang der weißen Läufer weit aufgemacht, sondern die Stärke des weißen Bauernzentrums wird auch zusehends realer.

Von demselben Standpunkt aus wollen wir eingehender die Struktur analysieren, die für die Benoni-Verteidigung kennzeichnend ist: 1.d4 Sf6 2.c4 c5 3.d5 e6 4.Sc3 ed 5.cd d6 6.e4 g6.

Der Kampf trägt einen sehr komplizierten und vielschichtigen Charakter. Und doch ist die Hauptdrohung von Weiß: e4-e5! Gleichzeitig beabsichtigt Schwarz mit der Zeit den Bauernangriff am Damenflügel mittels b7-b5, c5-c4 auszuführen und so weiter. Ein effektives Erreichen des strategischen Zieles kann in einer Reihe von Fällen mit einem Positionsopfer verbunden sein. Typische Opfer dieser Art wurden zum Beispiel der Durchbruch e4-e5!? von Weiß und die Maßnahme c5-c4!? von Schwarz.

Einer der gefährlichsten und bezeichnendsten Fehler von Schwarz ist hier die Einbuße der Kontrolle über den kritischen Punkt e5, nach dem der Durchbruch e4-e5 sehr gefährlich ist. Zum Beispiel 7.Lf4 Lg7 (vorsichtiger ist 7. . . .a6) 8.Lb5† Ld7 9.Le2 Dc7? (besser ist 9. . . . De7) 10.Sf3 a6 11.0-0 0-0 12.e5! de 13.Se5: Dd8 14.Lf3 und nun hat Schwarz bereits eine strategisch ausweglose Situation.

Aber wenn es auch gelingt, die Drohung e4-e5 zeitweilig abzuwenden, so darf man nicht vergessen, daß sie immer in der Luft liegt. Im praktischen Kampf ist die Drohung so eines Durchbruchs ziemlich unangenehm.

Diagramm Nr. 66

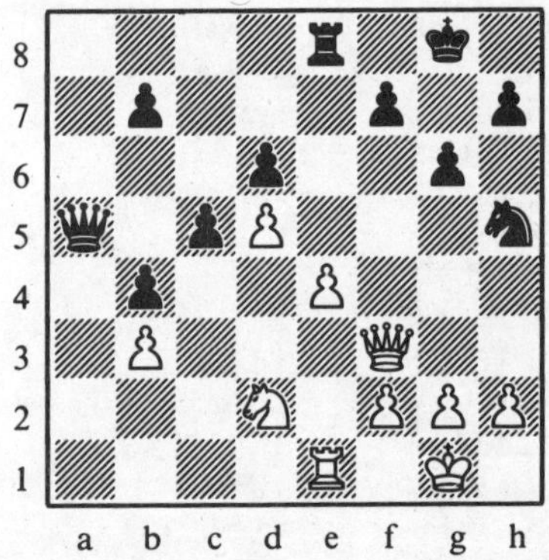

Die Stellung ergab sich in der dritten Partie des Kandidatenwettkampfes *Polugajewski – Mecking* (Luzern 1977). Es ist nicht schwer, sich davon zu überzeugen, daß Schwarz den Partner rundweg überspielte und den Bauern gewann, für den Weiß keinen Ausgleich gesehen hat. Und doch ist der Kampf bei weitem noch nicht beendet. Die weißen Hoffnungen sind mit dem Druck auf den Punkt d6 und, bei Gelegenheit, mit dem uns bekannten Bauerndurchbruch verbunden. Es folgt:

26.g2-g4?! **Da5-d8!**

Die Figur indirekt verteidigend (27.gh? Dg5†) und die Dame in ein aktives Spiel einbeziehend.

27.Te1-e3	**Sh5-f6**
28.Df3-f4	**Dd8-e7**
29.Sd2-c4	**Te8-d8**
30.Df4-g5	**Kg8-g7**

Wahrscheinlich ist 30. . . . h6! stärker.

31.e4-e5!

Hier ist er, der weiße, längst programmierte Schlag im Zentrum, der ihm die Möglichkeiten für ein aktives Gegenspiel eröffnet.

31. . . .	**d6xe5**
32.Te3xe5	**Td8xd5**
33.Te5xe7	

Schlecht ist natürlich 33.Td5:? De1† 34.Kg2 De4† und Schwarz gewinnt.

33. . . .	**Td5xg5**
34.h2-h3	**h7-h5?**

Schwarz geriet angesichts des schnellen Kulissenwechsels in Verwirrung. Siegeschancen enthielt 34. . . .Td5 35.Tb7: (35.Se5 Se4!) 35. . . .Se4 usw.

35.Sc4-d6!	**Kg7-g8**
36.Sd6xf7	**Tg5-d5**
37.Sf7-h6†	**Kg8-h8**
38.Sh6-f7†	**Kh8-g7**
39.Sf7-e5†	**Kg7-g8**
40.g4-g5!	**Sf6-h7**
41.Te7-e8†	**Kg8-g7**
42.Te8-e7†	**Kg7-g8**
43.Te7-e8†	

und Weiß erlangt Remis.

Natürlich trifft man so eine „glatte" Strategie im Kampf der Meister selten an. Öfter ist das Suchen nach dem schwarzen Gegenspiel in diesem System mit dynamischen Handlungen zum Beispiel mit einem Positionsopfer verbunden.

Das angeführte Beispiel illustriert vor allem die Hauptpläne, die der Eröffnungsstruktur der Benoni-Verteidigung selbst innewohnen. Aber in der Praxis braucht sich der Kampf gar nicht nach dem Hauptszenarium zu entfalten. Man kann auch mehrere parallele Themen finden. Schwarz kann zum Beispiel den Springer ziemlich fest auf e5 behaupten.

Diesem Plan wurde der Vorzug in der Partie *Gligoric – Campos-Lopèz* (San Antonio 1972) gegeben:

1.d2-d4	**Sg8-f6**
2.c2-c4	**c7-c5**
3.d4-d5	**d7-d6**
4.Sb1-c3	**g7-g6**
5.e2-e4	**Lf8-g7**
6.Sg1-f3	**0—0**
7.Lf1-e2	**e7-e6**
8.0—0	**e6xd5**
9.c4xd5	**a7-a6**
10.a2-a4	**Lc8g4**
11.Sf3-d2!	**Lg4xe2**
12.Dd1xe2	**Sb8-d7**
13.Sd2-c4	**Sd7-b6**
14.Sc4-e3	**Tf8-e8**
15.f2-f3	**Ta8-b8**
16.Kg1-h1	**Sf6-h5**
17.g2-g4!	**Sh5-f4**
18.De2-c2	**Sb6-c8**
19.Se3-c4	**g6-g5?!**
20.a4-a5	**Sc8-e7**
21.Sc3-d1	**Se7-g6**
22.Sd1-c3	**Sg6-e5**

(s. Diagramm Nr. 67)

Schwarz hat einen eventuellen weißen Durchbruch im Zentrum sicher, aber um den Preis erheblicher positioneller Zugeständnisse, abgewendet. Die Umgebung der weißen Felder ist am Königsflügel sehr ge-

Diagramm Nr. 67

schwächt, was den mit der Ausnutzung dieser Schwächen verbundenen weißen Plan wesentlich motiviert. Im weiteren verbindet Gligoric das Spiel auf den weißen Feldern mit einem Druck am Damenflügel, indem er seine Anstrengungen auf den schwächsten Punkt von Schwarz — d6 — richtet.

23.Ta1-a3	**Se5xc4**
24.Se3xc4	**Sf4-g6**
25.Lc1-d2	**Sg6-e5**
26.Sc4-e3	**Se5-g6**
27.Ta3-b3	**Lg7-e5**
28.Se3-c4	**Dd8-e7**
29.Tb3-b6	**Te8-d8**
30.Ld2-e1!	**Le5-f4**
31.Le1-g3	**De7-f6**
32.Dc2-c3	**Df6-e7**

Schlecht ist 32. . . .Dc3: 33.bc, und das Endspiel ist für Schwarz hoffnungslos. Im Zusammenhang damit möchte ich einen wichtigen Punkt hervorheben. In Situationen, wo eine der beiden Seiten den Übergang ins Endspiel vermeiden muß, gilt es, dies auszunutzen und durch das Angebot des Damenabtausches die gegnerischen Figuren von den aktiven Positionen zu verdrängen.

33.Tf1-e1	**f7-f6**
34.Lg3xf4	**Sg6xf4**
35.Sc4-e3	**Td8-d7**
36.Se3-f5	**De7-f8**
37.Dc3-d2	**Tb8-c8**
38.Te1-c1	**Tc8-c7**
39.Tc1-c2	**Sf4-g6**
40.Dd2-f2	**Tc7-c8**
41.Df2-g3	**Tc8-d8**
42.Dg3-e1	**Sg6-e5**
43.De1-f1	**Se5-g6**
44.b2-b4!	**c5xb4**
45.Tb6xb4	**Sg6-e5**
46.Tb4-b6!	**Td8-c8**
47.Tc1xc8	**Df8xc8**
48.Sf5xd6	

Nun ist eine wichtige Festung eingenommen. Übrigens versucht Schwarz noch ziemlich erfinderisch das Spiel zu komplizieren, indem er sich bemüht, dem weißen König eine Bedrohung zu schaffen.

48. . . .	**Dc8-c3**
49.Sd6-e8	**Kg8-f7**
50.Se8xf6	**Td7-c7**
51.d5-d6	**Tc7-c4**
52.d6-d7	**Dc3-d2**
53.d7-d8D!	**Dd2xd8**
54.Sf6-d5	**Dd8-c8**
55.Tb6-b1	**Tc4-c2**
56.Sd5-e3	**Tc2-c3**
57.f3-f4!	

Ein Gegenangriff auf den schwarzen König. Jetzt ist 57. . . .Te3: 58.fe† schlecht und die Drohung 59.Df6! entscheidet.

57. . . .	**Se5xg4**
58.f4xg5†	**Kf7-e8**

Oder 58. . . .Kg8 59.Sd5 Dd8 60. Tb2!

59.Se3xg4	**Dc8xg4**

60.Df1-f5	**Dg4xf5**
61.e4xf5	**Tc3-c5**
62.Tb1xb7	**Tc5xf5**
63.h2-h4	**Tf5xa5**
64.Tb7xh7	**Ta5-a2**
65.h4-h5	**Ke8-f8**
66.h5-h6	**Kf8-g8**
67.Th7-a7!	**Ta2-a5**
68.Ta7-g7†	

Weiß gewinnt leicht das Turmendspiel.

68. . . .	**Kg8-h8**
69.Kh1-g2	**Ta5-a3**
70.Kg2-f2	**Ta3-h3**
71.Tg7-f7	**a6-a5**
72.Tf7-a7	

Schwarz gab auf.

Hier blieb die Hauptdrohung e4-e5 unsichtbar hinter den Kulissen, aber die von ihr ausgelösten Sorgen für Schwarz machten sich bemerkbar und halfen Weiß mit Erfolg den Plan zu verwirklichen, der mit der Besetzung der weißen Felder am Königsflügel sowie mit dem Angriff am Damenflügel und im Zentrum zusammenhängt.

Die modernen Ideen füllten dieses System mit reichem Inhalt. Strategische Pläne können hier eine ziemlich ungewöhnliche Form haben, die sich nicht unmittelbar aus den äußeren Bedingungen ergibt.

Die Verlegung des Angriffsobjekts auf den gegnerischen König ist für die modernen strategischen Drohungen kennzeichnend. In der Partie *Teschner – Gligorić* (Helsinki 1952), entstand der Plan der dynamischen Attacke auf den König als eine strategische Nebendrohung. Der Eröffnungskampf entfaltete sich hauptsächlich am Damenflügel. Als aber in der nach 22 Zügen entstandenen Position auf dem Diagramm Weiß unvorsichtig den Zug 23. Tb7xe7 machte, korrigierte Schwarz sehr schnell seine Pläne und schuf buchstäblich in wenigen Augenblicken eine Konterattacke am Königsflügel.

Diagramm Nr. 68

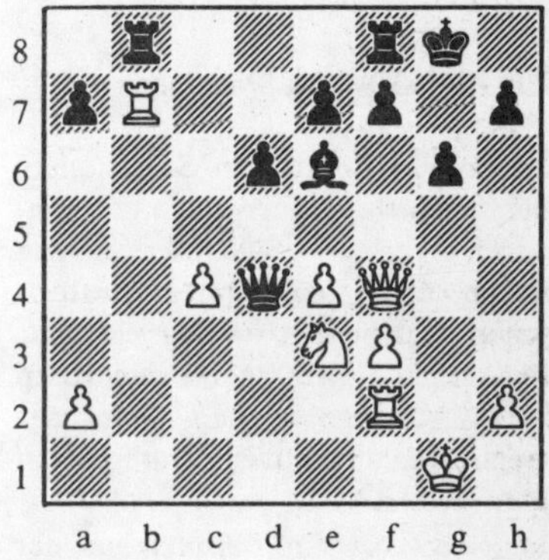

23.Tb7xe7	**g6-g5!!**
24.Df4xg5†	**Kg8-h8**
25.Se3-c2	**Le6-h3!**

Weiß gab auf.

Gegen die Drohung Tb1†! gibt es keine Verteidigung.

Dieses Beispiel zeigt, daß man nicht nur für die taktische, sondern auch für die strategische Sicherheit des eigenen Königs sorgen muß!

Der Kampf in der Schachpartie ist ständig mit der Drohung der Verwirklichung dieser oder jener Pläne verknüpft. Und außer der strategischen Hauptdrohung tauchen hier unmerklich auch andere Drohungen auf. Mit anderen Worten: Es gibt eine Reihe von Positionen, die reich an verschiedenen Plänen sind. Man muß ebenfalls im Auge haben, daß sich der strategische Haupttrumpf bei ungenügend energischen Handlungen der aktiven Seite in eine chronische Schwäche verwandeln kann. Besonders gilt das für jene Positionen, in denen sich die Bedrohung aus der äußeren Kontur ergibt.

Über aussichtslose Positionen

Nicht selten entstehen Situationen, bei denen trotz eines scheinbar günstigen Verlaufs eine der beiden Seiten über keine guten strategischen Aussichten verfügt. Solche Positionen tragen schon den Keim zur Niederlage in sich, wenn der Gegner einen aktiven strategischen Plan besitzt.

Instruktiv ist ein Beispiel aus der Partie *Portisch – Panno* (Wijk aan Zee 1978).

Diagramm Nr. 69

Schwarz scheint die Eröffnungsschwierigkeiten glücklich überwunden und alle Chancen für den Ausgleich erhalten zu haben. Dem ist jedoch nicht so, was schon der nächste Zug von Weiß unterstreicht.

14.Se5-d3!

Weiß vermeidet nicht nur die für Schwarz vorteilhaften Vereinfachungen, sondern er lenkt seinen Springer auf das wichtige Feld f2, von wo aus er zur Besetzung des Zentrums durch e3-e4 beitragen wird. Das Hauptunglück von Schwarz besteht im Fehlen eines guten Planes des aktiven Gegenspiels, zumal seine Springer nicht zusammenwirken können. Deshalb hat Schwarz eine lange und qualvolle Verteidigung zu führen.

14. . . . Sd7-f6
15.Sd3-f2 Sa6-c7
16.e3-e4 Sc7-e6
17.e4-e5 Sf6-d7
18.Dd1-d3 Dd8-h4
19.Lc1-e3

Alle vorherigen Züge von Weiß waren Glieder einer Kette und trugen zur ständigen Verstärkung seiner Position im Zentrum bei. Es fällt eine strenge Folgerichtigkeit von Weiß auf. So wäre 19. dc Sdc5: 20.Dd5: ein Schritt ins Abseits. Das gäbe Schwarz ein starkes Gegenspiel nach 20. . . .Ted8 21.Dc6 Dc4 mit darauffolgendem 22. . . . Tac8.

19. . . . Ta8-c8
20.g2-g3 Dh4-h5
21.f3-f4 f7-f5(?)

Das kleinere Übel war wohl 21. . . . cd 22. Ld4: f5 23.ef Sd4: oder 23. Db5 Sd4: 24.Dd5:† Se6 25.Dd7: g5 und Schwarz hält noch durch.

Aber jetzt vergrößert Weiß unbeirrt sein Übergewicht.

22.d4xc5! Sd7xc5
23.Dd3xd5 Te8-d8
24.Dd5-c4 Kg8-f7
25.Le3xc5 Tc8xc5
26.Dc4-a4 Tc5-c7
27.Ta1-d1 Td8xd1
28.Te1xd1 Kf7-e7
29.Td1-d6 Dh5-f3
30.Da4-b3 Se6-d8
31.Db3-g8 Sd8-f7
32.Td6-d3 Df3-e2
33.Dd8xg7 De2xa2
34.Dg7-f6†

Schwarz gab auf.

Die hohe positionelle Meisterschaft des ungarischen Großmeisters zeigte sich auch in der nachstehenden Partie, die von ihm in demselben Turnier gespielt wurde.

Portisch – Timman
(Wijk aan Zee 1978)

1.d2-d4 Sg8-f6
2.c2-c4 e7-e6
3.Sb1-c3 Lf8-b4
4.e2-e3 c7-c5
5.Lf1-d3 Sb8-c6
6.Sg1-f3 Lb4xc3†
7.b3xc3 d7-d6
8.0—0 e6-e5
9.Sf3-d2!? c5xd4?

Schwarz nimmt unvorsichtigerweise das Bauernopfer an. Im Sinne der Position wäre 9. . . .De7 mit der starken Verteidigung im Zentrum gewesen.

10.c3xd4 e5xd4
11.e3xd4 Sc6xd4
12.Tf1-e1† Sd4-e6

Nicht gut ist 12. . . .Le6 13.Se4 Se4: 14.Le4: Sc6 15.La3 und die weißen Läufer entwickeln eine enorme Aktivität.

13.Lc1-a3 0—0
14.Sd2-b3 Dd8-d7

Es ist nicht schwer, sich davon zu überzeugen, daß Schwarz bereits eine sehr schwierige Position hat: sein Damenflügel ist „eingefroren".

15.Te1-e3! Dd7-c6

Nicht besser ist auch 15. . . .Td8 16.Lb2 Se8 17.Dh5 h6 18.Tae1!

16.La3xd6 Tf8-d8
17.Ld6-e5

Weiß ist unbestritten Herr des Bretts. Schwarz hat schon in vollem Maße empfunden, daß sich das Bauernopfer, das vom Partner im 9. Zug angeboten wurde, als Danaergeschenk erwies.

17. . . . Sf6-d7
18.Dd1-h5 h7-h6

(18. . . .g6? 19.Dh7:†!!)

19.Le5-b2 Dc6xg2†

Timman gewinnt erneut einen Bauern, erhält aber ein vollkommen aussichtsloses Endspiel.

20.Kg1xg2 Se6-f4†
21.Kg2-g1 Sf4xh5
22.Ta1-d1! Td8-f8
23.Lb2-a3 Tf8-d8
24.La3-b2

Schwarz ist im Zugzwang. Der Ausgang des Kampfes ist vorausbestimmt.

24. . . . Td8-f8
25.Lb2-a3 Tf8-d8
26.Ld3-f5 Sh5-f6
27.La3-e7 Td8-e8
28.Le7xf6 Sd7xf6
29.Te3xe8† Sf6xe8
30.Td1-d8 Kg8-f8
31.Lf5xc8!

Schwarz gab auf.

Wenn keine der beiden Seiten konkrete strategische Bedrohungen hat, entsteht auf dem Brett ein strategisches Gleichgewicht, das „völlige Stille“ genannt wird. In solchen Fällen einigt man sich entweder auf Remis oder greift zu gewaltsamen riskanten Maßnahmen zur Verschärfung des Spiels.

Gerade wegen strategischer Aussichtslosigkeit, bei der äußerlich korrekte Handlungen beider Seiten im Endergebnis zur langweiligen Gleichheit führen, kamen und kommen viele Eröffnungsvarianten außer Gebrauch. Nehmen wir z. B. die Variante des Vierspringerspiels: 1.e4 e5 2.Sf3 Sc6 3.Sc3 Sf6 4.Lb5 Lb4 5.0-0 0-0 6.d3 d6 7.Se2 Se7 8.c3 La5 9.Sg3 c6 10.La4 Sg6 11. d4 d5 mit vollständigem Ausgleich. Oder in der Schottischen Partie: 1.e4 e5 2.Sf3 Sc6 3.d4 ed 4.Sd4: Sf6 5.Sc3 Lb4 6.Sc6: bc 7.Ld3 d5 8.ed cd 9.0-0 0-0 10.Lg5 Le6 11. Df3 Le7 12.Tae1 h6 13.Lh6:!? gh 14.Te6: fe 15.Dg3† Kh8 16.Dg6 und Remis durch ewiges Schach.

Die Eröffnung erinnert hier (natürlich vom Standpunkt der modernen Eröffnungsstrategie her) an einen Kampf der Zinnsoldaten, und die Welle der Komplikationen erweist sich lediglich als ein Sturm im Wasserglas.

Die angeführten Überlegungen beziehen sich in gleichem Maße auch auf eine Reihe von Aufstellungen, die in den jetzt populären Eröffnungen entstehen. Durch das Fehlen strategischer Perspektiven kann man den Umstand erklären, daß dieses oder jenes System „das Feld räumt“ (obwohl man es in der Praxis manchmal auch noch antreffen kann). Betrachten wir eines der Abspiele in der offenen Variante der Spanischen Partie: 1.e4 e5 2. Sf3 Sc6 3.Lb5 a6 4.La4 Sf6 5.0-0 Se4: 6.d4 b5 7.Lb3 d5 8.a4?!

Eine Zeitlang galt es als eines der gefährlichsten Abspiele für Schwarz. Aber sobald Schlechter ein würdiges Gegenmittel fand: 8. . . .Sd4:!, sank das Interesse für den Zug 8.a4. Auch jetzt kann man ihn manchmal sehen, aber eher aus irgendwelchen praktischen Erwägungen heraus, aus dem Wunsch, von den Hauptvarianten abzuweichen. So war es in der Partie *Liebert – Langeweg* (Sotschi 1966), wo Schwarz nach 9.Sd4: ed 10.ab Lc5 11.c3 0-0 12.cd Ld6 13.Sc3 Lb7 14.ba Ta6: 15.Ta6: La6: 16.Se4: de 17.Te1 Ld3 keine Schwierigkeiten hatte.

Wovon wird die strategische Perspektive bestimmt?

Die strategische Perspektive wird ziemlich anschaulich durch die modernen komplizierten Aufstellungen illustriert, die in den wichtigen Problemvarianten beim Übergang aus der Eröffnung in das Mittelspiel entstehen. Sehen Sie auf die typischen Grundpositionen, die sich zum Beispiel in der Spanischen Partie, in der Sizilianischen und der Altindischen Verteidigung usw. ergeben. Sie sind einander nicht ähnlich, aber unabhängig vom konkreten Inhalt des strategischen „Konflikts“ kann man in jedem einzelnen Fall feststellen, daß eine langwierige Spannung, der Reichtum an positionellen und taktischen Motiven, eine gewisse „Asymmetrie" des Kampfes, seine Perspektive bestimmen. Ein kennzeichnendes Beispiel ist die Situation, bei der eine der beiden Seiten das Zentrum beherrscht und die andere darauf eine Figureneinwirkung schafft. Bei vielseitigen Rochaden werden die gegenseitigen Flankenstürme zum Hauptplan. In Situationen dieser Art ist ein schneller Kompromiß, der zu friedlichen Vereinfachungen oder langweiliger Symmetrie führt, ausgeschlossen.

Im Verlauf des Kampfes im Mittelspiel soll die strategische Spannung gar nicht unbedingt hoch sein und ständig anwachsen. Es genügt, den Funken, aus dem mit der Zeit die Flamme schlagen wird, geschickt am Glimmen zu halten!

Diagramm Nr. 70

Eine der wichtigsten Drohungen in der modernen Strategie ist die Überführung des Spiels in ein vorteilhaftes Endspiel. Die Position auf dem Diagramm ergab sich in der Partie *Karpow – Liberzon* (Bad Lauterberg 1977) nach dem 21. Zug von Weiß. Der Weltmeister verfügt über eine gewisse Initiative. Eben erst nahm er den Bauern f6 aufs Korn, bedroht auch das schwarze Turmmanöver Tf1-f3-c3. Vollkommen verständlich ist das Streben von Schwarz, ein aktives Gegenspiel zu erhalten.

Es folgte:

21. . . .	**d6-d5!?**
22.Sd4-b3	**Dc5-c7**
23.Lh3-g2!	**d5xe4**
24.De1xe4	

Karpow macht eine scharfe Wende vom zweischneidigen und, wie es scheint, nicht unvorteilhaften Kampf im Mittelspiel zum Endspiel. Und obwohl sich die Position bedeutend vereinfacht, wachsen die Sorgen von Schwarz.

24. . . .	**Lc8-b7**
25.Td1xd8†	**Te8xd8**
26.De4xb7†	**Dc7xb7**
27.Lg2xb7	**Kb8xb7**
28.c2-c3	

Eine gute Alternative war 28.Tf6: Td1† 29.Sc1 Lc5 30.Te6: Th1 31.c3 Th2: 32.Sd3 und Schwarz steht ein schwerer Kampf um ein Remis bevor. Übrigens ist der von Weiß gewählte Weg noch exakter.

28. . . .	**Lf8-e7**
29.Sb3-d4	**e6-e5**
30.Sd4-f5	**Le7-c5**
31.Kb1-c2	**a6-a5**
32.g3-g4	**Kb7-c6**
33.Sf5-g3	Lc5-e7
34.Tf1-f5	**Td8-g8**
35.h2-h3	**Kc6-d5**
36.Kc2-d3	**a5-a4**
37.Sg3-e4	**Kd5-e6**
38.Tf5-h5	**Tg8-d8†**

39.Kd3-e2 **a4-a3**

Zäher ist 39. . . .b4.

40.b2-b4! **Ke6-d5**
41.Ke2-d3 **Kd5-e6†**
42.Kd3-c2 **Td8-c8**
43.Kc2-b3 **Ke6-d5**
44.Se4-g3 **Le7-d6**
45.Th5xh7 **e5-e4**
46.Sg3-f5 **Tc8-d8**
47.Th7-a7 **Ld6-f4**
48.Kb3-c2 **Kd5-c4**
49.Ta7-c7† **Kc4-d5**
50.Tc7-c5† **Kd5-e6**
51.Sf5-d4†

Hier hätte man Schluß machen können. „Mechanisch" folgte noch 51. . . .Kf7 52.Tb5: Le3 53.Tb7† Kg8 54.Sf5 Td2† 55. Kb3. Schwarz gab auf.

Über strategisch gewonnene Positionen

In den Kommentaren zu den Partien lesen wir nicht selten, daß eine der Seiten „eine strategisch gewonnene Position erlangte und das weitere eine Sache der Technik wäre". Unter einer strategisch gewonnenen Lage wird in der Regel die Erlangung eines objektiv großen und sehr stabilen Positionsvorteils verstanden, den man bei einem richtigen Spiel nicht mehr erschüttern kann.

Aber es ist nicht immer einfach, wie wir aus zahlreichen Beispielen wissen, eine derartige Position bis zum Sieg zu bringen. Eine klare Realisierung des Vorteils ist einer der Gradmesser für eine hohe Spielklasse.

Diagramm Nr. 71

Smyslow – Rudakowski
(14. Meisterschaft der UdSSR 1945)
Weiß spielte

13.f4-f5

worauf Schwarz, anstelle eines richtigen Läuferrückzuges auf d7 unvorsichtig

13. . . . **Le6-c4**

erwiderte. Jetzt bekommt Weiß forciert eine strategisch gewonnene Position. Zu diesem Zweck tauscht er zuerst die weißfeldrigen Läufer ab:

14.Le2xc4 **Dc7xc4**

und besetzt dann mittels des Zuges

15.Le3-g5!

den kritischen Punkt d5 im Zentrum für ewig.

15. . . . **Tf8-e8**
16.Lg5xf6 **Le7xf6**
17.Sc3-d5 **Lf6-d8**

Auf 17. . . .Dc2: 18.Tc1 Db2: 19.Dg3 Kf8 20.Dh3 mit einer starken Drohung 21.Sf6: gf 22.Dh6†! folgen:

18.c2-c3 **b7-b5**

19.b2-b3 **Dc4-c5†**
20.Kg1-h1 **Ta8-c8**
Zäher war 20. . . .f6.
21.Tf1-f3 **Kg8-h8**
22.f5-f6! **g7xf6**
Schlecht ist auch 22. . . .g6 23.Th3 h5 (es drohte 24.Th7:†!) 24.Dg3 Tg8 25.Dg5 Kh7 26.Th5:† mit einem vernichtenden Angriff.
23.De1-h4 **Te8-g8**
24.Sd5xf6 **Tg8-g7**
25.Tf3-g3 **Ld8xf6**
Wenn 25. . . .Le7, dann 26.Tg7: Kg7: 27.Dh7:† Kf6: 28.Tf1† Ke6 29.Df5:. Ein schönes Finale folgt auch auf 25. . . .Df2 — 26.Dh7:†! Th7: 27.Tg8:!
26.Dh4xf6 **Tc8-g8**
27.Ta1-d1 **d6-d5**
28.Tg3xg7
Schwarz gab auf.

Der Plan und die charakteristischen Verfahren des strategischen Kampfes

Wir haben uns bereits davon überzeugt, daß die Realisierung des Plans jedesmal Einfall, taktische Gewandtheit und Findigkeit verlangt. Aber zugleich gibt es viele bewährte technische Verfahren, die bei der Realisierung des Planes helfen können.
Die Formen der technischen Verfahren sind außerordentlich mannigfaltig — von einem einfachen Manöver über einen vorteilhaften Abtausch oder, sagen wir, einem Bauernangriff am Flügel bis zu ziemlich komplizierten strategischen Operationen. Am Beispiel der Partie *Smyslow – Rudakowski* haben wir ein ebenso verbreitetes Verfahren wie den Abtausch einer wichtigen Verteidigungsfigur des Gegners (in diesem Fall Abtausch eines Läufers gegen den Springer f6) gesehen.
Eine andere technische Variante ist das typisch „sizilianische" Figurenopfer auf d5, das für die Erschließung der Schlüsselsenkrechten „e" verwendet wird, z. B.: 1.e4 c5 2.Sf3 d6 3.d4 cd 4.Sd4: Sf6 5.Sc3 a6 6.Lc4 e6 7.Lb3 b5 8.0-0 Lb7 9.Te1 Sbd7(?) 10.Lg5 Sc5(?) 11.Sd5! mit einem starken Angriff.
Das Studium der technischen Strategieverfahren bringt Nutzen. Einerseits vervollkommnet sich auf der Basis solchen Materials das Verständnis für die Feinheiten der Strategie und das Positionsgefühl wird verbessert. Andererseits erweitert das Beherrschen jedes für Sie neuen Verfahrens die praktischen Fertigkeiten und erleichtert zugleich den schwierigen Denkprozeß am Brett.
Ein Lehrbeispiel des strategischen Könnens demonstrierte Schwarz in der Partie *Raschkowski – Geller* (Tschigorin-Memorial, Sotschi 1977):
1.d2-d4 **Sg8-f6**
2.c2-c4 **g7-g6**
3.Sb1-c3 **Lf8-g7**
4.e2-e4 **d7-d6**
5.h2-h3 **0—0**
6.Lc1-g5 **c7-c5**
7.d4-d5
Hier wählte Geller einen interessanten und sehr scharfen Plan des Gegenspiels am Damenflügel, der mit einem Bauernopfer verbunden ist:
7. . . . **b7-b5!**
8.c4xb5 **a7-a6**
9.b5xa6 **Dd8-a5**

10.Lg5-d2 Da5-b4!

In diesem Manöver liegt die Pointe des schwarzen Vorhabens. Die schwarze Dame ignoriert eine eventuelle Gefahr und drängt kühn in die Stellung des Gegners, indem sie in seine Reihen Verwirrung bringt. Die wachsende Initiative kompensiert reichlich das Bauernopfer.

11.Dd1-c2 Lc8xa6
12.Lf1xa6 Sb8xa6
13.a2-a3 Db4-c4!
14.Ta1-b1 Sa6-b4!
15.a3xb4 c5xb4
16.Sg1-e2 b4xc3
17.Se2xc3 Tf8-c8
18.f2-f3 Sf6-h5
19.g2-g4 Sh5-g3
20.Th1-g1 Sg3-e2!

Ein großartiger taktischer „Strich an der strategischen Leinwand". Es ist nicht schwer, sich davon zu überzeugen, daß Weiß rundweg überspielt ist und in ein aussichtsloses Endspiel überzugehen gezwungen ist.

21.Tg1-g2 Se2-d4
22.Dc2-d1 Dc4-d3
23.Ke1-f2 Sd4xf3
24.Dd1xf3 Dd3xd2†
25.Kf2-g1 Lg7-d4†
26.Kg1-h1 Dd2-e3!
27.Df3xe3 Ld4xe3
28.Tg2-c2 Ta8-b8
29.Kh1-g2 Tb8-b3
30.Tb1-a1 Le3-d4
31.Ta1-c1 Tc8-b8
32.Sc3-d1 Kg8-g7
33.Tc2-c7 Ld4-f6
34.Tc1-c2 Tb3-d3
35.Sd1-f2 Td3-e3
36.Tc7-a7 Tb8-b3
37.Ta7-c7 h7-h6
38.Tc7-a7 Lf6-h4
39.Ta7-c7 Lh4xf2
40.Tc2xf2 Te3xe4
41.Tf2-d2 Tb3-e3
42.Tc7-b7 Te4-f4

Weiß gab auf.

Nach der Partie fragte Geller seinen Partner: „Ihnen war wohl meine Partie gegen Mikenas aus der 22. Landesmeisterschaft im Jahre 1955 nicht bekannt? Dort entstand ein ähnliches Bild. Der Unterschied bestand nur darin, daß ich die weißen Steine führte und dazu noch ein Tempo mehr hatte. Aber im Prinzip ist das Manöver Da5-b4 (oder Da4-b5) sehr unangenehm, und so einen Griff muß man kennen!"

Ein lehrreiches Beispiel der Bildung des Großmeisters!

Wie vielfältig auch die strategischen Verfahren der Form nach sein mögen, sollen sie in der Regel folgenden Bedingungen entsprechen:

1. Sparsamkeit in der Handlung, ein Maximum des Möglichen in einem Manöver! Keine Sekunde Zeit verlieren. Manchmal ist es besser, einen kleinen materiellen Nachteil in Kauf zu nehmen, als das wertvolle Tempo zu verlieren;

2. Zielstrebigkeit. Das technische Verfahren soll sich nicht in eine rein taktische Operation verwandeln, sondern vor allem auf das Erreichen eines strategischen Zieles gerichtet werden;

3. Wirksamkeit. Maximale Sättigung

mit taktischen Drohungen und eine unermüdliche Beobachtung der Antworten des Gegners.
Betrachten wir das nachstehende Verfahren.

Diagramm Nr. 72

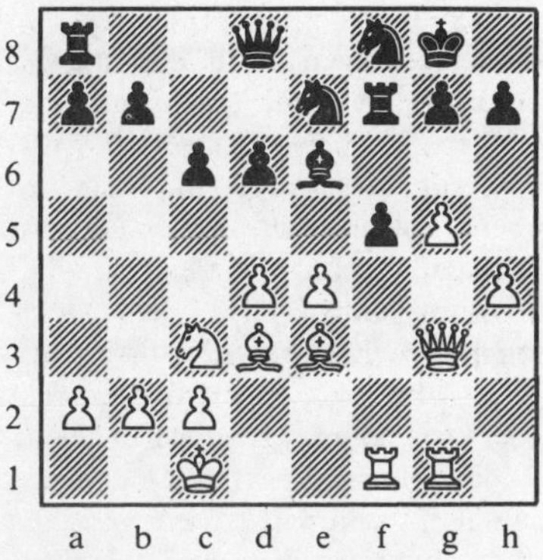

Diese Position entstand in der Partie *Spielmann – Duras* (Ostende 1907). Hier spielte Weiß

16.g5-g6!

Ziel dieses Opfers ist eine möglichst schnelle Erschließung der Linien am Königsflügel, an dem Weiß einen Angriff führt. Zweifellos stellt der Textzug die sparsamste Lösung der Probleme dar. Nach dem natürlichen 16.h5 hätte Schwarz eine sichere „Bremse" ziehen können, wenn er 16. . . .g6 17.Lf4 d5! gezogen hätte. Die g-Linie blieb geschlossen und Weiß hätte nicht geringe Anstrengungen zu unternehmen, um Aussichten für eine Attacke zu bekommen. Jetzt aber entwickelt sich die weiße Initiative viel schneller.

16. . . . **h7xg6**

Und im Falle von 16. . . .Sfg6: 18.Lg5 und weiter h4-h5 wäre die Attacke von Weiß sehr stark.

17.h4-h5!	**f5xe4**
18.Tf1xf7	**Le6xf7**
19.Ld3xe4	**d6-d5**
20.Le4-d3	**Dd8-d7**
21.Le3-d2	**Se7-f5**
22.Dg3-g5	**Sf5-e7**
23.Sc3-e2	**Sf8-e6**
24.Dg5-g2	**g6-g5**

Schwarz hat bereits keine befriedigende Verteidigung. 24. . . .gh? geht wegen 25.Sf4! nicht.

25.Ld2xg5	**Lf7xh5**
26.Lg5-f6	**Lh5xe2**
27.Dg2xe2	**Ta8-f8**
28.Lf6-e5	**Tf8-f7**
29.De2-h5	**Kg8-f8**
30.Dh5-h8†	**Se7-g8**
31.Ld3-h7	**Kf8-e8**
32.Lh7xg8	

Schwarz gab auf.
Hier ein weiteres Beispiel, das mit dem Bauerndurchbruch g5-g6! verbunden ist.

Spasski – Boleslawski
(25. UdSSR-Meisterschaft 1958)

1.e2-e4	**c7-c5**
2.Sg1-f3	**Sb8-c6**
3.d2-d4	**c5xd4**
4.Sf3xd4	**Sg8-f6**
5.Sb1-c3	**d7-d6**
6.Lc1-g5	**e7-e6**
7.Dd1-d2	**Lf8-e7**
8.0—0—0	**0—0**
9.Sd4-b3	**Dd8-b6**
10.f2-f3	**Tf8-d8**
11.Lg5-e3	**Db6-c7**
12.g2-g4	**a7-a6**
13.g4-g5	**Sf6-d7**
14.h2-h4	**b7-b5**

Und erneut wird ein Bauernopfer zum optimalen Mittel zur Erreichung des Zieles:

15.g5-g6!	**f7xg6**
16.h4-h5	**g6xh5**
17.Th1xh5	**Sd7-f6**
18.Th5-g5	**Sc6-e5**
19.Dd2-g2	**Le7-f8**
20.f3-f4	**Se5-c4**
21.Lf1xc4	**b5xc4**
22.Sb3-d4	

Weiß erlangte eine starke Angriffsposition. Schwarz steht eine schwierige Verteidigung bevor.

Viele strategische Verfahren unterliegen einer exakten Systematisierung und erfordern ein ernstes Studium. Dabei darf man nicht vergessen, daß das Finden eines effektiven technischen Verfahrens eine schöpferische Sache ist! Diese Suche ist immer eng mit der Taktik verbunden, die einen großen Spielraum für die Phantasie und die Entstehung von neuen Verfahren eröffnet. Noch unlängst galt ein Positionsopfer oder der Erhalt von verschiedenartigem Material (zum Beispiel Dame gegen Turm, eine leichte Figur und einen Bauern) als eine Ausnahme von der Regel. Jetzt aber begegnen wir ihnen ständig.

Und noch ein wesentlicher Punkt. Bei weitem nicht immer können notwendige Verfahren für die Verwirklichung des Planes gefunden werden. Deshalb hängt der Wert einer strategischen Idee in vielem von der Möglichkeit ab, technische Verfahren für seine Verkörperung zu finden.

In der letzten Zeit wurde erneut das Interesse für die Variante *Löwenfisch – Lasker* in der Sizilianischen Verteidigung größer: 1.e4 c5 2.Sf3 Sc6 3.d4 cd 4.Sd4: Sf6 5.Sc3 e5 6.Sdb5 d6 7.Lg5 a6 8.Sa3 b5 9.Lf6: gf 10.Sd5 f5.

Lange Zeit galt diese Position für Schwarz aus allgemeinen positionellen Erwägungen heraus als unbefriedigend („das Loch“ auf d5, eine ganze Reihe von Bauernschwächen). Aber je mehr dieses Abspiel jetzt in der Praxis getestet wird, desto mehr bestätigen die Praxis und die konkrete Analyse, daß es sehr schwer ist, die Schwächen von Schwarz zu verbessern, wenn es überhaupt möglich ist. Es erweist sich, daß die Lage von Schwarz hier der allgemeinen positionellen logischen Einschätzung nach unbefriedigend sein soll, jedoch findet Weiß bei konkretem Herangehen keine Widerlegungsmittel. Und bei mangelnden technischen Verfahren für die Planverwirklichung bei Weiß kann Schwarz ein aktives Figurenspiel entwickeln.

Über typische Positionen

Manchmal wird der Plan zu einem Standard der Strategie. In der Schachsprache nennt man das ein Spiel in typischen Positionen. Als ein wesentliches äußeres Zeichen dieser Positionen kann das Bauerngefüge im Zentrum dienen, das gewissermaßen den weiteren Verlauf des Kampfes beeinflußt (zum Beispiel der zentrale isolierte Bauer, die Bauernkette mit einem Keil auf d5 oder e5).

Natürlich hat der Kampf in jeder Aufstellung mit einem typischen Gefüge seine eigenen individuellen Besonderheiten, aber gleichzeitig gibt es auch solche charakteristischen Züge, die von dem äußeren Umriß der Lage bestimmt werden und die Einschätzung erleichtern. Deshalb gestattet es die Kenntnis des allgemeinen Charakters des Kampfes bei diesem oder jenem Bauerngefüge im Zentrum, sich leichter zu orientieren und den Spielplan in jeder konkreten Position solcher Art aufzufinden.

Typische Positionen können nicht nur beim Übergang aus der Eröffnung ins Mittelspiel oder beim komplizierten Positionskampf mit Mittelspielcharakter entstehen. Die Entwicklung des Schachs zeigt, daß ihre Zahl wächst und nicht vom Stadium der Partie und der Anzahl der Kampfeinheiten auf dem Brett abhängt. Immer offensichtlicher wird auch die Tatsache, daß das Studium typischer Stellungen eine wichtige methodische Bedeutung hat. Ohne Kenntnis und richtiges Verständnis solcher Positionen ist keine Meisterschaft möglich.

Der Verfasser dieser Zeilen schenkte in seinem Buch „Grundlagen der Eröffnungstheorie" und in einigen anderen Arbeiten den typischen Eröffnungspositionen viel Aufmerksamkeit. Hier jedoch werde ich auf typische Situationen mit Endspielcharakter eingehen, die von der Praxis und der Analyse vor relativ kurzer Zeit „geboren" wurden. Wir werden am Beispiel der Abschlüsse verfolgen, wie typische Positionen im Endspiel entstehen, in denen ein Turm und ein Läufer gegen einen Turm und einen Springer bei Vorhandensein der Bauern an beiden Flanken kämpfen.

Fischer – Taimanow
(4. Partie des Kandidatenwettkampfes, Vancouver 1971)

Diagramm Nr. 73

Im schwarzen Lager gibt es keine auffallenden Schwächen, die Bauern sind fast symmetrisch aufgestellt. Aber der Kampf ist noch nicht beendet. Die schwarzen Figuren sind passiver disponiert und die weiße Tandemaufstellung „Turm und Läufer" erweist sich als sehr mobil.

24. . . . b7-b6?

Soweit spürt Schwarz, wie es scheint, keine Gefahr und läßt eine kaum merkliche, aber wesentliche Bauernschwächung zu. Es sei erwähnt, daß Schwarz es auch bei einer besseren Fortsetzung — 24. . . .Kd6 25.b4! (nicht aber 25.Lb7: Tb8 26.La6: Tb2: 27.Lc4 Tc2: 28.Lf7: c4 und das Schlimmste hat Schwarz hinter sich) nicht einfach hat, die Partie zu einem Remis zu bringen.

25.Lg2-f1 a6-a5
26.Lf1-c4 Th8-f8
27.Kg1-g2 Kd7-d6

28.Kg2-f3 **Sf6-d7**
29.Te5-e3 **Sd7-b8**
30.c2-c3 **Sb8-c6**
31.a2-a4

Obwohl es auf dem Brett wenig Figuren und viel Spielraum gibt, mangelt es Schwarz mit jedem Zug mehr an Raum.

31. . . . **Sc6-e7**
32.h2-h3 **Se7-c6**
33.h3-h4 **h6-h5**
34.Te3-d3† **Kd6-c7**
35.Td3-d5 **f7-f5**
36.Td5-d2 **Tf8-f6**
37.Td2-e2 **Kc7-d7**
38.Te2-e3 **g7-g6**
39.Lc4-b5 **Tf6-d6**
40.Kf3-e2 **Kd7-d8**
41.Te3-d3!

Weiß findet einen passenden Augenblick und tauscht die Türme ab. Jetzt ergibt sich ein Leichtfigurenabschluß, bei dem ein Läufer ein entscheidendes Übergewicht über den König demonstriert. Schwarz gelangt bald in Zugzwang, und Weiß vernichtet die gegnerischen Bauern durch ein Läuferopfer.

41. . . . **Kd8-c7**
42.Td3xd6 **Kc7xd6**
43.Ke2-d3 **Sc6-e7**

Anders entscheidet 44.Lc6:.

44.Lb5-e8 **Kd6-d5**
45.Le8-f7† **Kd5-d6**
46.Kd3-c4 **Kd6-c6**
47.Lf7-e8† **Kc6-b7**
48.Kc4-b5 **Se7-c8**
49.Le8-c6† **Kb7-c7**
50.Lc6-d5 **Sc8-e7**
51.Ld5-f7 **Kc7-b7**
52.Lf7-b3 **Kb7-a7**
53.Lb3-d1 **Ka7-b7**
54.Ld1-f3† **Kb7-c7**
55.Kb5-a6 **Se7-g8**
56.Lf3-d5 **Sg8-e7**

Schlecht ist auch 56. . . .Sf6 57.Lf7 Se4 58.Lg6: Sg3: 59.Kb5.

57.Ld5-c4 **Kc7-c6**
58.Lc4-f7 **Kc6-c7**
59.Lf7-e8 **Kc7-d8**
60.Le8xg6!

Nun kommt der entscheidende Akkord! Für einen Läufer bekommt Weiß drei Bauern. Und das Wichtigste: Der Springer mit seinen kurzen Sprüngen erweist sich als hilflos gegen die Bauern.

60. . . . **Se7xg6**
61.Ka6xb6 **Kd8-d7**
62.Kb6xc5 **Sg6-e7**
63.b2-b4 **a5xb4**
64.c3xb4 **Se7-c8**
65.a4-a5 **Sc8-d6**
66.b4-b5 **Sd6-e4†**
67.Kc5-b6 **Kd7-c8**
68.Kb6-c6 **Kc8-b8**
69.b5-b6

Schwarz gab auf.

Larsen – Uhlmann
(Kandidatenwettkampf,
Las Palmas 1971)

Diagramm Nr. 74

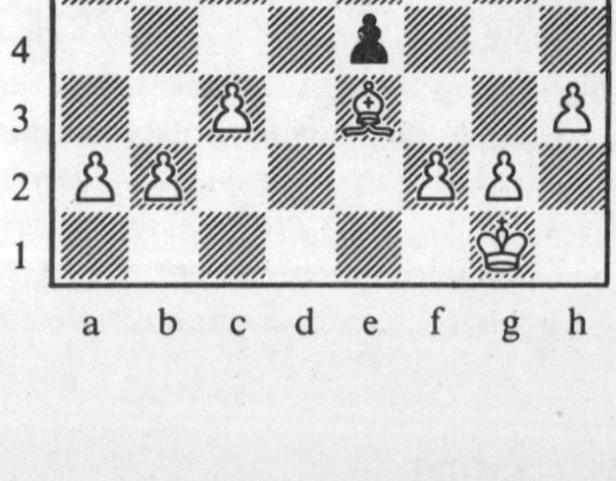

Wenn im vorausgegangenen Beispiel der Hauptplan von Weiß ein Spiel zur Einschränkung der Beweglichkeit der schwarzen Figuren war, so strebt Weiß hier, in einer offenen Situation, den Kampf an zwei Flügeln an, um letzten Endes die Bauernmehrheit am Damenflügel auszunutzen.

In der Partie folgte:

27.g2-g4!	**Sh5-f6**
28.Kg1-g2	**g7-g5**
29.Kg2-g3	**Sf6-e8**
30.h3-h4	**g5xh4†**
31.Kg3xh4	**Kh7-g6**
32.b2-b3	**f7-f5**
33.g4xf5†	**Kg6xf5**
34.Td8-d5†	**Kf5-g6**
35.Td5-h5	**Kg6-h7**
36.Kh4-g3	**Se8-g7**
37.Th5-c5	**Kh7-g6**
38.c3-c4!	**b5xc4**
39.Tc5xc4	

Die weißen Drohungen wachsen. Eine immer realere Kraft ist die weiße Bauernüberlegenheit am Damenflügel. Zugleich hat Schwarz jetzt drei „Bauerninseln“, die eine ernste Schwäche darstellen.

39. . . .	**Sg7-h5†**
40.Kg3-h4	**Sh5-f6**
41.Tc4-c5	**Te6-d6**
42.Tc5-a5	**Sf6-d5**
43.Le3-d2	**Kg6-f7**
44.Ld2-c1	**Td6-c6**
45.Lc1-d2	**Tc6-d6**
46.Kh4-h3	**Kf7-g7**
47.Ld2-c1	**Sd5-f6**
48.Lc1-f4	**Td6-c6**
49.Kh3-h4	**Kg7-g6**
50.b3-b4	**Sf6-g8**
51.a2-a3	**Tc6-f6**
52.Kh4-g3	**Sg8-e7**
53.Lf4-e5	**Se7-c6**
54.Le5xf6!	

Und hier trat der passende Augenblick ein, das Spiel in ein Leichtfigurenendspiel zu überführen, wo der weiße Läufer offenbar stärker als der schwarze Springer ist.

54. . . .	**Sc6xa5**
55.Lf6-d4	**Sa5-c4**
56.a3-a4	**Kg6-f5**
57.a4-a5	**Sc4-d6**
58.Ld4-c5	**Kf5-e5?**

Das führt zur sofortigen Niederlage. Zäher war 58. . . .Sb5.

59.Lc5xd6†!	**Ke5xd6**
60.Kg3-f4	**Kd6-d5**
61.b4-b5!	**a6xb5**
62.a5-a6	**Kd5-c6**
63.Kf4xe4	**b5-b4**
64.f2-f4	

Schwarz gab auf.

Diese modernen Beispiele klingen an den Epilog der 2. Partie des Matches um die Weltmeisterschaft *Aljechin – Euwe* (1937) an.

Diagramm Nr. 75

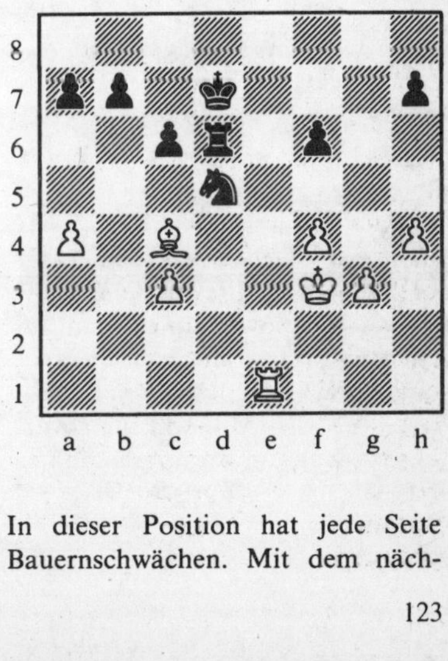

In dieser Position hat jede Seite Bauernschwächen. Mit dem nächsten Zug erzwingt Aljechin, der die weißen Steine führte, eine weitere Schwächung der schwarzen Bauern am Königsflügel, dem verwundbarsten Punkt des Gegners.

32.Lc4-d3! h7-h6
33.Ld3-f5† Kd7-d8
34.Kf3-g4!

Ein lehrreiches Manöver. Weiß achtet nicht auf eventuelle Bauernverluste an der Damenflanke, indem er ganz richtig annimmt, daß das Schicksal der Partie an der Königsflanke entschieden wird. Wenn jetzt 34. . . .Sc3: kommt, dann folgt 35.Kh5 Sa4: 36.Kh6: mit Gewinn.

34. . . . Sd5-e7
35.Lf5-b1 Kd8-e8
36.Kg4-h5

Ein entscheidendes Manöver. Der weiße König macht den Weg für die g- und h-Bauern frei, deren Bewegung auch den Ausgang des Kampfes entscheidet.

36. . . . Ke8-f7
37.Lb1-a2† Kf7-f8
38.Kh5xh6 Td6-d2

Auch nach 38. . . .Sf5† 39.Kg6 Sg3: 40.f5 gewinnt Weiß leicht.

39.La2-e6 Td2-d3
40.g3-g4 Td3xc3
41.g4-g5

Schwarz gab auf.

Und jetzt machen wir den Leser auf zwei Ausschnitte aus dem Schaffen von Karpow aufmerksam. Im ersten Fall (Diagramm Nr. 76) verstärkte Weiß folgerichtig den Druck, indem er die Möglichkeiten von Schwarz Zug um Zug einschränkte.

45.f4-f5! Kd6-e5
46.f5xg6 f7xg6
47.Tb3-b4 Ta1-e1

Karpow – Debarno
(Las Palmas 1976)

Diagramm Nr. 76

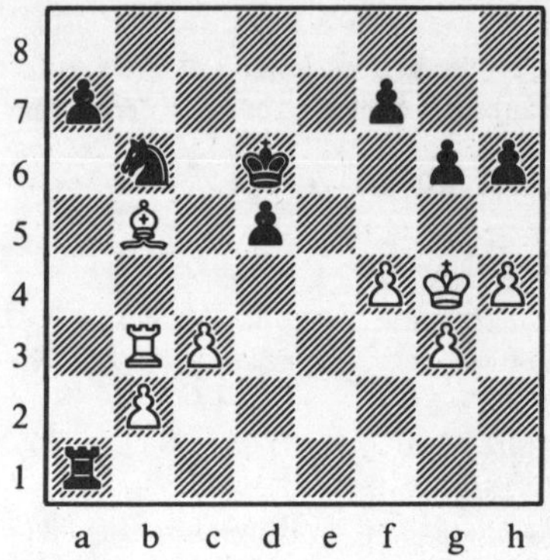

48.Lb5-d3 Ke5-f6
49.Tb4-f4† Kf6-g7
50.Kg4-f3 Te1-e5

Zweckmäßiger wäre es, den Turm auf der sechsten Reihe zu halten.

51.Tf4-b4! Te5-e7
52.Tb4-b5

Es reift die Drohung Tb5-c5-c6 heran.

52. . . . Te7-c7
53.Kf3-e3 Kg7-f6
54.Ke3-d4 g6-g5
55.h4xg5† h6xg5
56.Tb5-a5 Kf6-e6
57.b2-b3 Ke6-f6
58.Ta5-a1 Sb6-d7
59.Ta1-a5 Sd7-b6
60.g3-g4! Kf6-e6
61.c3-c4! d5xc4
62.b3xc4 Tc7-d7†
63.Kd4-c3 Td7-g7
64.Ld3-f5† Ke6-f6
65.Kc3-d4 Tg7-e7
66.c4-c5! Te7-e5

67.Lf5-e4	**Sb6-d7**
68.Ta5-a6†	**Te5-e6**
69.Ta6xe6†	**Kf6xe6**
70.Le4-f5†	**Ke6-e7**
71.c5-c6	

Schwarz gab auf.

Und im nachstehenden Beispiel schloß Karpow trotz der sehr beschränkten Zahl des Materials das Spiel mit einer wirkungsvollen Mattattacke ab.

Karpow – Pomar
(Olympiade Nizza 1974)

Diagramm Nr. 77

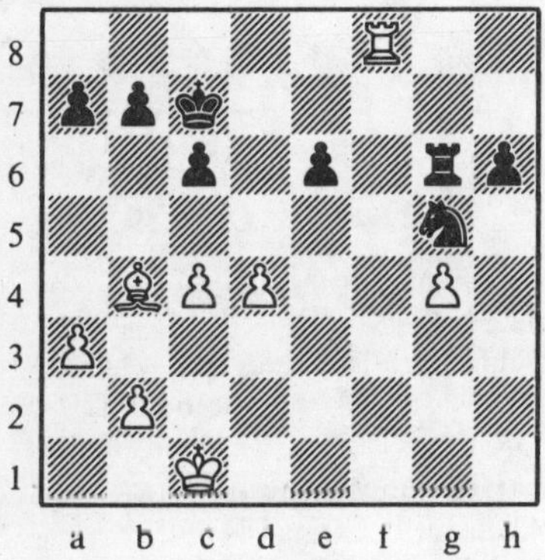

Im schwarzen Lager gibt es empfindliche Bauernschwächen auf e6 und h6. Aber das verwundbarste Objekt des Angriffs ist wohl sein König.

Es folgte:

35.Lb4-a5†!	**b7-b6**
36.La5-d2	**Sg5-e4**
37.Ld2-f4†	**Kc7-b7**
38.Tf8-f7†	**Kb7-a8**
39.Tf7-f8†	**Ka8-b7**
40.b2-b4	**Tg6xg4**
41.Tf8-f7†	**Kb7-a8**
42.Kc1-c2	**h6-h5**
43.a3-a4!	**h5-h4**
44.Kc2-d3	**Se4-g5**
45.Tf7-f8†	**Ka8-b7**
46.Tf8-b8†	**Kb7-a6**
47.Lf4-d2	**Tg4-g3†**
48.Kd3-c2	

Schwarz gab auf.

Betrachten wir auch Situationen, wo im Kampf verschiedenartiger leichter Figuren von jeder Seite je zwei Türme mitwirken. In diesem Fall werden die Erfolgsaussichten durch eine direkte Attacke auf den König höher.

Diagramm Nr. 78

Diese Position ergab sich in der 7. Partie des Kandidatenwettkampfes *Fischer – Petrosjan* (1971). Durch den vorausgegangenen Zug 21. . . .Lc8-d7 entwickelte Schwarz seinen schwer zu bewegenden weißfeldrigen Läufer. Ich war unmittelbarer Zeuge dieses Duells und, ehrlich gesagt, nicht wenig überrascht, als Fischer beinahe, ohne zu denken, seinen Stolz — den Springer c5 — gegen einen „schlechten" Läufer abtauschte:

22.Sc5xd7!

Aber bald wurde mir klar, daß der von Fischer gewählte Weg nicht schablonenhaft, sondern der wirksamste war. Es handelt sich nicht nur darum, daß nach 22. . . .Lb5 der Läufer sich in einen guten zu verwandeln „drohte", und auf 22.a4 hatte Schwarz eine scharfsinnige Erwiderung parat: 22. . . .Lc6. Es scheint mir, daß etwas anderes noch wichtiger ist: Fischer begriff schnell, daß das Ensemble seiner Figuren (zwei Türme und ein Läufer) reale Voraussetzungen für einen Angriff auf den schwarzen König schafft, dem der Partner nichts entgegenstellen kann.

In der Partie folgte:

22. . . .	**Ta7xd7**
23.Ta1-c1	**Td7-d6**
24.Tc1-c7	**Sf6-d7**
25.Te5-e2	**g7-g6**
26.Kg1-f2	**h7-h5**
27.f3-f4	**h5-h4**
28.Kf2-f3	**f7-f5**

Diese Vorstöße der Bauern verstärken lediglich die weiße Attacke. Aber Schwarz hatte keine nützlichen Züge mehr.

29.Kf3-e3	**d5-d4†**
30.Ke3-d2	**Sd7-b6**
31.Te2-e7	**Sb6-d5**
32.Te7-g7†	**Kg8-f8**
33.Tc7-b7	**Sd5xb4**
34.Ld3-c4	

Schwarz gab auf.

Zum Schluß noch ein interessantes Endspiel aus der Praxis von Fischer, in dem ein Trio weißer Figuren seine Anstrengungen auf das Erreichen eines Freibauern richtete.

Fischer – Taimanow
(Palma de Mallorca 1970)

Diagramm Nr. 79

41.Te5-b5	**Td7-d4**
42.c4-c5!	

Schlechter ist 42.h5 g5! 43.c5 Te8 44.cb g4 45.b7 gf 46.b8D f2! 47. Dg3† Sg4 48.Tc1 Te3 und Schwarz hat Rettungschancen.

42. . . .	**Td4xh4†**
43.Kh1-g1	**Th4-b4**
44.Tb5xb4!	

Ein weiterer feiner Zug. Nach 44.Tb3? Tb3: 45.Tb3: Sd7 46.c6 Se5 47.Ld5 Tc8 kann Schwarz ohne weiteres mit einem Remis rechnen.

44. . . .	**a5xb4**
45.Tc3-c4	**b6xc5**

Es rettet nicht 45. . . .Sd7 46.c6 Sc5.

46.Tc4xc5	**Kg8-g7**
47.a4-a5	**Tb8-e8**
48.Tc4-c1!	**Te8-e5**

49.Tc1-a1	**Te5-e7**
50.Kg1-f2!	**Sf6-e8**
51.a5-a6	**Te7-a7**
52.Kf2-e3	**Se8-c7**
53.Lf3-b7	**Sc7-e6**
54.Ta1-a5	**Kg7-f6**
55.Ke3-d3	**Kf6-e7**
56.Kd3-c4	**Ke7-d6**
57.Ta5-d5†	**Kd6-c7**
58.Kc4-b5	

Schwarz gab auf.

Wollen wir einige Ergebnisse auswerten. Natürlich sind ein Turm und ein Läufer (oder zwei Türme und ein Läufer) nicht immer stärker als eine ähnliche Gruppe mit einem Springer. In geschlossenen Positionen kann die Situation auch umgekehrt sein. Wir betrachteten hauptsächlich Positionen mit einem offenen Zentrum, in denen der Springerbesitzer die Initiative hatte. Es ist nützlich, das Verfahren, solche Positionen (sowie auch andere typische Situationen) auszuspielen, im Gedächtnis zu behalten. Die Praxis bringt sehr schnell neue typische Positionen hervor. Bei ihrer Analyse ist es wichtig, zu lernen, Verallgemeinerungen zu machen und sich die für die gegebene Situation kennzeichnendsten Kampfverfahren zu merken.

2. Kapitel Intuition und Risiko im Schach

In diesem Kapitel möchte ich auf einige wichtige Fragen eingehen, die sich auf die Herausbildung des schachlichen Könnens beziehen. Wie schon festgestellt wurde, sind das A und O dabei die Anerziehung eines konkreten Denkens, das Elemente der Strategie und Taktik harmonisch miteinander verbindet. Meine Übersicht beginne ich mit der Betrachtung der Probleme der Intuition, die beim Verstehen des schachlichen Denkens sowohl eine praktische als auch eine philosophische Bedeutung haben.

Die Rolle und die Besonderheiten der Intuition im schachlichen Schaffen

Kaum jemand wird die wichtige Rolle der Intuition im schachlichen Denken verneinen. Jeder leidlich erfahrene Spieler weiß aus eigener Erfahrung, daß man in schwierigen Situationen, die der logischen Bewertung und Berechnung nicht zugänglich sind, nicht genau begründete, intuitive Entscheidungen regelmäßig zu treffen hat. Manchmal führen sie in die Irre und sind der realen Lage nicht angemessen. Aber manchmal erweisen sie sich als erstaunlich tief und stichhaltig.

In der Schachliteratur sind die mit der Intuition zusammenhängenden Fragen bisher nur ungenügend beleuchtet worden. Es gibt fast keine ernst zu nehmenden Versuche, ein durchdachtes System aufzustellen und die reichen praktischen Erfahrungen zu verallgemeinern.

Selbstredend ist diese Problematik sehr verwickelt, besonders in ihrem philosophischen Teil. Uns scheint, sie läßt sich am besten erhellen, wenn man eine Brücke von den bekannten allgemeinphilosophischen Vorstellungen über die Intuition zu den schachlichen Besonderheiten dieses Begriffs schlägt.

Intuition (lat.: unmittelbares Erfassen) ist die Fähigkeit, die Wahrheit unmittelbar zu finden — gleichsam plötzlich und ohne Zuhilfenahme logisch entwickelter Schlußfolgerungen oder wissenschaftlicher Erkenntnisse; die innere „Erleuchtung", die Klarheit des Gedankens, die das Wesen der zu untersuchenden Frage aufdecken. So wird der Begriff Intuition in den Wörterbüchern definiert.

In früheren Philosophien ist die Intuition häufig vom logischen Denken losgelöst und manchmal höher bewertet worden. So hielt z. B. Spinoza die Intuition für die höchste Art der Erkenntnis. Descartes bewertete die Intuition höher als die Deduktion. Er schrieb: „Unter Intuition verstehe ich nicht den Glauben an einen unbeständigen Gefühlsausbruch und nicht trügerische Überlegungen einer unordentlichen Einbildung, sondern den Begriff eines klaren und aufmerksamen Verstandes, der so einfach und deutlich ist, daß er keinen Zweifel daran läßt, daß wir denken . . . und dank seiner Einfachheit ist er glaubwürdiger als die Deduktion selbst".

Die Philosophie des dialektischen Materialismus lehnt diese Form der Erkenntnis gar nicht ab. Sie betrachtet sie als Fähigkeit des Gehirns, beim Prozeß der Wahrheitsfindung „Sprünge" zu machen.

Der prinzipielle Unterschied in dieser Frage besteht darin, daß die dialektische Methode die Intuition auf der Grundlage der bereits gesammelten Erkenntnisse und Erfahrungen betrachtet. Intuition ist ohne sinnliche und logische Wahrnehmung undenkbar und stellt sich nur ein, wenn bestimmte konkrete Fakten gegeben sind, die durch Erfahrung und Analyse gewonnen wurden. Der intuitiv geborene Gedanke unterliegt der logischen Kontrolle, wobei er mit anderen Ideen hinsichtlich der zu studierenden Erscheinung verglichen wird.

Zugleich sind schöpferische Prozesse ohne Intuition unvorstellbar. Das wird immer mehr durch die Entwicklung der modernen Wissenschaft und Praxis bestätigt. Der bekannte Physiker Louis de Broglie sagte: „Die Wissenschaft, die im Grunde genommen ihren Grundlagen und Methoden nach rational ist, kann die bedeutendsten Errungenschaften nur durch gefährliche, unvermutete Gehirnsprünge verwirklichen, wenn sich die von den schweren Fesseln der strengen Überlegungen befreiten Fähigkeiten offenbaren, die Einbildung, Intuition und Scharfsinn genannt werden".

Meiner Meinung nach spiegeln die Worte des Gelehrten auch sehr genau die verborgenen Seiten des schachlichen Denkens wider. Die Intuition eines praktizierenden Spie-

lers ist in ihrer Grundlage und ihren Erscheinungsformen den oben angeführten allgemeinen Prinzipien entsprechend. Aber es gibt einige wesentliche Besonderheiten.
In erster Linie ist das Schöpfertum eines Schachspielers mit harter Zeitkontrolle verbunden. Ein Schachspieler kann nicht, im Gegensatz zu einem Kunstmaler oder Dichter, auf den Eintritt der Begeisterung warten. Seine Meisterschaft offenbart sich allein im Spielprozeß. Es gibt aber auch eine andere Zeitdimension. Die Intuition beginnt sehr häufig in schweren, genau bestimmten Augenblicken des praktischen Kampfes zu funktionieren. Der Spieler fühlt, daß der Augenblick zum Handeln eingetreten ist, wenn man sich zum Beispiel zu einem Opfer entschließen, eine Konterattacke u. ä. beginnen muß. Dabei kann von genauer Berechnung oder logischer Einschätzung keine Rede sein. Deshalb muß das Denken eines Spielers einen großen Willenselan und emotionelle Färbung besitzen. Übrigens erfordert auch die Variantenberechnung, die stets mit schöpferischer Phantasie zusammenhängt, dieselben Eigenschaften.
Heutzutage, da das sportliche Element im Schach weiter anwächst, vermitteln führende Spieler die Geheimnisse ihres Denkens nur ungern. Aber gerade in den Fragen der Intuition ist eine maximale Offenheit notwendig. Ich habe sogar den Eindruck, als ob sich einige unserer großen Meister ihrer intuitiven Lösungen schämen und sich bei der Analyse ihrer Partien in der Presse Mühe geben, sie zu verschleiern, indem sie, der Wahrheit zuwider, ihre Vorhaben durch die Kunst der Berechnung oder einer weiten bewußten Voraussicht erklären. Wie schade! Die intuitive Fähigkeit ist eine der wertvollsten Eigenschaften des schachlichen Denkens.
Ich bin sicher, daß viele originelle und tiefgreifende Vorhaben im Augenblick der Höchstspannung der Kräfte intuitiv entstehen. Ihre „Zufälligkeit“ ist rein äußerlich. Im Grunde genommen erfolgen sie gesetzmäßig. Erfahrungen solcher Art zu vermitteln ist nicht anstößig, sondern im Gegenteil sehr nützlich und lehrreich. In diesem Zusammenhang möchte ich dem Leser zur Beurteilung einen Fall aus der eigenen Praxis anbieten.

Suetin – Bagirow
(31. UdSSR-Meisterschaft 1963)

Diagramm Nr. 80

Mit seinem vorangegangenen Zug (17. . . .Le7-d6) scheint Schwarz

eine Figurenattacke von Weiß am Königsflügel zu verhindern. Jetzt ist 18.Tf6: Le5: 19.Tc6: Db2:! wenig anziehend.
Was tun? Zu Vereinfachungen wollte ich nicht greifen. Und hier zog mich das Damenopfer an, bezauberte mich gleichsam. Fieberhaft berechnete ich Varianten. Die Uhrzeiger bewegten sich unerbittlich vorwärts, aber die Berechnungen wurden immer komplizierter. Es blieb mir nur die Möglichkeit, mich mit einem Remis zufriedenzugeben oder auf die Intuition zu verlassen und etwas zu riskieren.

18.Dg3xg7†!?!

Anläßlich dieses Moments schrieb Tal in seinen Kommentaren: „Zweifellos ist das der stärkste Zug. Natürlich gewinnt dieses Opfer nicht forciert, es ist wahrscheinlich sogar überhaupt für den Gewinn unbedeutend, und doch kann man gegenüber solchen Opfern nicht gleichgültig bleiben".

18. . . . Kg8xg7

19.Le5xf6†

Nun war auch für meinen Partner die Zeit zum Nachdenken gekommen. Wie sich später herausstellte, war das wohl der entscheidende Augenblick des Kampfes. Den König auf h6 oder g6 zurückziehen? Bagirow überlegte eine ganze Stunde lang und zog ebenfalls eher intuitiv:

19. . . . Kg7-h6

Mit den ersten Analysen war es nicht gelungen, einen Unterschied zwischen diesem Zug und 19. . . . Kg6 festzustellen. Als jedoch die Turnierleidenschaften nachgelassen hatten, zog Liliental in den Kommentaren zu dieser Partie („Schach in der UdSSR", Heft Nr. 4, 1964) die Richtigkeit des Damenopfers gerade wegen 19. . . .Kg6! in Zweifel.
Jetzt wird 20.Ld3 durch den Zug 20. . . .Le7! pariert. Leider rissen an dieser Stelle bei Liliental und anderen Kommentatoren die Analysen ab. Nicht ohne Interesse ist die Variante 21.Le7: Td3: 22.Tg5† Kh6 23.cd Te8! (nicht aber 23. . . . Db2: 24.h4 Da1:† 25.Kh2 oder 24.Tf1 Dc3: 25.h4 und dem schwarzen König droht überall Matt) 24.Lf6 Te6! Der weiße Angriff erschöpft sich.
Der Hauptkampf entfaltet sich im Falle von 19. . . .Kg6 20.Taf1 De3 21.Ld3 Kh6!
Jetzt erreicht das von Tal empfohlene 22.Sd1 Dd2 23.T5f2 (auf 23.Sf2 folgt 23. . . .Tg8) wegen 23. . . .Df2:! das Ziel nicht. Nach 24.Tf2: Tde8 25.Lc3 f5! hat Schwarz Vorteil.
Interessant ist die Variante 22.Ld8: Td8: 23.Tf7: Td7 24.Sd5! (24.T1f6† Kg5 25.Tf5† Kh4!). Auf 24. . . . Tf7:? folgt jetzt 25.Se3:, und im Falle von 24. . . .Dd2 25.T1f6† Kg5 26.Tf5† Kg4 27.Td7: Ld7: 28.Sf6† Kh4 29.Th5#.
Wenn aber 24. . . .Dg5, dann 25. T1f6† Kh5 26.Le2†! Kh4 27.g3† Lg3: 28.hg† Dg3: 29.Tf4†, und Weiß hat ein gesichertes Remis.
Das Vorhaben von Weiß wird jedoch durch einen Gegenschlag vereitelt:: 24. . . .Ld5: 25.Td7: Lg2:† 26.Kg2: Dg5† 27.Kf3 Df4† usw.
Nach 24. . . .Ld5: kann Weiß zu-

nächst 25.T1f6† Kg5 26.Tf5† Kh4 und erst dann 27.Td7: spielen. Aber auch hier muß Schwarz nach 27. . . . Dc1† 28.Tf1 Lg2:†! oder 28.Lf1 Lg2:† 29.Kg2: Dc2:† siegen.

Und schließlich, im Falle von 22.Ld8: Td8: 23.Tf6† muß Schwarz mit dem König auf g7 zurückziehen, und wenn 24.Tf7:†, dann 24. . . . Kg8 25.Lh7:† Kh8.

Das materielle Gleichgewicht gereicht Schwarz zum Vorteil. Eingehender ist diese Analyse von mir im Beitrag „Zum Damenopfer zurückkommend" („Schach in der UdSSR", Nr. 2, 1965) dargelegt.

Nun zeigt die Analyse, daß Schwarz den Angriff abwehren und die Richtigkeit des Opfers in Zweifel ziehen konnte. Jedoch sind das praktische Spiel und die häusliche Analyse eben nicht ein und dasselbe.

Solche Rätsel besitzen eine interessante Eigenschaft: sie sind einfach, wenn sie . . . gelöst sind. Im Spielprozeß, wo man unter den Bedingungen des Zeitzwanges bei jedem Zug komplizierte Probleme zu lösen hat, ist alles viel schwieriger.

Für Schwarz erwies sich das Damenopfer vor allem als ein unangenehmer psychologischer Schlag. Und auch später fühlte sich Bagirow offensichtlich nicht ganz wohl in seiner Haut.

20.Ta1-f1!

Es droht 21.Th5† Kg6 22. Th4 mit den unwiderlegbaren Drohungen 22.Lh5† und 22.Ld3†.

20. . . . Db6-e3

Beachtenswert war 20. . . .Le7, wonach Weiß entweder ein Remis forcieren: 21.Th5† Kg6 22.Tg5†, oder in scharfem Stil fortfahren könnte: 21.Le7: f6! 22.Lf6: Tf6: 23.Tf6:† Kg7 24.Tf7† Kh8 25. Ld3 usw.

21.Tf5-h5† Kh6-g6

22.Th5-h4! Ld6-f4!

Die einzige Verteidigung gegen ein Matt.

23.Th4xf4

23.Tff4: scheint sehr stark zu sein, jedoch hat Schwarz eine ernste Erwiderung: 23. . . .Dc1†, und wenn 24.Lf1, so folgt 24. . . .h5! 25.Se2 Dc2:.

23. . . . h7-h5

Eine andere Verteidigung gegen 24.Tg4† oder 24.Th4 gibt es nicht. Auf 23. . . .Dh3 könnte 24.Se4! folgen.

24.Lf6xd8 Tf8xd8

25.Le2-d3† Td8xd3

Bereits unter Zeitdruck spielend, findet Bagirow eine bessere Verteidigung. Gefährlich ist 25. . . . Kg7 26.Tf7:† Kg8 27.Lc4 Kh8 28. T7f5 Le8 29.Sd5, und Schwarz ist gezwungen, die Qualität herzugeben. Auf 29. . . .Dd2 folgt 30.Tf8† Kg7 31.Sc7 Lc6 32.T8f2, und Weiß gewinnt. Schlecht ist auch 29. . . . Dc5 30.b4 Dd6 31.Tf6† De5 32. Tf8† usw.

26.c2xd3 De3xd3

27.Tf4-f6† Kg6-g5

28.Tf6xf7 h5-h4

Hier konnte ich ein Remis forcieren, indem ich 29.T7f5† spielte, aber die Stellung von Weiß ist objektiv gesehen bereits besser.

29.Kh1-g1 Dd3-e3†

30.Tf7-f2 Kg5-h5

Ein entscheidender Fehler, Rettungschancen ließ 30. . . .h3! 31. gh Lf3.

31.Sc3-e2!	**Kh5-h6**
32.Se2-f4	**a7-a5**
33.Tf1-d1	**a5-a4**
34.h2-h3	**Kh6-h7**
35.Sf4-d5	**De3-c5**
36.Sd5-f6†	**Kh7-g7**
37.a2-a3	**Kg7-g6**
38.Sf6-g4	**Kg6-h7**
39.Td1-e1	**Dc5-d6**
40.Sg4-e3	**Kh7-g6**
41.Se3-f5	

und Weiß verwertete erfolgreich seinen Vorteil.

Es ist schwer, den Seelenzustand wiederzugeben, der mich ab dem Entschluß, die Dame zu opfern, erfaßt hatte. Es waren sowohl freudvolle schöpferische Aufregung als auch Genugtuung und Stolz. Denn im Grunde genommen, übernahm ich die Lösung der „Superaufgabe"!

Die geglückte intuitive Suche wird in der Regel von „heißen" positiven Emotionen begleitet.

Und noch eine interessante Beobachtung. Ich bemerkte oft, wie intuitive Entscheidungen ziemlich rasch getroffen werden. Es ist, als ob man ein hohes Hindernis vor sich hat, das man nehmen will. Und es kommt der Zustand, daß man nicht an das Risiko denkt, die Zweifel zum Schweigen bringt und kühn die „Barriere" übersteigt.

Natürlich sind die echten intuitiven Lösungen letzten Endes mit emotionellen Willensimpulsen verbunden. Dabei gehen der intuitiven Suche die logische Analyse und das Berechnen der Varianten voraus. Die intuitive Suche kommt in jenen komplizierten Fällen zu ihrem Recht, in denen die logischen Überlegungen und Variantenberechnungen allein nicht ausreichen, um in die Geheimnisse der Position einzudringen. Dennoch sind diese die Voraussetzung für die zu fällenden Entscheidungen. Und plötzlich setzt die Intuition ein, in der sich — wie im Brennpunkt — die gesamte Erfahrung des Spielers konzentriert. Gleich einem Spiegel reflektiert die Intuition das tatsächlich vorhandene Schachverständnis. Bei der praktischen Lösung der vor dem Spielenden stehenden Aufgaben trägt die intuitive Suche ihrem Wesen nach vor allem Problemcharakter und ist mit einem nicht geringen Risiko verbunden. Manchmal stellt sie sich nicht das Ziel, die Probleme vollständig zu lösen, sondern will lediglich den aussichtsreichsten Spielweg „vorausahnen" oder auf alle Fälle die Aufstellung neuer origineller, praktisch schwer lösbarer Aufgaben bestimmen.

Das schachliche Schaffen kann nur durch unaufhörliches Entstehen neuer Ideen und Probleme existieren. Im Gegenteil, ihre endgültige analytische Lösung — auch wenn sie die schönsten Formen annimmt — führt zur Vergrößerung der Zahl von „Gedenktafeln" in der Schachtheorie. Besonders einprägsam zeigte sich das in der Entwicklungsgeschichte vieler alter Eröffnungsvarianten. Unabhängig von ihrer konkreten Einschätzung, die Remis oder ein offensichtliches Übergewicht einer der Seiten bedeutet, hörten sie auf zu existieren.

So spielen nun im Prozeß des

schachlichen Schaffens die intuitiven Entscheidungen eine ebenso bewegende und fortschrittliche Rolle wie in der Wissenschaft und in der Kunst. Sie gestatten, neue Probleme zu stellen und zu entdecken, die auch das Wesen des Schaffens sind.
Unsere Betrachtung über die Intuition im Schach setzen wir am nachstehenden Beispiel fort.

Walijew – Suetin
(Minsk 1964)

Diagramm Nr. 81

Diese Partie kam in der letzten Runde des Halbfinales der Landesmeisterschaft zustande. Ich mußte im Hinblick auf den Turnierstand — zum wievielten Male wohl schon! — auf Gewinn spielen und durfte unter keinen Umständen verlieren. Ich glaube, der Leser begreift meinen Zustand, als ich in der Diagrammstellung eine schwierige Kombination entdeckte, die äußerst riskant war. Die sportlichen Bedenken zerstreuend, folgte ich doch meiner Intuition und spielte:

21. . . . Sf5xd4!

Wie sich nach dem nächsten Zug herausstellt, ist das Hauptangriffsziel die verborgene Schwäche von Weiß — der Punkt g2!

22.Lc5xd4 Ld5xg2!

Die Pointe des Vorhabens von Schwarz! Der Nachziehende macht sich das Gedränge der weißen Figuren zunutze und fällt über den König her.
Wie soll sich Weiß jetzt verhalten? Im Falle von 23.Kg2: folgt 23. . . . Dg4† 24.Kf1 Td4: 25.Le2 (Das ist die beste Verteidigung. Schnell verlöre Weiß im Falle von 25.Sc5 Tf4! oder 25.b3 Dh3†) 25. . . .De4! 26.Lf3 Td1:† 27.Td1: Da4: 28.Dc6: Dc6: 29.Lc6: Tc8 und Schwarz hätte eine Gewinnstellung.

23.Ld4xg7

Wahrscheinlich bestand die verhältnismäßig bessere Verteidigung in 23.Le2 Ld4: 24.Kg2: Lc3: 25. Td7: Td7: 26.bc! Td2 27.Lf3 Tc8. Auch in diesem Fall ist die Stellung für Schwarz vorteilhaft, aber es wäre ihm nicht leichtgefallen, ein Übergewicht zu realisieren.

23. . . . Dd7-g4

24.f2-f3

Jetzt ist Weiß zwangsläufig verloren. Zäher wäre 24.Le5, wonach eine der Hauptvarianten der Kombination von Schwarz entstehen könnte: 24. . . .Lh3† 25.Lg3 Df3 26.Lf1 Dd1: 27.Td1: Td1: 28.Dd3! Td3:! 29.Ld3: Td8 30.Sc5 Td5 31. b4 a5 32.a3 ab 33.ab Td4. Obwohl dieses Endspiel bestimmt für Schwarz vorteilhaft ist, hätte es großer Anstrengungen bedurft, das

Übergewicht zur Geltung zu bringen.

Während des Kampfes drang ich immer tiefer in den rein konkreten Gehalt des Spiels ein und hielt mich an die genaue Berechnung.

24. . . . Lg2xf3†
25.Kg1-f2 Lf3xd1
26.Sa4-c5

Die Kombination des Gegners hat Weiß so aus der Fassung gebracht, daß er versäumt, seine taktischen Reserven wahrzunehmen. Mehr „Schwindelchancen“ hätte ihm 26.Td1: geboten. Danach wäre beispielsweise 26. . . .Dd1:? wegen 27.Lh6! f6 28.Dc4† Kh8 29.Df7 Tg8 30.De7:! verfehlt gewesen. Richtig ist 26. . . .f6 27.Lf6: ef 28.Dc4† Dc4: 29.Lc4:† Kg7 30. Td8: Td8: 31.Ke3 f5! und Schwarz gewinnt das entstandene Endspiel.

26. . . . f7-f6
27.Lg7xf6

27.Lh6 Dh4† 28.Kf1 Dh6: 29.Td1: Dh2: hätte keine Rettung gebracht, da Schwarz, im Besitz des materiellen Vorteils, den Angriff fortsetzt.

27. . . . e7xf6
28.Ld3-c4† Kg8-g7
29.Sc5-e6† Kg7-h6
30.Dc3xf6

Beide Könige sind überall Matt ausgesetzt. Jetzt entscheidet die Zugfolge . . .

30. . . . Td8-d2†
31.Kf2-e3 Td2-e2†
32.Lc4xe2 Dg4xe2†
33.Ke3-f4

Natürlich nicht 33.Kd4, wegen 33. . . .Db2:†.

33. . . . De2xh2†
34.Kf4-e4 Dh2-e2†
35.Ke4-f4 De2-f2†
36.Kf4-e5 Df2xb2†
37.Se6-d4 Ta8-e8†

Der Schluß ist erzwungen!

38.Ke5-d6 Db2-b8†
39.Kd6-c5 Te8-e5†
40.Kc5-c4 Ld1-e2†
41.Sd4xe2 Db8-b5†
42.Kc4-c3 Te5-e3†

Weiß gab auf.

Wie wir gesehen haben, ist die Intuition eng und untrennbar mit den wichtigsten Komponenten des Denkens verflochten, dessen integrierender Bestandteil sie ist. Das Spektrum intuitiver Ideen ist außerordentlich breit und umfaßt sowohl kombinatorische wie auch positionelle Formen der Schachkunst. Oben wurden Beispiele der Intuition kombinatorischen Charakters angeführt. Wollen wir jetzt ein Beispiel der positionellen Intuition betrachten. Der Leser kann sich davon überzeugen, daß beide Arten gar nicht so weit auseinander liegen.

Diagramm Nr. 82

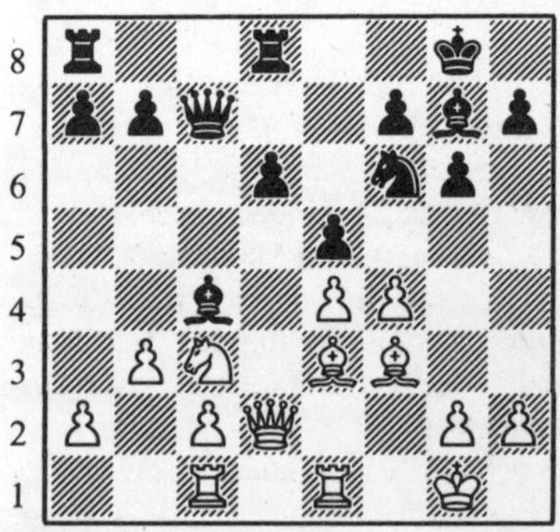

Die Stellung ergab sich in der Partie *Rauser – Botwinnik* (8. Meisterschaft der UdSSR, 1933).

Schwarz zog 16. . . .d6-d5!, womit er ein umfassendes strategisches Spiel im Zentrum einleitete. Diese Entscheidung ist in erster Linie intuitiv, obwohl sie in konzentrierter Form tiefstes Positionsverständnis widerspiegelt und sich auf genaue Berechnung stützt. Dennoch lassen sich derlei Züge nicht bis zum Ende durchrechnen. Hierzu bedarf es außerdem schöpferischen Elans, der über die Grenzen gewöhnlicher Denkschemata hinausgeht und viel Konzentration erfordert.

In der Partie geschah weiter:

17.e4xd5 e5-e4

18.b3xc4

Aufschlußreich sind auch folgende Varianten:

1. 18.Le4: Se4: 19.Se4: Ld5: 20. Dd3 Dc6 21.Lf2 Te8;

2. 18.Se4: Sd5: 19.Kh1 Se3: 20. De3: Ld4 21.Dd2! Lb2 22.Db4 Lc1: 23.Sf6† Kh8! 24.Dc3 Ld2 25.Db2 Le6! 26.Sd5† Lc3 27. Sc3: Kg8 28.Se4 Df4: 29. Sf6† Kf8 mit Vorteil für Schwarz.

(Analyse von A. Becker)

18. . . . e4xf3

19.c4-c5 Dc7-a5

20.Te1-d1

Das führt zum Zusammenbruch. Nötig war 20.Dd3!, worauf Schwarz 20. . . .b6! 21.cb ab (oder 21.gf bc) spielen mußte und für den Bauern aussichtsreiches Gegenspiel bekommen hätte.

20. . . . Sf6-g4!

21.Le3-d4

Etwas besser war 21.Se4, obgleich Schwarz nach 21. . . .Dd2: 22.Ld2: Ld4† 23.Kh1 fg† 24.Kg2: Td5: ebenfalls gute Gewinnchancen hat.

21. . . . f3-f2†

22.Kg1-f1

Auf 22.Kh1 wäre 22. . . .Td5:! 23.Sd5: f1D†! usw. geschehen.

22. . . . Da5-a6†

23.Dd2-e2 Lg7xd4

24.Td1xd4 Da6-f6!

25.Tc1-d1 Df6-h4

26.De2-d3 Td8-e8

27.Td4-e4 f7-f5!

28.Te4-e6 Sg4xh2†

29.Kf1-e2 Dh4xf4

Weiß gab auf.

Bis jetzt wurden Beispiele angeführt, die die Kraft der intuitiven Entscheidungen (jedenfalls ihre glückliche Rolle beim Ausgang des Kampfes) demonstrierten. Am Beispiel der Partie *Suetin – Bagirow* haben wir gesehen, mit welchem objektiven Risiko derartige Experimente manchmal verbunden sind. Jetzt aber möchte ich von einer mißlungenen Erfahrung berichten.

Diagramm Nr. 83

Auf dem Diagramm ist die Stellung aus der Partie *Suetin – Kusmin* (Sotschi 1970) zu sehen.

Weiß hatte einen einfachen Plan: 21.a4 Db8 22.Da3 und weiter b2-b4, was ihm die Möglichkeit gab, seine Position zu verstärken, ohne sofort zu außerordentlichen Maßnahmen zu greifen. Ich ließ mich jedoch zu einem Qualitätsopfer hinreißen. Ich gestehe offen, daß ich — als ich mir den Zug 21.Td6:!? überlegte — gewisse Ergebnisse mittels Berechnung nicht erreichen konnte und die Entscheidung eher intuitiv traf. Es war lediglich klar, daß Weiß für die Qualität zwei Bauern erhalten würde, obgleich die schwarzen Figuren merklich aktiver wurden. Vorgreifend kann ich bemerken, daß die Intuition im Prinzip nicht versagte. Schlimm war etwas anderes.

In dem darauffolgenden Spiel entwickelte ich nicht die notwendige Energie und versäumte Zug um Zug meine Chancen.

Nach

21.Td2xd6!?	**Lc7xd6**
22.Td1xd6	**Da7-b8**
23.Db3-b4	**Te8-c8**
24.Lg1xb6	**Sd7xb6**

hätte man nicht

25.Td6xb6

sondern 25.Db6: spielen sollen, was bessere Chancen beinhaltete. Mir gefielen die Vereinfachungen nicht: 25.Db6: Td7 26.Td7: Sd7:. Nach

25. . . .	**Te7-d7**

spielte Weiß schon nach der „schlechten" Intuition:

26.e4-e5?

Gerade hier sollte man die Varianten genau berechnen. Aus irgendeinem Grunde trug ich der Haupterwiderung von Schwarz — der Eroberung des Bauern:

26. . . .	**Db8xe5!**

am wenigsten Rechnung. Es gibt jedoch den Zug:

27.Tb6xb7

Dabei hielt ich 27. . . .Td2 wegen 28.Sd5 Tc2: 29. Se7† Kh8 30.Sc8: mit Drohung 31.Df8† für unmöglich. Und die Variante 27. . . .Tb7: 28.Db7: Tb8 29. Da6: Sh5 30.Da7 und weiter 31.De3 bestärkte mich in der Richtigkeit des Zuges e4-e5. Als aber Schwarz doch:

27. . . .	**Td7-d2**

spielte, merkte ich, daß 28.Sd5 Tc2: 29.Se7† Kh8 30.Sc8: Tc1! 31.Df8† Sg8 nicht geht und Weiß Matt erhält. Ich war gezwungen:

28.Db4-b3

zu spielen, aber nach:

28. . . .	**h7-h5**
29.Sc3-e4	**Sf6xe4**
30.f3xe4	**De5-f4!**

konnte ich die Position schon nicht mehr „berichtigen".

Die Intuition allein reicht also nicht aus. Übrigens, das „Verblühen" des Talents eines Schachspielers wirkt in gleichem Maße sowohl auf das anschauliche Denken als auch auf die Intuition ein. Von einem gewissen Zeitpunkt an büßt der Spieler die Fähigkeit ein, hohe Hürden zu nehmen. Dabei darf man auch nicht vergessen, daß die intuitive Suche experimentell ist und ständig von Risiko geprägt wird. Gerade darauf kann man in vollem Maße die Worte von Lasker beziehen: „Ein Schachspieler kann für seine Arbeit, nicht immer aber für ihre Ergebnisse Verantwortung tragen!".

Die Erforschung der schachlichen Intuition ist ein weites Feld. Richtig stellt Krogius in seinem Buch „Über die Psychologie des schachlichen Schaffens" fest: „Trotz der vermutlich allgemeinen Natur intuitiver schachlicher Entscheidungen, treten sie in der Schachpraxis. . . sehr individuell hervor". Das ist auch der Grund, weshalb das Positionsgefühl von Capablanca, Botwinnik, Smyslow, Petrosjan und Fischer geradezu sprichwörtlich geworden ist. In ähnlicher Weise zeichnen sich Andersen, Tschigorin, Aljechin und Tal durch einen persönlich gefärbten Kombinationssinn aus. Diese Unterschiede erklären sich aus der Gesamtheit der angeborenen Fähigkeiten und dem Schachverständnis. Nehmen wir beispielsweise Petrosjan, der im Unterbewußtsein stets an einen gesetzmäßigen Kampfverlauf glaubt, wohingegen Tal seine intuitiven Bemühungen auf Ausnahmen gründet.

Zum Schluß wollen wir das Gesagte zusammenfassen:

Intuitive Entscheidungen sind ebenso unumgänglich wie eine logisch getroffene Analyse. Man bedient sich ihrer in komplizierten Lagen, in denen Berechnung und herkömmliche Bewertungsregeln versagen. Solchen Positionen begegnet man zwar nicht auf Schritt und Tritt, aber sie liegen in der Natur des Schachspiels und kommen regelmäßig vor.

Das auf Intuition beruhende Spiel hat — wie jede andere Denkmethode — seine Vor- und Nachteile. In der Regel ist es mit Risiko verbunden und erfordert viel Denkarbeit. Sein praktisches Ziel besteht vor allem darin, schwer zu lösenden Problemen beizukommen, die beiden Partnern alles abverlangen. Die Intuition ist etwas Individuelles. Bei ihr kann man verschiedene Abarten unterscheiden, die alle ihr Für und Wider haben.

Intuitive Fähigkeiten kann und muß man entwickeln. In dieser Hinsicht ist es manchmal nützlich, mehrere Partien schnell hintereinander nachzuspielen, um Ideen zu sammeln.

Über breite Aspekte der Intuition

Die intuitive Suche begleitet nicht nur die unmittelbare schöpferische Tätigkeit des Schachpraktikers. Sie spielt auch eine beträchtliche Rolle in der Entwicklungsgeschichte des Schachs. Wie schon festgestellt wurde, führt die Evolution der anschaulichen Ideen letzten Endes zu neuen verbalen Ideen. Auch in diesem Prozeß offenbart sich ebenfalls das intuitive Schöpfertum. Als Steinitz, Tschigorin und Lasker ihre komplizierten Gedankengänge in der Praxis zu verwirklichen begannen, ersannen und befolgten sie die für die damalige Zeit kühnen und fortschrittlichen Denkmethoden meistens intuitiv. Dieser Vorgang verlief indes meistens nicht reibungslos und ohne Konflikte.

Im Zusammenhang hiermit wollen wir uns einem Abschnitt der Geschichte zuwenden, und zwar der Periode, als nach der Niederlage

Aljechins im Wettkampf mit Euwe (1935) seine Schaffensgrundlagen einer vernichtenden Kritik unterzogen wurden.

An dieser Stelle muß eingefügt werden, daß Aljechin etwa zu Beginn der dreißiger Jahre immer weniger Gefallen an den rein klassischen Formen der Schachkunst fand, die er indes vollkommen beherrschte. Schon im Turnier zu Bled 1931 und besonders im Match gegen Bogoljubow 1934 begab er sich mit wachsender Beharrlichkeit auf die schwierige und gewagte Suche nach neuen schöpferischen Wegen. In seinen Partien begannen regelmäßig für die damalige Zeit ungewöhnliche strategische Wendungen aufzutauchen, wie z. B. das Positionsopfer eines (oder mehrerer) Bauern, waghalsige Unternehmungen um des besseren Figurenspiels willen, die Geringschätzung eigener Schwächen aus dem gleichen Grund und ähnliches. Mit anderen Worten, in seinem Spiel machte sich immer mehr das Bestreben bemerkbar, die damals schon einengende Lehre von Steinitz zu erneuern, indem er ihr sein dynamisches Herangehen entgegenstellte.

Heute ist klar, daß es sich um die Suche eines echten Künstlers handelte, der die Notwendigkeit neuer Schaffensmaßstäbe intuitiv erkannt hatte. Aber selbst ein Genie vermag dem Geist der Zeit nicht völlig zu entrinnen. Für scharfe dynamische Experimente waren seinerzeit nur wenige Eröffnungssysteme geeignet. Man mußte auf gut Glück handeln und dabei manchmal abenteuerlichen Ideen nachjagen. Nachstehend ein Beispiel, das übrigens sehr scharfe Kritik hervorrief.

In der 7. Partie des Wettkampfes gegen Euwe griff Aljechin, der Weiß spielte, nach den Zügen:

1.e2-e4 e7-e6
2.d2-d4 d7-d5
3.Sb1-c3 Lf8-b4
4.Sg1-e2 d5xe4
5.a2-a3 Lb4-e7
6.Sc3xe4 Sb8-c6

zu einem extravaganten Bauernausfall:

7.g2-g4!?

Dazu schrieb er folgendes: „Ich wollte den folgenden, auf den ersten Blick paradoxen Bauernzug testen, dessen offensichtliche Idee es ist, die Flankenentwicklung des Läufers mit einem eventuellen Bauernsturm am Königsflügel zu verbinden. . ." Und weiter: „Dieser Zug ist zu streng beurteilt und soll gar nicht zu einer schlechten Lage führen".

Aber in der Praxis erwies sich diese Neuerung als sehr effektiv, und so wählte Euwe nicht sofort die beste Erwiderung:

7. . . . b7-b6

Stärker ist 7. . . .Sf6! 8.Sf6:† Lf6: 9.Le3 Dd5 mit einem guten Spiel bei Schwarz.

8.Lf1-g2 Lc8-b7
9.c2-c3 Sg8-f6
10.Se2-g3 0—0?

Und noch eine Ungenauigkeit. Euwe spürt nicht die ganze Gefahr der darauffolgenden Attacke von Weiß. Nach dem einfachen 10. . . .Dd7 und der langen Rochade könnte Schwarz seine Kräfte günstig entfalten.

11.g4-g5 Sf6xe4

12.Sg3xe4 Kg8-h8
13.Dd1-h5! Dd8-e8
Jetzt bemerkt Schwarz einen rein taktischen Schlag nicht. Notwendig war 13. . . .Sa5, um die unmittelbare Gefahr zu vermeiden.
14.Se4-f6! Le7xf6
Nach 14. . . .gf 15.gf Sa5 16.fe De7: 17.Lb7: Sb7: 18.Lg5 f6 19. Lh6 Tg8 20.0-0-0 Sd6 21.The1 hatte Weiß ein klares Übergewicht.
15.g5xf6 g7xf6
16.Dh5-h4 De8-d8
17.Lc1-f4! e6-e5
18.Lf4-g3 f6-f5
19.d4xe5
und Weiß verwertete sicher seinen Vorteil.
Ich glaube, daß der Neuerungscharakter der Suche Aljechins auch von den besten Methodikern jener Zeit kaum vollständig begriffen wurde. So kritisierte der bekannte Schachspieler und Theoretiker Romanowski, der übrigens immer für das lebendige schachliche Schaffen eintrat, in seinem Beitrag „Das Revanchematch um die Weltmeisterschaft" („Schach in der UdSSR", Nr. 3, 1937) Aljechins Experimente scharf. So schrieb er: „Nach dem Gewinn seines berühmten Matches gegen Capablanca erklärte Aljechin in seinem Werk ‚Auf dem Weg zu Höchstleistungen' öffentlich, daß für ihn „eine Zeit neuer Aufgaben und neuer Verantwortung begonnen hätte". Obwohl Aljechin nicht erklärte, worin diese neuen Aufgaben bestanden, demonstrierte er durch eine Reihe seiner Partien im Wettkampf gegen Euwe 1935 eindeutig, daß seine neue Verantwortung bei ihm meistens in der Verantwortungslosigkeit des Weltmeisters besteht. . . Aljechin präsentierte der erstaunten und später auch der empörten Schachwelt derartige ‚schöpferische Vorbilder', daß seinen Anhängern nur übrigblieb, sich zu wundern".
Weiter kritisierte Romanowski eine Reihe von strategischen Neuerungen Aljechins, darunter auch seine Bauernopfer zur Erreichung eines guten Figurenspiels, was heutzutage eines der verbreitetsten und wirksamsten Verfahren ist. Wollen wir eines der kritisierten Beispiele vom Standpunkt des heutigen Schachverständnisses aus betrachten.
In dieser Stellung aus der Partie *Aljechin – Fein* (Hastings 1937) griff Weiß um der Initiative willen zu einem ziemlich riskanten Bauernopfer.

Diagramm Nr. 84

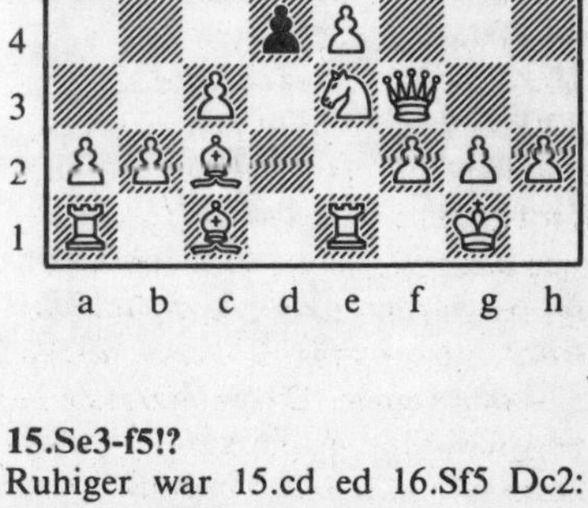

15.Se3-f5!?
Ruhiger war 15.cd ed 16.Sf5 Dc2: 17.Se7:† Kh8 18.Sf5 mit etwas

besserem Spiel bei Weiß.

15. . . .	**d4xc3**
16.Df3xc3!	**Tf8-c8**
17.Dc3-g3	

Nichts brachte natürlich 17.Se7:† De7: 18.Da5: Tc2:.

17. . . .	**Le7-f8**
18.Lc2-d3	**Sa5-c6**
19.Lc1-g5	**Sf6-e8**
20.Ta1-c1	**Dc7-b7**
21.a2-a3	**g7-g6**
22.Sf5-h6†	**Lf8xh6**
23.Lg5xh6	**Sc6-d4**
24.Tc1-d1	**b5-b4**
25.f2-f4	**e5xf4**
26.Dg3xf4	

Aljechin forscht beharrlich nach den Wegen zur Initiative. Auf dem Brett ist noch Gleichgewicht festzustellen. Aber Schwarz steht eine anstrengende Verteidigung bevor, wobei er ständig den konkreten weißen Drohungen Rechnung tragen muß.

26. . . .	**b4xa3**
27.b2xa3	**Tc8-c3**
28.Df4-f2	**Sd4-e6?**

Schwarz hält die Spannung des Kampfes nicht aus. Nach dem richtigen 28. . . .Sc6 29.Lc1 Se5 30.Lf1 Sg4 hätte er eine ziemlich feste Position, obwohl zwei aktive weiße Läufer den Mehrbauern des Gegners beinahe ausgleichen.

29.a3-a4	**Ta8-c8**
30.Te1-f1	**Tc3-c7**
31.Td1-b1	**Db7-c6**
32.a4-a5!	**Se6-c5?**

Das ist aber schon ein entscheidendes Versehen. Das kleinere Übel wäre 32. . . .Ta8.

33.Ld3-c4	**Dc6-d7**
34.Df2-a2!	**Sc5xe4**
35.Tf1xf7	**Dd7xf7**
36.Lc4xf7†	**Tc7xf7**
37.Da2-e6	

Schwarz gab auf.

Es sei ebenfalls bemerkt, daß Aljechin bereits im Revanchematch gegen Euwe die Richtigkeit und praktische Wirksamkeit seiner Neuerungskonzeptionen bewiesen hat. Und heutzutage schloß die dynamische Schachkonzeption ihren siegreichen Weg vom intuitiven Experiment bis zu einer wissenschaftlich begründeten Methode ab.

Hauptmerkmale der Spielstärke eines Schachspielers

Für die Spielstärke eines Schachspielers wenden wir oft gängige Formulierungen an, von denen viele schon seit eh und je zur Alltagssprache der Schachjournalistik gehören, beispielsweise: tiefes Positionsverständnis, weite Berechnung, kombinatorischer Scharfblick. Alle diese Eigenschaften sprechen nicht nur für sich selbst, sondern kennzeichnen auch einen Vergleich zwischen der Stärke des einen und des anderen Spielers.

Eine charakteristische Besonderheit moderner schachlicher Meisterschaft ist deren Vielseitigkeit. Es ist geradezu ein Grundsatz, daß in unserer Zeit jeder junge Schachspieler, der sportliche Höchstleistungen anstrebt, daran gemessen wird, wie sicher er alle Kampfmittel beherrscht. Bedeutet das aber nicht, daß das Anwachsen der Spielstärke, die ein Synonym für Vielseitigkeit ist, als das Wichtigste angesehen werden muß?

Der Begriff der schachlichen Spiel-

stärke umfaßt eine ganze Reihe interessanter, manchmal sehr feiner Nuancen. In dieser Hinsicht hat der Beitrag Tartakowers „Worin die Schachstärke besteht“ („Schachblatt“, Nr. 4, 1929) bis heute nichts von seiner Gültigkeit eingebüßt. Darin konzentriert der Autor die Aufmerksamkeit auf die Fragen der Schachtechnik, indem er sie von der Spielstärke direkt abhängig macht. „Bei der Offenbarung der Schachstärke spielt das Wissensprinzip eine bedeutende Rolle“, — schrieb Tartakower — wobei für die Erringung des Erfolges solche Eigenschaften besonders wichtig sind, wie die kaltblütige Durchführung des eigenen Plans, die zähe Organisation der Verteidigung und das rechtzeitige Erkennen der Krise“.
Auf das letzte Moment möchte ich Ihre Aufmerksamkeit ganz besonders lenken.

Zeschkowski – Sawon
(Ljubljana — Portoroz 1977)

Diagramm Nr. 85

Schwarz scheint in der entstandenen Stellung dem Ausgleich nahe zu sein. Es genügt zum Beispiel, den Zug 14. . . . Le6 zu machen, damit das Spiel fast völlig ausgeglichen wird. Aber Weiß ist am Zug. Und Zeschkowski spürte nicht nur rechtzeitig den Augenblick der Krise, sondern fand auch ein Mittel, um den eigenen Vorteil zu entwickeln.

14.Db3-d5! Lc8-b7

Es ist nicht schwer, sich davon zu überzeugen, daß Schwarz materielle Verluste sonst nicht vermeidet.

15.Dd5xd8 Lf6xd8
16.Se4-d6! Lb7-c8
17.Sf3-e5 Sc6xe5
18.Lg2xa8 Lc8-g4
19.f2-f4! Se5-d7
20.La8-f3

und das Weitere wurde Sache einer unkomplizierten Technik.
Natürlich gelingt es nicht immer, die Krisenpunkte des Kampfes genau festzustellen. Im modernen Spiel sind solche Momente in der Regel mit taktischen Feinheiten verbunden.

Gligoric – Sax
(Vrbas 1977)

(s. Diagramm Nr. 86, nächste Seite)

Wenn Schwarz hier 22. . . .Tc1: 23. Tc1: Dd7 und weiter Tc8 spielte, hätte er wenigstens gleiches Spiel. Aber Sax büßte das Gefühl für die bevorstehende Gefahr ein und setzte mit

22. . . . Tc2xa2?

fort.
Es folgte:

23.e5-e6! Dd8-d6

Diagramm Nr. 86

24.d4-d5 Lg7-e5

Nach 24. . . .fe 25.de De5 26.hg hg 27.Sg6: Dg3: 28.Se7:† Kh7 29. fg Le6: 30.Tf8: Lf8: 31.Tc7 hatte Weiß großes Übergewicht.

25.Tc1-c6 Le5xf4
26.e6xf7† Tf8xf7?

Und nun die letzte Möglichkeit, mit der Schwarz die Partie noch hätte retten können. Notwendig wäre 26. . . .Kf7: 27.Lf4: Dd5: 28. Tc7 Te2. Jetzt entscheidet eine Attacke auf den König.

27.Le3xf4 Dd6xd5
28.Tf1-c1! Ta2-c2
29.Tc6xc2 Lf5xc2
30.Lf4-h6! e7-e5
31.Dg3-c3

Schwarz gab auf.

Jeder erfahrene Spieler hat seine eigene Vorstellung vom wichtigsten Faktor der Spielstärke. Für mich bedeutete das immer die Fertigkeit, den Gegner unauffällig, Zug um Zug, zu bezwingen. In dieser Hinsicht sind beispielsweise viele äußerlich unauffällige Partien Karpows bemerkenswert.

Hübner – Karpow
Englische Eröffnung
(Tilburg 1977)

1.c2-c4 Sg8-f6
2.Sb1-c3 c7-c5
3.Sg1-f3 d7-d5
4.c4xd5 Sf6xd5
5.g2-g3 g7-g6
6.d2-d3 Lf8-g7
7.Lc1-d2 b7-b6
8.Dd1-a4† Lc8-d7
9.Da4-h4 Ld7-c6
10.Lf1-g2 e7-e6!?

Ein lehrreicher Augenblick. Weiß behält bis jetzt noch die Eröffnungsinitiative, und Karpow wählt die einfachste Methode ihrer Neutralisierung: die Vereinfachungsmethode. Bedeutet das etwa, daß er schon bereit ist, sich hier mit einem Remis abzufinden? Nein! Diese Frage muß anders behandelt werden. Karpow spielt vor allem Schach und geht davon aus, daß sogar in Positionen, die jeglicher Spannung entbehren, in der Regel noch Reserven für den Kampf um den Sieg verbleiben. Und beim langwierigen Manöverspiel hat der stärkere Spieler größere Erfolgschancen. Denn Fehler lauern nicht nur in scharfen kombinationsreichen Gefechten.

11.Dh4xd8† Ke8xd8
12.Ta1-c1 Sb8-a6
13.Sc3xd5 Lc6xd5
14.Ld2-c3 f7-f6

Bis jetzt ging Karpow gerne Vereinfachungen ein, hier jedoch zeigt er, daß er keineswegs beabsichtigt, dem Gegner ein leichtes Remis zu geben. Durch Aufbewahrung der schwarzfeldrigen Läufer hält Karpow die notwendige Spannung auf Dauer aufrecht.

15.a2-a3 **Kd8-e7**
16.0—0 **Th8-c8**
17.Sf3-d2 **Sa6-c7**

Diese Position sollte — wenn man sie aus allgemeinen Erwägungen heraus einschätzt — sowohl in der ersten als auch in der zweiten Annäherung als ebenbürtig anerkannt werden. Und doch ist der Kampf noch nicht beendet. Schwarz droht mit der Zeit, die weißen Kräfte am Damenflügel und im Zentrum zurückzudrängen. Hübner berücksichtigt dies und versucht seine Figuren zu aktivieren.

18.b2-b4?!

Diese Unterminierung ist typisch für ähnliche Strukturen. Jedoch wird sie gewöhnlich beim Übergang aus der Eröffnung ins Mittelspiel empfohlen, wenn Damen auf dem Brett stehen. Im Endspiel büßt sie ihre Kraft spürbar ein und — mehr noch —, hier kann die Schwäche des isolierten Bauern an der Damenflanke zutage treten. Dieser Zug kann natürlich nicht als Fehler bewertet werden, aber er zeugt davon, daß Weiß schon nicht mehr sicher ist.

18. . . . **Ld5xg2**
19.Kg1xg2 **c5xb4**
20.Lc3xb4† **Ke7-d7**
21. Lb4-c3

Noch eine Ungenauigkeit. Besser wäre 21.Se4 und auf 21. . . .Sd5 — 22. Ld2. Aber auch diesmal könnte Schwarz mit der Zeit einen Freibauern am Damenflügel bilden.

21. . . . **Sc7-d5**
22.Lc3-b2 **Lg7-h6**
23.e2-e3 **Lh6xe3**

Nun also ist der taktische Schlag, der forciert zu einem technisch gewonnenen Endspiel für Schwarz führt. Vorgreifend wollen wir feststellen, daß Karpow das Endspiel mit äußerster Exaktheit ausführt.

24.f2xe3 **Sd5xe3†**
25.Kg2-f3 **Se3xf1**
26.Sd2xf1 **Tc8xc1**
27.Lb2xc1 **Ta8-c8**
28.Lc1-b2 **Tc8-c2!**
29.Lb2xf6 **Tc2-a2**
30.Kf3-e3 **Ta2xa3**

Schwarz erhielt zwei verbundene Freibauern, die letzten Endes das Schicksal der Partie entscheiden.

31.Sf1-d2 **b6-b5**
32.Sd2-e4 **b5-b4**
33.Ke3-d4 **a7-a5**
34.Kd4-c4 **Ta3-a2**
35.h2-h4 **Kd7-c6**
36.Lf6-d4 **Ta2-e2**
37.Ld4-e5 **Te2-e1**
38.Le5-f6 **Te1-b1**
39.Lf6-e7 **e6-e5**
40.g3-g4 **Tb1-c1†**
41.Kc4-b3 **Kc6-d5**
42.Le7-g5 **Tc1-b1†**
43.Kb3-c2 **Tb1-h1**
44.Kc2-b3 **Th1-h3**
45.Se4-f6† **Kd5-d4**
46.Sf6xh7 **Th3xd3†**
47.Kb3-c2 **a5-a4**
48.Lg5-e7 **Td3-c3†**
49.Kc2-b1 **Tc3-c7**

Weiß gab auf.

Die jungen Spieler irren sich, wenn sie meinen, daß es genügt, einen taktischen Sturm zu überleben oder die Eröffnungsschwierigkeiten zu überwinden und eine stabile Position zu erhalten, um sich gegen eine Niederlage zu sichern. Man kann eine Unzahl von Beispielen dafür anführen, wie schnell eine Verletzung des Gleichgewichts in sehr ruhigen Situationen erfolgen kann. Nicht selten ergibt sich der Tatbestand, daß ein Schachfreund, der in solchen Fällen einen Mißerfolg erlitten hat, mit dem Zufall hadert. „Ich verstehe selber nicht“, so sagt er, „warum ich mit dem Turm auf das falsche Feld zog“ oder „warum ich so einem Spiel mit Variantenberechnung auf hohem Niveau standhielt, dann aber, als ich im gleichen Endspiel den König einfach hätte zum Zentrum führen, d. h. zwei elementare Züge machen müssen, wurde ich vom Teufel verführt. so ein Pech!“.

Ich rate, nicht in Eifer zu geraten, sondern tiefer nachzudenken. Und dann sieht man hinter dem scheinbaren Spiel des Zufalls seine eigene organische Fehlleistung — mangelhafte Technik. Oder schlichter gesagt, man begreift, daß man im Schach noch viel zu lernen hat. Fischer wurde einmal gefragt, ob er sich neuer Spielmethoden bediene? „Nein, durchaus nicht“ — antwortet er. „Entscheidend sind in erster Linie die Fehler der Gegner. Ich nutze diese nur geschickt aus“. Man kann behaupten, daß, unabhängig vom Stil, die praktische Spielstärke des Schachmeisters in erster Linie mit der Fähigkeit zusammenhängt, ein Minimum an Fehlern zu machen.

Fazit: Wer seltener Fehler macht, spielt stärker! Diese Binsenwahrheit wird oft beim tiefsinnigen Meinungsstreit über unterschiedliche Stile vergessen.

Auf gar keinen Fall möchte ich die Bedeutung von Ideenreichtum und schöpferischer Vielfalt herabsetzen. Nehmen wir als Beispiel Capablanca, Smyslow, Petrosjan, Fischer und Karpow. Ihnen ist gemeinsam, daß sie über eine ausgezeichnete Technik verfügen. Viele ihrer Partien sind so leicht zu verstehen und strategisch einleuchtend, daß man den Eindruck gewinnt, ihre Art zu spielen sei jedermann zugänglich. Nicht zufällig hat sich die Vorstellung eingebürgert, daß Genialität in der Einfachheit liege. In Wirklichkeit jedoch ist eine solche Beherrschung der Technik nur schwer und längst nicht von jedem zu erreichen. Insgesamt gesehen ist das Schaffen jedes dieser Schachkönner an schöpferischen Leistungen reich. Doch wird das alles von ihrem gewaltigen Kombinationstalent überstrahlt.

Über das Begrenzungsspiel und „Pressing“ (Druckspiel)

Ein Zeichen für die praktische Spielstärke eines Spielers ist die Fähigkeit, den Kampf in die richtige Bahn zu lenken und dem Partner den eigenen Willen aufzuzwingen.

Die Situationen in Turnieren gestalten sich unterschiedlich. Es kann vorkommen, daß ein Spieler bereits mit sicherem Punktevorrat auf einen Gegner trifft, der den Sieg begehrt und danach strebt, das Spiel um jeden Preis zu verschärfen. Und hier muß man manchmal zu einem harten „Pressing“ greifen, um es dem Partner unmöglich zu machen, sich in ein heißes Gefecht verwickeln zu lassen.

Ein reiches Arsenal an solchen Bremswegen gibt es praktisch in jeder Eröffnung. Ja, in der Theorie gibt es neben den Systemen, die für das Schöpferische einen breiten Spielraum eröffnen, zahlreiche ruhige Varianten, besonders für Weiß, die im Mittelspiel zu sehr festen Aufstellungen führen.

Nehmen wir beispielsweise die asymmetrischste halboffene Eröffnung — die Sizilianische Verteidigung. Neben dem schöpferischen Kampf gibt es hier nicht wenige Spielmethoden, die die Möglichkeiten des Gegners beschränken. Eine der bezeichnenden Varianten ist die mit 2. c2-c3.

Diese einst wenig populäre Variante ist heutzutage auf Schritt und Tritt in der Praxis der Meister zu treffen. Angewandt wird sie in erster Linie in den Fällen, wo der Anziehende das zweischneidige Spiel vermeiden und zu einem sicheren Pressing greifen will. Dabei ist sein Partner nicht nur bei der Schaffung des Gegenspiels eingeschränkt, sondern muß auch auf dem Weg zum Ausgleich sehr präzise handeln. In dieser Hinsicht ist die nachstehende Partie von Interesse.

Hort – Polugajewski
Wettkampf des Jahrhunderts
(Belgrad 1970)

1.e2-e4	**c7-c5**
2.c2-c3	**Sg8-f6**
3.e4-e5	**Sf6-d5**
4.d2-d4	**c5xd4**
5.Dd1xd4	**e7-e6**
6.Sg1-f3	**Sb8-c6**
7.Dd4-e4	**d7-d6**
8.Sb1-d2	**d6xe5**
9.Sf3xe5	**Sd5-f6**
10.De4-a4	**Dd8-d5**
11.Sd2-f3	**Lf8-d6**
12.Lc1-f4	**Dd5-e4†**
13.Da4xe4	**Sf6xe4**
14.Lf1-d3	**Sc6xe5**
15.Lf4xe5	**Ld6xe5**
16.Sf3xe5	**Se4-c5**
17.Ld3-c2	**f7-f6**
18.Se5-c4	**Ke8-e7**
19.0—0—0	

Es ergab sich ein ausgeglichenes Endspiel mit einem kleinen Plus für Weiß. Schwarz scheint keinen Grund zur Beunruhigung zu haben. Aber eine Gefahr in solchen Situationen spüren sogar die umsichtigsten Spieler nicht immer.

19. . . .	**Lc8-d7**
20.b2-b4	**Sc5-a6**
21.Sc4-d6	**b7-b6**
22.Th1-e1	**g7-g6**
23.Lc2-b3	**Ta8-d8?!**

Ein präziser Weg zum Ausgleich wäre 23. . . .Sc7! 24.f4 Thd8.

24.f2-f4	**Sa6-c7**
25.f4-f5	**g6xf5**
26.Sd6xf5†	**Ke7-f7**
27.Td1-d3	**Ld7-c8**
28.Td3-g3	**Sc7-e8**
29.Sf5-d4	**Se8-c7**
30.Sd4-f5	**Sc7-e8**
31.Sf5-d4	**Se8-c7**
32.Te1-e4	**Td8-g8**
33.Tg3xg8	**Th8xg8**
34.Sd4-f5	**Tg8-d8**
35.Te4-g4	**Sc7-e8**
36.Tg4-h4	**h7-h5!**
37.Th4xh5	**Kf7-g6**
38.Sf5-g3	**Se8-g7**
39.Th5-h4	**Lc8-b7**
40.Th4-g4†	**Kg6-f7**

41.Sg3-e2 **f6-f5**
42.Tg4-c4 **Sg7-e8?**

Die schwierige Verteidigung hat Polugajewski offensichtlich erschöpft. Notwendig war 42. . . .Td7! 43.Sf4 Kf6 44.Td4 Lc6, mit Remischancen. Jetzt gibt es für Schwarz keine Rettung mehr.

43.Tc4-d4 **Td8-d6**
44.Se2-f4 **Lb7-c8**
45.Lb3-a4 **Td6xd4**
46.La4xe8† **Kf7xe8**
47.c3xd4 **Ke8-e7**
48.Kc1-d2 **Ke7-f6**
49.Sf4-d3 **Kf6-g5**
50.Kd2-e3 **Lc8-a6**
51.Sd3-f4 **La6-c4**
52.a2-a3 **a7-a5**
53.g2-g3 **Kg5-g4**
54.Ke3-f2 **Kg4-g5**
55.h2-h4† **Kg5-f6**
56.Kf2-e3 **a5xb4**
57.a3xb4 **e6-e5**
58.Sf4-d3 **e5xd4†**
59.Ke3xd4 **b6-b5**
60.Sd3-f4 **Lc4-f1**
61.Kd4-d5 **Lf1-c4†**
62.Kd5-d6 **Lc4-b3**
63.Sf4-d5† **Kf6-g6**
64.Kd6-e5 **Lb3-c2**
65.Sd5-e7† **Kg6-h5**
66.Se7xf5

(66. . . .Kg4 67.Se3†).
Schwarz gab auf.

Also können strategische Bremsen einen beachtlichen praktischen Effekt liefern. Ohne Berücksichtigung dieses Umstandes ist es übrigens schwer, in die vielen Feinheiten des Turnier- und Matchkampfes der führenden Großmeister einzudringen.

Über das Risiko und Fehler zweiter Ordnung

Wie wir schon gesehen haben, tritt das Risiko im Schachkampf in verschiedener Gestalt auf. Am gefährlichsten ist selbstverständlich das taktische Risiko. Dieses ist das äußerste Hilfsmittel, das nur unter den Bedingungen der Zeitnot oder in besonders gelagerten psychologischen Fällen seine Berechtigung hat. Dagegen ist das intuitive Risiko nicht nur ein angemessenes, sondern mitunter sogar unentbehrliches Kampfmittel.

Dem Risiko sollte man nicht nur in dynamischen Situationen mit Verständnis begegnen. Ihm kommt große strategische Bedeutung zu, da viele positionelle Aufstellungen von ihm geprägt sind. Kennzeichnend ist in dieser Hinsicht die Methode, die Botwinnik als erster schon zu Beginn der dreißiger Jahre beim Studium typischer Positionen befolgt hat. Lange Zeit vermochte niemand die Schattenseiten einiger seiner Lieblingssysteme bzw. die ihnen innewohnenden praktischen Gefahren völlig zu ermessen. Das befähigte ihn, ein schablonenhaftes Spiel der Gegner auszunutzen und oftmals schon im Eröffnungsstadium großen Vorteil zu erringen.

Nüchtern beurteilt, waren einige der von Botwinnik erarbeiteten strategischen Systeme anfechtbar. Wichtiger ist indes, daß er seiner Zeit voraus war, und den Vorrat seiner Kampfmittel glänzend beherrschte.

Heutzutage gilt das Stonewallsystem in der Holländischen Verteidigung als schwierig für Schwarz und ist ziemlich ungebräuchlich. Aber damals waren seine Probleme noch wenig erforscht. Und Botwinnik wandte es regelmäßig beim Führen der schwarzen Steine an, und dank seiner besseren Qualifikation wußte er damit praktischen Erfolg zu erringen.

Unter den Betroffenen befand sich auch Flohr, einer der aussichtsreichsten jungen Großmeister jener Zeit.

So entwickelte sich die Partieeröffnung *Flohr – Botwinnik* (Match 1932):

1.d2-d4	**e7-e6**
2.c2-c4	**f7-f5**
3.g2-g3	**Sg8-f6**
4.Lf1-g2	**Lf8-e7**
5.Sb1-c3	

Heutzutage gilt die Springerentwicklung auf d2, bei der sich die Springer auf Sg1-f3-e5-d3 und Sb1-d2-f3 bewegen und dabei die wichtigsten Punkte im Zentrum unter Kontrolle halten, mit Recht als aussichtsreicher. In der Partie *Petrosjan – Bondarewski* (18. UdSSR-Meisterschaft 1950) war es 5.Sf3 0-0 6.0-0 c6 7.Dc2 De8 8.Sbd2 d5 9.Se5 Sbd7 10.Sd3! Se4 11.Sf3 Sd6 12.b3 b5 13.c5 Sf7 14.a4! ba 15.Ta4: Lf6 16.Lb2 a6 17.Sfe5 Sfe5: 18.de Le7 19.f4 Tb8 20.Tfa1 Tb5 21.b4 mit einem bedeutenden Übergewicht von Weiß.

5. . . .	**d7-d5**
6.Sg1-f3	**c7-c6**
7.0—0	**0—0**
8.b2-b3	

Präziser war hier 8.Lf4. Die Springerentwicklung auf b2 in dieser Fassung schwächt den wichtigen Punkt f4.

8. . . .	**Dd8-e8**
9.Lc1-b2	**Sb8-d7**
10.Dd1-d3 (?)	

Besser war 10.Sg5 Ld6 11.f4. Überhaupt ist die Dame auf c2 besser postiert.

10. . . .	**De8-h5**
11.c4xd5	

Und noch eine Ungenauigkeit, nach der der Läufer c8 merklich aktiv und die e-Linie mit Vorteil für Schwarz erschlossen wird.

11. . . .	**e6xd5**
12.Sf3-d2	

Man müßte 12.Se1 und weiter f2-f4 und Se1-f3-e5 spielen.

Jetzt leitet Schwarz einen massiven Angriff an der Königsflanke ein.

12. . . .	**Sf6-e4**
13.f2-f3	**Se4xc3**
14.Lb2xc3	**f5-f4!**
15.Tf1-e1	**Le7-d6**
16.Sd2-f1	**Tf8-f7**
17.e2-e3	**f4xg3**
18.Sf1xg3	

(18.hg Tf3:!)

18. . . .	**Dh5-h4**
19.Sg3-f1	**Sd7-f6**
20.Te1-e2	**Lc8-d7**
21.Lc3-e1	**Dh4-g5**
22.Le1-g3	**Ld6xg3**
23.Sf1xg3	**h7-h5!**

Schwarz gewann das Eröffnungsgefecht und Weiß steht eine qualvolle Verteidigung bevor.

Jedoch hat die Entwicklung der Theorie gezeigt, daß Schwarz in diesem System mehr Nach- als Vorteile hat. Während Botwinnik aber seine Vorzüge ausnutzte, sind für seine Nachahmer nur noch die Nachteile übriggeblieben. Inzwischen hatte er sich neue Systeme erarbeitet, derer er sich so lange bediente, bis seine Kontrahenten geeignete Gegenmittel gefunden hatten. Das gesunde Risiko ist unveräußerlicher Bestandteil des modernen Schachkampfes. Seine Hauptwirkung beruht auf dem Überraschungseffekt.

Mit Risiko sind auch die sogenannten Fehler zweiter Ordnung verbunden. Dazu gehören unausbleibliche Fehlleistungen im komplizierten Spiel, die jedoch keine forcierten Folgen nach sich ziehen. Ihrem Charakter nach können solche Fehler ziemlich mannigfaltig sein. Zugleich aber fehlt hier eine Teilung in „schwarz“ und „weiß“, wie es bei offenkundigen Versehen oder groben positionellen Fehlern der Fall ist.

An einer Reihe von Beispielen des komplizierten dynamischen Kampfes konnte man sehen, daß einige Partien buchstäblich aus einzelnen Kleinfehlern „gewebt“ worden sind. Es sei gesagt, daß es fast unmöglich ist, derartige Fehler zu vermeiden, daher sind sie in der Praxis eine ganz normale Erscheinung.

Über das Spiel ohne Regeln

Jedes Stadium einer Schachpartie ist, wie die Praxis zeigt, seinen eigenen Gesetzen untergeordnet. Zuerst (und manchmal sehr lange) folgen die Partner den theoretischen Empfehlungen. Nicht selten spielen sie den ersten Partieabschnitt nicht, sondern geben eine bekannte Variante bis zum 15. oder sogar bis zum 20. Zug wieder. Erst dann beginnt ein Spiel nach strategischen und taktischen Gesetzen, entsprechend dem Geschmack der Partner. Wenn dabei die Eröffnung einen ruhigen Charakter trägt, so entsteht auf dem Brett oft ein konfliktloses Mittelspiel, was ausnahmslos zu einem Remis führt.

Manchmal ergibt sich eine schärfere sportliche Situation, wenn trotz der ruhigen Lage in der Partie beide Partner auf Gewinn zu spielen haben.

Gerade hier beginnt das Spiel ohne Regeln. Hier tritt der Kampf der Nerven in den Vordergrund, der zu überraschenden Wendungen und manchmal sogar zu merkwürdigen Fehlleistungen führt. Vom Standpunkt der Logik aus, sehen diese Erscheinungen, besonders wenn die Partie nach ihrem trockenen Text studiert wird, sinnlos aus. Um den Inhalt solch verworrener Zweikämpfe zu begreifen, die der Regiehand nicht folgen, muß man ihnen „in die Seele sehen“.

Noch ein Beispiel aus meiner eigenen Praxis. Es stammt aus dem 11. Tschigorin-Turnier des Jahres 1977. Mein Partner war der rumänische Meister Schuba, der Weiß spielte. Die Partie wurde zweimal fortgesetzt: zuerst am Vorabend der letzten Runde bis spät in die Nacht, und dann am darauffolgenden Morgen. Der Gewinn hätte mir den zweiten Platz eingebracht.

In jener Partie sind die beiden Teile sehr unterschiedlich: der erste Tag war außerordentlich ruhig, der zweite manchmal einer modernen Jazzkomposition ähnlich.

Schuba – Suetin
(11. Tschigorin-Turnier 1977)

Diagramm Nr. 87

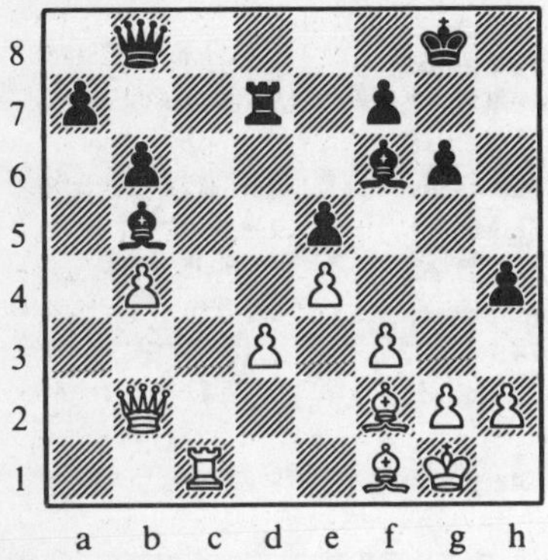

Diese Stellung ergab sich nach 47 Zügen, während derer ein rein positioneller Kampf erfolgte. Schwarz hat einen unbedeutenden Vorteil, weil die weißen Bauern b4 und d3 etwas geschwächt sind. Aber Weiß hält an der Verteidigung fest, und unter anderen Bedingungen würde ich mich auf Remis einigen. Jedoch wurde meine Stimmung durch sportliche Momente stark beeinflußt, aber auch durch den Verdruß vom Vorabend, wo ich in einer anderen Partie den Sieg nach der gewonnenen Position bedauerlicherweise verpaßte. Daher die darauffolgenden „Wunder“ auf dem Brett. Wie in einem Zerrbild spiegeln sie den subjektiven Charakter einiger Lösungen.

48.Tc1-d1 **Db8-d8**
49.Db2-b3 **Td7-d6**
50.Db3-a3 **Dd8-d7**
51.Td1-a1 **a7-a6**
52.Ta1-d1 **Kg8-g7?**

Man sollte den König nicht auf die gefährliche Diagonale a1-h8 stellen.

53.Da3-b2 **Dd7-d8**
54.f3-f4

Und nun die Reaktion! Das bisher ganz passive weiße Zentrum wird plötzlich entscheidend aktiv. Es wird offensichtlich, daß Schwarz nicht nur die kleinen Vorteile seiner Position einbüßte, sondern es dem Partner auch gestattete, die Initiative zu ergreifen.

54. . . . **Td6-e6**
55.f4xe5 **Te6xe5**
56.Lf2-d4

Es taugte natürlich nicht 56.Lh4:? wegen 56. . . .g5 und weiter Te4:.

56. . . . **Te5-e6**
57.e4-e5 **Lf6-g5**
58.Lf1-e2

Die Drohung 59.Lg4 und 60.e6† ist unzweideutig. Schwarz muß alle Verteidigungsreserven mobilisieren. Nichtsdestoweniger wurde ein psychologischer Druck durch nebensächliche Gedanken unterbunden. Notgedrungen mußte ich ausschließlich an die auf dem Brett stattfindenden Ereignisse denken.

58. . . . **Kg7-g8**
59.Le2-g4 **Te6-c6**
60.Ld4-f2

Wahrscheinlich wäre es besser gewesen, den Ausfall 60. . . .Tc2 mittels 61.h3 zu parieren.

60. . . . **Lb5-a4**

Es blieb keine Zeit zum Zweifel: es erfolgt ein offener Kampf, bei dem man unverzüglich konkrete Bedrohungen schaffen muß.

61.Td1-e1 **Tc6-c2**
62.Db2-a1 **La4-c6**
63.e5-e6?!

Ein verlockender Zug, besonders unter den Bedingungen der heranrückenden Zeitnot. Aber bereits hier hätte Weiß an eine Stabilisierung der Position denken sollen. In diesem Zusammenhang verdiente 63.Ld1 oder 63.d4 Aufmerksamkeit.

63. . . .	**f7xe6**
64.Lg4xe6†	**Kg8-h7**
65.Le6-h3	**Lg5-f6**
66.Da2xa6	

In diesem Augenblick war ich fest davon überzeugt, daß Schwarz forcierten Gewinn haben würde, jedoch konnte ich ihn trotz aller Anstrengungen nicht finden. Es wirkte sich die Müdigkeit durch den angespannten Kampf aus. Buchstäblich bis zur letzten Minute vor der Kontrolle rechnete ich folgende Variante durch: 66. . . .Ld4 67.Ld4: Dd4† 68.Kh1 Df2 69.Tg1 Te2, aber das einfache 70.Da7† Kh6 71.Da1 brachte mich ständig in Verlegenheit. Nebenbei gesagt, werden mit zunehmender Müdigkeit meiner Meinung nach vor allem das kombinatorische Sehvermögen und die Berechnungsfähigkeit schwächer. Gerade deshalb braucht ein Spieler unabhängig von seiner Qualifikation stets einen klaren Kopf sowie die Kenntnis der Theorie und der Führungsprinzipien des positionellen Kampfes.

Da ich den gewinnbringenden Zug nicht finden konnte, beschloß ich, die Qualität zu opfern:

66. . . .	**Tc2xf2?!**

Und doch gab es nach 66. . . .Ld4! einen forcierten Gewinn. Er wäre mittels 67.Ld4: Dd4:† 68.Kh1 Lg2:†! 69.Lg2: h3! 70.Lh3: Df2! zu erreichen, und Weiß wäre nicht imstande, sich vor den Mattdrohungen zu schützen. Die Idee mit h4-h3! prüfte ich in vielen Varianten, konnte für sie aber nicht die notwendige Form finden. Der Kampf ging weiter . . .

67.Kg1xf2	**Lf6-d4†**
68.Kf2-e2	**Dd8-e7†**
69.Ke2-f1	**De7-f6†**
70.Kf1-e2	**Df6-e7†**
71.Ke2-f1	**De7-f6†**
72.Kf1-e2	**Lc6-d5**
73.Da6-a4	**b6-b5**
74.Da4-c2	**Df6-f2†**
75.Ke2-d1	**Df2-f7**

Diagramm Nr. 88

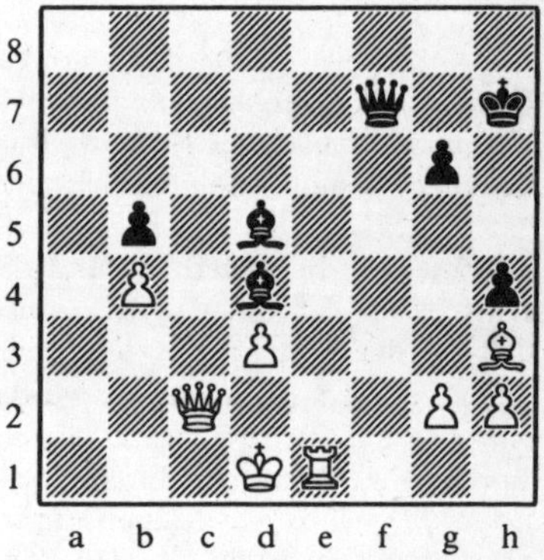

76.Dc2-e2?

Bis jetzt verteidigte sich Weiß ziemlich sicher, hier aber ließ er ein entscheidendes Versehen zu. Notwendig war 76.Kc1 und wenn 76. . . .Lb3, so 77.Te7! De7: 78.Db3: De1† 79. Kc2 De2† 80.Kb1. Der weiße König ist geschützt, aber man sieht nicht, wie Schwarz seine Attacke verstärken kann. Jetzt aber erfolgt ein effektvolles Finale, das ich während der häuslichen Analyse vorwegnehmen konnte.

76. ... Ld5-b3†
77.Kd1-c1 Df7-c7†
78.Kc1-b1 Dc7-c3!

Gerade dieser Zug gewinnt die Partie. Das Manöver Df7-c7-c3 entdeckte ich buchstäblich vor dem Beginn der Vormittagsfortsetzung selbst.

79.De2-e7† Kh7-h6
80.De7xh4† Kh6-g7
81.Dh4-e7†

Es scheint, daß es einen drohenden Zug 81.Te7† gibt, aber er wird durch den einfachen 81. ...Kf8! pariert, und Schwarz gewinnt.

81. ... Lb3-f7
82.Te1-e2 Ld4-f6
83.De7-c5 Dc3xd3†
84.Dc5-c2 Dd3-a3
85.Dc2-c5 Da3-d3†
86.Dc5-c2 Dd3-d4!
87.Dc2-d2 Dd4-a1†
88.Kb1-c2 Lf7-b3†!

Weiß gab auf.

Nun war es mir doch gelungen, eine Gewinnposition zu erreichen (das erste Mal geschah es beim 66. Zug), dazu aber mußte ich den Gegner gewissermaßen aus seiner „Festung" herauslocken. So eine Hilfsmethode existiert schon lange in der Schachstrategie. Jedesmal muß sie auf psychologischer Berechnung begründet sein und ist mit großem Risiko verbunden.

Und noch eine Schlußfolgerung kann man aus dieser Geschichte ziehen. Es ist sehr wichtig, an der Schwelle des Sturmes eine Reserve von frischen inneren Kräften zu behalten. Manchmal ist es weniger bedauerlich, das Ziel nicht zu erreichen, als einen schon sicher scheinenden Sieg aus den Händen zu geben.

3. Kapitel
Über verschiedene Stile und Schulen der schachlichen Meisterschaft

Diese interessanten und sehr wichtigen Fragen bedürfen noch tiefgehender Untersuchung. Obwohl die Bezeichnungen „Stil" und „Schule" schon seit langem in der Schachliteratur vorkommen, gibt es dafür noch keine allgemein anerkannte und klare Systematisierung.

Probleme der Stilklassifikation

Bevor wir einen notwendigen Rückblick in die Geschichte des Problems unternehmen, wollen wir feststellen, daß mit „Stil" ein Arbeitsverfahren bzw. eine -methode gemeint ist. In bezug auf unterschiedliche Kunstbereiche ist das eine Einheit der ideologischen und künstlerischen Besonderheiten, die in Werken eines Schriftstellers, Kunstmalers, Komponisten u.a. zum Ausdruck kommen. In gleichem Maße bezieht sich diese Bezeichnung auf den Begriff des Schachstils.

Selbst dem unerfahrenen Schachamateur ist die allgemein anerkannte Teilung der Stile in kombinatorische und positionelle gut bekannt. Eine derartige Zweiteilung galt im Prinzip bis in die jüngste Zeit. Zum kombinatorischen Stil gehört das Streben nach schärfsten taktischen Situationen, Materialopfern, hinreißenden Attacken auf den König. Gerade hier bietet sich der größte Spielraum für kombinatorisches Schöpfertum.

Beim positionellen Stil rücken eine feste Skala materieller und strategischer Werte, die Lehre von starken und schwachen Punkten in den Vordergrund, außerdem dominieren Elemente der Logik und des Rationalismus.

Heutzutage sieht diese Zweiteilung natürlich zu schematisch aus, obwohl sie ein ganz gesundes Fundament hat.

In der Schachliteratur gab es bis jetzt nur wenig ernst zu nehmende Versuche, die Teilung der Stile weiter zu differenzieren. Lange Zeit blieb die Klassifizierung von Lasker, die er im Buch „Der gesunde Verstand im Schachspiel" darlegte, beinahe der einzige Versuch dazu. Es erschien Ende der neunziger Jahre des vorigen Jahrhunderts.

Lasker hob folgende Spielstile hervor und charakterisierte sie kurz:

1. Automatenstil. Ein automatisch denkender Spieler findet einen Zug ohne besondere Suche und Kraftaufwand. Er scheint ihn aus seinem Vorrat zu nehmen, gleich einem fertigen Modell, und bildet ähnliche Ideen in ähnlichen Lagen aus dem Gedächtnis nach.

Erwähnt sei, daß man diese Denkmethode auch als schablonenhaft bezeichnet hat.

2. Fester Stil. Er beruht in erster Linie auf dem Streben nach Sicherheit. Aktive Ausfälle sind nur im Fall eines offensichtlichen Fehlers des Gegners gestattet.

3. Verlockender Stil. Das ist eine ziemlich riskante Spielweise. Man begibt sich freiwillig in eine gefährliche Lage, in der es — wie es scheint — keine Rettung gibt, aber in Wirklichkeit hält sie sich ganz nah am kaum noch merklichen Remisrand. Und gleich beim ersten riskanten Manöver erfolgt eine heftige Konterattacke. (Heutzutage findet diese Methode eine große Verbreitung. Ihre Anwendung kann man beispielsweise in den Partien von Petrosjan und Polugajewski finden).

4. Kombinatorischer Stil. Lasker beschränkte den Rahmen dieses Stils ausschließlich auf die Berechnung zahlloser Varianten und die Ablehnung aller „Spielregeln".

5. Stil, der den Kampfgesetzen folgt, oder *klassischer Stil.* Hiermit meinte Lasker den positionellen Stil, der auf der Steinitz-Theorie beruht.

Aus heutiger Sicht sieht dieser zweifellos interessante und für seine Zeit durchaus fortschrittliche Versuch der Klassifizierung doch etwas anachronistisch aus. Einzelne strategische Denkmethoden wie „Verlockung" oder „umsichtigen Festungsbau" bezeichnen wir schon nicht mehr als Stil. Längst ist über solch ein „Unkraut" wie Schablone oder eine blinde Variantenberechnung ohne Einschätzungskriterien das Urteil gefällt.

Interessanterweise gab es in der Mitte der dreißiger Jahre bei uns eine beachtenswerte Diskussion zum Thema der wichtigsten Schachstile, an der sich größtenteils jedoch nicht die Schachpraktiker, sondern Journalisten beteiligten. So hat man zum Beispiel eine Teilung in den klassischen und den psychologischen Stil vorgeschlagen. Der erstere zeichnete sich durch objektive Logik aus, für die die Persönlichkeit des Gegners vollkommen gleichgültig war. Für den zweiten Typ wurde als Hauptkriterium der praktische Kampf anerkannt, der ganz wesentlich von der Individualität des Partners abhing.

Jedoch verging das Interesse an der Polemik schnell und die Stilfrage wurde erneut für lange Zeit in den Hintergrund gedrängt.

Vor ganz kurzer Zeit wandte sich der Großmeister Krogius in seinem Buch „Persönlichkeit im Konflikt“ diesem Problem zu. Er schlug die nachstehende ziemlich ausführliche Systematik der Grundstile vor:

1. *der praktische Stil* (Die Tendenz zum Erlangen des unmittelbaren praktischen Nutzens);
2. *der logisch-systematische Stil* (vor allem Folgerichtigkeit, Stützung auf typische Positionen);
3. *der theoretische Stil* (beruht auf Prinzipien der Strategie und Taktik);
4. *der kritisch-analytische Stil* (sorgfältige konkrete Analyse, Suche nach Ausnahmen, der Glaube an weite Variantenberechnung);
5. *der künstlerische Stil* (schöpferische Phantasie, Tendenz zu Originalität);
6. *der kombinierte Stil* (Verbindung von kennzeichnenden Besonderheiten der ersten fünf Stile);
7. *der harmonische Stil* (vielseitig, mit einem großen Bereich).

So sieht heutzutage die Klassifikation der Stile aus.

Meinerseits möchte ich folgendes hinzufügen: das Verhalten zu diesem oder jenem Stil — und sogar sein Inhalt selbst — sind keinesfalls beständig, sondern hängen von neuen Leistungen und Tendenzen der Theorie und Praxis ab. Nehmen wir zum Beispiel den klassischen Stil. Seinerzeit gab Lasker dem positionellen Stil, der auf der Steinitz-Theorie beruhte, diese Bezeichnung. Ein ganz anderer Inhalt wurde ihm in den Klassifikationen der dreißiger Jahre verliehen. Heutzutage ist der Begriff des klassischen Stils, als zu allgemein, überhaupt aus dem Gebrauch gekommen.

Die Spielpraxis schafft nach wie vor eine ganze Reihe von neuen ausgefeilteren Stilen des schachlichen Schöpfertums, unter denen zum Beispiel der dynamische und der universelle Stil zweifellos einen sehr bedeutenden Platz einnehmen, die ihren Ursprung in den von uns behandelten verschiedenen strategischen Kampfmethoden haben.

Außerdem bestätigt die Praxis immer mehr, daß die strenge Gegenüberstellung der Stile schon längst überholt ist. In der Tat erfolgt ständig ein gegenseitiges Durchdringen der verschiedenen, strategischen und taktischen Mittel, was auch die zusätzlichen Abstufungen in der Stilklassifizierung schafft. Die positionellen Methoden der Steinitz-Theorie schienen kristallklar zu sein. Aber auch hier gab es Unterschiede im Schaffen der hervorragenden Vertreter dieses Stils. Zweifellos waren zum Beispiel Tarrasch und Pilsburry treue Verfechter des positionellen Stils. Aber die Gegenüberstellung ihrer Partien zeigt eindeutig, wie unterschiedlich und vielfältig ihre Formen waren.

Noch mehr bezieht sich dies auf moderne Spielstile. Jeder von ihnen hat zahlreiche einprägsame, manchmal bizarre Schattierungen. Welch breiten Wirkungsbereich umfaßt der dynamische Stil, der so eine scharfe und extravagante Methode wie die der „Ultradynamik" mit ihren kopfzerbrechenden Kombinationen und einer Kaskade von positionellen Opfern hervorgebracht hat!

Zweifellos bedürfen die Probleme der modernen Spielstile noch ihrer tiefgehenden Erforschung und vollendeten differenzierten Klassifizierung. Und doch scheint mir, daß die wichtigsten modernen Abarten der Schachstile ein fester Ausgangspunkt für die Analyse sein sollten. Die Entwicklung der Theorie zeugt davon, daß große historische Schulen des schachlichen Schaffens nach wie vor den Spielstilen entspringen.

Etwas über die historischen Schulen des schachlichen Schaffens

Greift man auf die Geschichte des Schachs zurück, so fallen uns in erster Linie solche Schulen des schachlichen Schaffens wie die romantische und die positionelle ein. Jede davon kann man als eine ganze Epoche in der Entwicklung der Theorie betrachten! In ihnen fand nicht nur die Summe der individuellen praktischen Methoden ihren Ausdruck, sondern vor allem das System der theoretischen Meinungen zur Führung des strategischen Kampfes.

Es ist interessant, daß die Entwicklung der Ideen jeder dieser Schulen ihre Widerspiegelung in den nationalen Schulen zur Zeit der Hegemonie der Vertreter dieses oder jenes Landes in der Schachwelt fand.

Die Wiege der Romantik des 16. Jahrhunderts ist Italien, dann blühte sie hier mit neuer Kraft im 18. Jahrhundert auf, indem sie neue Entwicklungsimpulse in den französischen, englischen und deutschen Schulen des 18. bis 19. Jahrhunderts fand. Zugleich gelten die französische positionelle Schule des 18. Jahrhunderts, deren Begründer Philidor gewesen ist, und in gleichem Maße auch die britische Schule von Staunton zu Recht als Vorläufer der großen deutschen positionellen Schule von Steinitz — Tarrasch.

Eine wichtige Rolle in der modernen Schachentwicklung spielt die sowjetische Schachschule. Gerade sie trug zur Entstehung und eingehenden Erarbeitung solch fortschrittlicher, schöpferischer Stile wie des dynamischen und des universellen bei.

Zugleich wurzelt die sowjetische Schachschule tief in der russischen Schachschule, an deren Spitze solche Schachneuerer wie Tschigorin und Aljechin standen.

Über individuelle Spielstile

Es gilt, diesen oder jenen allgemeinen Stil (als eine strategische Denkmethode!) von dem individuellen Stil eines konkreten Schachspielers zu unterscheiden. Der allgemeine Stil (sagen wir, der positionelle oder der kombinatorische) ist gewissermaßen ein Sammelbegriff. Wenn man jedoch sagt, daß dieser oder jener Meister ein Anhänger des Kombinationsstils sei, so ist damit in ersten Linie die Hauptrichtung seiner Fähigkeiten gemeint. In der Tat hat kein Spieler — und kann wahrscheinlich auch nicht haben — einen allgemeinen Stil in reiner Form. In seine Spielart fließen der Charakter, der Geschmack und die Neigungen (so paradox es auch klingt, so hat ein Spieler doch nicht allzu häufig eine Harmonie zwischen seinem Stil und Temperament!) sowie schließlich die praktische Notwendigkeit ein.

Gleichzeitig besteht für den Spieler, der Meisterschaftshöhen erreichen will, die praktische Notwendigkeit, nicht nur seine starken Seiten zu entwickeln, sondern auch ständig an der Ausgeglichenheit seines Spiels zu arbeiten. Aus der Analyse der Partien großer Meister kann man die Schlußfolgerung ziehen, daß es eine Unzahl von Positionen gibt, die sie unabhängig von ihrem Stil alle identisch lösen. In solchen Fällen spielen die notwendigen Kenntnisse und allgemeine Grundlagen der Meisterschaft, d. h. die Kultur des Spielers, die Hauptrolle.

Nun versuchen wir also zu klären, was unter einem individuellen Spielstil zu verstehen ist. Heiß umstritten kann die Frage sein, ab welchem Niveau (Meister, Meisteranwärter, Leistungsklasse I) man davon sprechen kann, daß der Spieler seinen eigenen, besonderen Spielstil habe. Bisher wird als Lehrsatz anerkannt, daß man von einem Spielstil im Schach (ähnlich wie in vielen Kunstbereichen) nur in bezug auf wahre Meister sprechen kann. In seinem Buch „Der gesunde Verstand im Schachspiel“ schrieb Lasker: „. . . nur Meister besitzen einen Stil. Nie habe ich erlebt, daß ein Meister nicht wenigstens einmal im Leben eine Partie folgerichtig durchführte. Die Meister schaffen in ihrem Leben eine geringe Anzahl von Partien, die von Anfang bis Ende von ein- und demselben Gedanken durchdrungen sind, der von ihnen bis zum vollen Abschluß durchgespielt wurde; aber sogar das allein reicht aus, um die Ansprüche des Meisters auf einen nur ihm eigenen Stil zu rechtfertigen . . . Wenn es — um Meister zu werden — ausreichend wäre, ein Meister der Berechnungen zu sein, so könnte von einem Stil des Meisters keine Rede sein. Die Logik des Schachspiels trägt jedoch keineswegs Berechnungscharakter. Ein Rechner wird bei der Aufgabe 2 + 2 immer 4 anzeigen. Des Meisters Zug im Schach ist jedoch nur selten der einzig richtige. Er wird nicht nur nach einer Prüfung aller „Für“ und „Wider“ ausgewählt, wobei auch die unbedeutendsten Umstände ein Übergewicht nach dieser oder jener Seite hervorrufen, sondern es spielen auch persönliche

Neigungen und hauptsächlich die den Spieler beflügelnde Phantasie ein große Rolle".
Zweifellos ist das Vorhandensein eines Stils ein sicheres Zeichen reifer Meisterschaft. Und doch scheint mir zugleich, daß die breite Entwicklung des Schachunterrrichts in unserem Lande, die es häufig ermöglicht, alle Entwicklungsetappen junger Schachfreunde zu verfolgen, die Möglichkeit gibt, die Frage sozusagen „in der zweiten Annäherung" zu betrachten.
Der Weg Michail Tals ist uns praktisch seit seinen ersten Schritten ziemlich gut bekannt. Und es scheint, daß die Grundlagen seines Stils schon lange bevor er berühmt wurde, gelegt worden sind. Bereits 1954 sagte der starke Meister W. Saigin, der zum größten Erstaunen vieler sein Qualifikationsmatch um den Meistertitel gegen den 17jährigen Tal verlor: „Tal besitzt einen „schrecklichen" Stil. Bald werden dies auch Großmeister erleben".
Vor meinen Augen begann die schachliche Laufbahn des sehr markanten und eigenartigen Meisters Kuprejtschik. Ich bin immer mehr davon überzeugt, daß sich Kuprejtschiks Stil (ich meine sein gesamtes Herangehen an den Kampf und nicht nur seine kombinatorischen Neigungen) sehr früh, bereits in seiner Jugendzeit, herausgebildet hat. Einmal sprach ich mit ihm über dieses Thema.
Die Rede war davon, daß sein Spiel bei all seiner Kraft, Energie und Findigkeit eine bedauerliche Unebenheit aufwies, woran seine extreme Kompromißlosigkeit schuld war. „Natürlich ist es so" — sagte Viktor nach einer Pause — „und doch kann ich nichts dagegen tun. Ich bin sicher, daß mein Weg nur so sein kann, sonst würde ich aufhören, ich selbst zu sein".
Und doch kann sich der Spielstil sogar bei erfahrenen und sehr starken Meistern grundsätzlich ändern. Verfolgt man zum Beispiel die Entwicklung des Schaffens von Großmeister Bondarewski, so kann man feststellen, daß etwa bis zur Mitte der vierziger Jahre sein Element das Kombinationsspiel gewesen ist, dann aber änderte er plötzlich seine „Rolle" und begann bedeutend rationaler und trockener zu spielen. Und tat es wohl zu Unrecht.

Obwohl der Stil ein Gradmesser der Meisterschaft ist, besitzt nicht jeder Meister einen besonderen Stil. Das macht sich besonders heutzutage bemerkbar, wo sportliche Momente im Schach eine immer größere Bedeutung gewinnen, was auch seine Schattenseite hat. Die praktische Spielstärke, Technik und Kenntnisse vieler begabter junger Schachspieler wachsen schnell genug, ohne jedoch manchmal eine Originalität des Spiels aufzuweisen. Das alles bringt mich auf den Gedanken, daß der individuelle Spielstil nicht nur eine Funktion der Meisterschaft, sondern in erster Linie eine Eigenschaft der Natur und der Erziehung eines Menschen ist. Der Stil kann sich durch verschiedene Wege und Verfahren herausbilden, hängt aber immer mit der Natur des Intellekts des Spielers zusammen. Mit anderen Worten: der Stil ist Charakter.

Spielstil und Schachpraxis

Worin besteht der Zusammenhang zwischen Meisterschaft und Spielstil? Um diese Frage zu beantworten, wenden wir uns dem Schaffen hervorragender Spieler zu. Hierbei kommen wir unvermeidlich zu der Schlußfolgerung, daß wahre Meisterschaft die Beherrschung verschiedener Spielmethoden voraussetzt, wovon sich der Leser schon mehrmals überzeugen konnte.

Allgemein anerkannte Meister des positionellen Spiels sind zum Beispiel die sehr erfahrenen Großmeister Petrosjan und Gligoric! Und doch gibt es in ihrer Praxis zweischneidige, wirklich irrationale Partien, fantastische Kombinationen und einfach Hasardattacken, die eine vernünftige Logik ausschließen. Zur Illustration werden uns zwei ihrer Partien dienen, die sie miteinander spielten. In beiden war Petrosjan der Anziehende, Gligoric wandte als der Nachziehende die Altindische Verteidigung an. Übrigens spielten Petrosjan und Gligoric so viele interessante altindische Partien, daß man an diesem Material speziell die Feinheiten dieser populären Eröffnung studieren kann (nebenbei bemerkt halte ich diese Untersuchungsmethode der Eröffnungen für eine der effektivsten).

In der Regel spielte Petrosjan die meisten dieser Duelle in einem streng positionellen Stil und strebte danach, auf die Stellung des Partners am Damenflügel Druck auszuüben, während Gligoric ein Gegenspiel an der Königsflanke suchte.

Diagramm Nr. 89

Petrosjan – Gligoric
(Los Angeles 1963)

Auch in dieser Partie entbrannte das taktische Gefecht im Zentrum. Als erster zerstörte Petrosjan das Gleichgewicht. Vielleicht erfolgte das unter dem Einfluß der sportlichen Situation, die von ihm ein Spiel auf Gewinn verlangte? An jedem Tag war der jugoslawische Großmeister Spitzenreiter des Turniers.

17.e4-e5!?	**Sd7xe5!?**

Schlag auf Schlag! Auf 17. . . .de ist 18.f5! unangenehm.

18.f4xe5	**Lg7xe5**
19.Tf1-f3	**Sa6-c7**
20.Dd1-d2	**Dd8-e7**
21.Lh3-g2	**a7-a6**
22.Ta1-b1	**b6-b5**
23.a4xb5	**a6xb5**
24.b2-b3	**Lc4xe2**
25.Sc3xe2	**b5-b4**

26.Tb1-f1 Ta8-a1
27.Se2-c1 Sc7-b5
28.Tf3xf7 De7xf7
29.Tf1xf7 Kg8xf7
30.Lg2-f1 Sb5-d4
31.Kg1-g2 Sd4-f5
32.Lf1-d3 Kf7-g7
33.Ld3xf5 g6xf5
34.Dd2-d3 Te8-f8
35.Le3-d2 f5-f4
36.Kg2-f3 Ta1-a7
37.Dd3-e4 Ta7-a3
38.De4-c4 Ta3-a7
39.Dc4-c2 Ta7-e7
40.Sc1-d3! Le5-d4
41.Dc2-c4 Ld4-e3
42.Ld2xe3 Te7xe3†
43.Kf3-f2 Te3-h3
44.Kf2-g1 Tf8-f5
45.Dc4-e4 Tf5xg5†
46.Kg1-f1 Tg5-g6
47.Sd3xf4 Tg6-f6
48.Kf1-g2

Petrosjan erzwang buchstäblich den Sieg in einem angespannten taktischen Gefecht, wobei er im Laufe des Kampfes eine außergewöhnliche Scharfsichtigkeit entwickeln mußte.

Während seines ganzen schöpferischen Weges setzt Gligoric beharrlich die Altindische Verteidigung durch. Manchmal trägt er hierbei Verluste davon. Es entsteht die Frage: vielleicht wären die rein auf die Verteidigung gerichteten klassischen Eröffnungssysteme seinem Stil näher gewesen? Wenn man jedoch seine Partien aufmerksam auswertet, wird diese Frage gegenstandslos. Wieviel ausgezeichnete Beispiele des Gegenangriffs schuf Gligoric in dieser scharfen Eröffnung . . .?

Petrosjan – Gligoric
(Zagreb 1970)

Diagramm Nr. 90

14. . . . Sf5-d4!
15.g3xf4 Sd4xf3†
16.Dd1xf3 g5-g4

Weiß hat eben den Springer angegriffen. Nach 14. . . .Sg6 hätte Weiß ein klares Übergewicht, und im Falle von 14. . . .Sh3† 15. Kg2 Sf2: 16.Kf2: g4 17.Lg4: wäre der schwarze Angriff abgewehrt. Und doch findet Gligoric einen originellen Weg für die Entwicklung der Attacke, ohne vor Opfern haltzumachen.

17.Df3-h1?

Ein ernsthafter Fehler. Nach 16.Dd3 ef 17.f3 Lf5 18.Sde4 gf 19.Tf3: Lc3: 20.Dc3: Le4: 21.Tf4: Dg5† 22.Dg3 Dg3:† 23.hg Tf4: 24.Lf4: a5 25.ba Ta5: 26.Te1 sollte sich Weiß, nach einer Analyse von Petrosjan, retten.

17. . . . e5xf4
18.Lc1-b2

Etwas besser wäre 18.Ta3.

18. . . . Lc8-f5
19.Tf1-e1 f4-f3
20.Sd2-e4 Dd8-h4
21.h2-h3 Lg7-e5

Trotz einer Mehrfigur ist die Stellung von Weiß schutzlos. Ein Beispiel des positionellen Zugzwanges bei einem von Figuren vollen Brett.

22.Te1-e3 g4xh3
23.Dh1xf3 Lf5-g4
24.Df3-h1 h3-h2†
25.Kg1-g2 Dh4-h5
26.Se4-d2 Le5-d4
27.Dh1-e1 Ta8-e8
28.Sc3-e4 Ld4xb2
29.Te3-g3 Lb2-e5
30.Ta1-a3 Kg8-h8
31.Kg2-h1 Tf8-g8
32.De1-f1 Le5xg3
33.Ta3xg3 Te8xe4

Weiß gab auf.

Gligoric führte diese Partie als einer der markanten Vertreter des Kombinationsstiles durch.

Sind das nicht Beispiele wahrer Meisterschaft? Obwohl ich wiederholen möchte, daß beide herausragenden Großmeister ihrer Natur nach vor allem Verfechter und Neuerer des positionellen Stils sind.

Über die Individualität des schachlichen Schöpfertums

Individuelle Spielbesonderheiten eines großen Schachspielers sind immer umfassender als der Stil, zu dem er gehört. Erinnern wir uns zum Beispiel an das Schaffen einer Koryphäe des positionellen Spiels wie Schlechter. Den meisten Schachfreunden blieb nur die Grundrichtung seines Stils im Gedächtnis. Aber in der Tat ist die echte Charakteristik seines Stils viel komplizierter und interessanter.

Beginnen wir mit der Einschätzung, die Lasker über ihn im Jahre 1909 gegeben hatte: „Schlechter schätzt die Stellung ganz objektiv ein. Ist sie gut, zieht er beherrscht, standhaft und klug. Ist sie gleich, spielt er umsichtig, vorsichtig und ohne falsche Illusionen. Ist die Stellung gefährlich, wird er verwegen: er stellt dem Partner listige Fallen, unternimmt verwegene Attacken oder verteidigt sich außergewöhnlich beharrlich — je nach den Umständen. Er ist das Vorbild eines wahren Kämpfers".

Nachstehend ein Beispiel seiner Verteidigung in einer schwierigen Lage.

Tschigorin – Schlechter
(Ostende 1901)

Diagramm Nr. 91

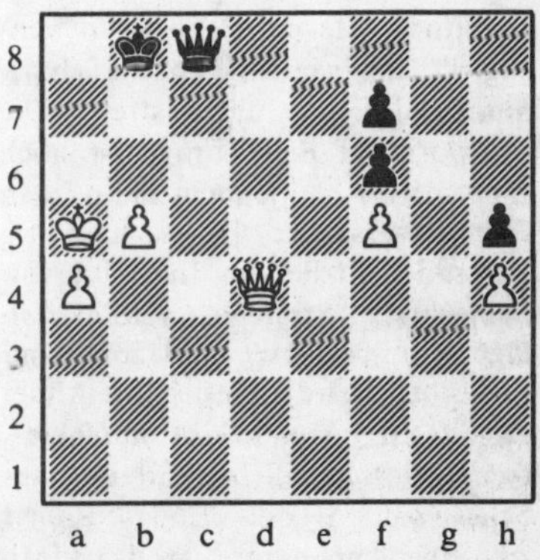

Weiß hat eine Gewinnstellung, braucht jedoch noch eine gewisse

Genauigkeit. Im Bestreben, so schnell wie möglich dem Schach zu entgehen, brennt Weiß vor Verlangen, einen vorteilhaften Abtausch der Damen anzubieten. Dies berücksichtigend, stellte Schlechter eine listige Falle:

1. . . . Dc8-c7†

2.Dd4-b6†??

Richtig ist 2.b6.

2. . . . Kb8-a8!!

und Weiß ist gezwungen, sich mit einem Patt abzufinden.

Etwas später, nachdem Lasker gegen Schlechter eine Partie des Wettkampfes um die Weltmeisterschaft verloren hatte, schrieb er: „Sogar eine Siegesperspektive verlockt ihn nicht und rüttelt nicht an seiner Vorsicht. Wie kann man jemanden besiegen, der sich mit gleicher Kaltblütigkeit sowohl zur Verlockung durch Erfolg als auch zu den Drohungen der sich anbahnenden Attacke verhält; der die Sicherheit in den Vordergrund stellt und sein Ziel mit der ganzen Wissenschaftlichkeit, und wenn es notwendig ist, mit seinem ganzen Scharfsinn und Feingefühl anstrebt? Die Antwort auf diese Frage ist noch nicht bekannt, jedoch kann man folgendes sagen: Hätte man an passender Stelle die Initiative mit Schlechters Strategie vereint, so läge ein perfekter Stil vor und Schlechter wäre unbesiegbar. Andererseits ist niemand absolut fehlerfrei. Unterschiedliche Vorteile eines Stiles sind letzten Endes immer nur eine Annäherung an das Ideal. Jeder hat eine verborgene Schwäche, meistens ist dies eine Krankheit, übertriebene Kühnheit oder eine ungenaue Beobachtung". Diese Äußerung ist meiner Meinung nach von allgemeinem methodischem Interesse und bleibt bis heute akut. Schlechter war vorwiegend Stratege. Das Vorherrschen des Strategischen über das Taktische kam besonders krass in der Eröffnungsstellung zum Vorschein. Interessant ist, daß Schlechter die 8. Ausgabe der „Anleitung" von Bilguer, diese Enzyklopädie der Eröffnungsvarianten, redigierte. Er trug zur Theorie der geschlossenen Eröffnungen viele wertvolle Ideen bei. Bis heute ist sein System in der Slawischen Verteidigung populär: 1.d4 d5 2.c4 c6 3.Sf3 Sf6 4.Sc3 g6. Gerade er hat als erster im Jahre 1908 das System: 1.d4 d5 2.c4 e6 3.Sc3 c5 4.cd ed 5.Sf3 Sc6 6.g3! angewandt, das später von Rubinstein detailliert ausgearbeitet wurde.

Schlechter besaß ein großartiges kombinatorisches Sehvermögen. Jedoch spielten seine Kombinationen in der Regel im allgemeinen strategischen Plan eine untergeordnete Rolle. Zugleich war er ein Mitbegründer des Genres des positionellen Opfers.

Schlechter – Gunsberg
(Monte Carlo 1901)

(s. Diagramm Nr. 92)

Um seinen Angriff zu entwickeln, greift Schlechter zu einem feinen positionellen Bauernopfer:

28.d4-d5! e6xd5

29.c4xd5 c6xd5

30.Sd3-f2! Ta8-d8

(30. . . .f5? 31. Dh8†!)

Diagramm Nr. 92

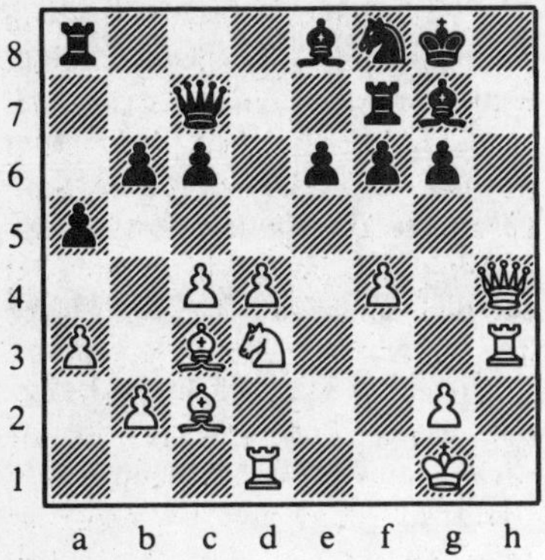

31.Sf2-g4 Td8-d6
32.Lc2-b3 Le8-c6
33.Td1-d3 Dc7-d8
34.f4-f5! g6-g5
(34. . . .gf 35.Tdg3! fg 36.Tg4:)
35.Dh4-h5 Lc6-e8
36.Sg4-e3! Tf7-d7
37.Se3xd5! Td6xd5

Die weiße Dame ist unantastbar. Auf 37. . . .Lh5: würde folgen 38. Sf6:†† Kh8 39.Th5:† Lh6 40.Th6:† Kg7 41.Se8:†† Kh6: 42.Th3 Matt.

38.Td3xd5 Le8-f7
39.Td5xd7 Dd8xd7
40.Th3-d3

und Weiß gewann.

Diese Partie wurde von Tschigorin sehr hoch bewertet. Es gab viele solcher Beispiele in der Praxis von Schlechter. Sie zeigen, daß ihm ein bestimmtes Risiko nicht fremd war, das übrigens auf gesunder Intuition beruhte (das war seine starke Seite).

Zugleich aber entstand die Meinung, daß Schlechter seine Begabung nicht vollkommen zum Ausdruck brachte. Wie Reti richtig bemerkte, zeigte Schlechter seine volle Stärke nur in schlechten Situationen. Wie paradox es auch klingt, sein kristallklarer Stil schien bei hoher Technik die Entwicklung einer großen vielseitigen Begabung zu erschweren.

In diesem Zusammenhang möchte ich die Charakteristik Schlechters durch eine andere Äußerung Laskers abschließen: „Schlechter besitzt eine Begabung, die vielleicht für den Kampf um die Weltmeisterschaft ausreicht, aber er schätzt ein ruhiges Leben so sehr und . . . ist wohl zur entschlossenen Willensanstrengung nicht fähig, die notwendig ist, um einem anderen die Weltmeisterschaft zu entreißen“.

Wie man sieht, gehören zur Krafteinschätzung eines großen Meisters unvermeidlich auch psychologische Faktoren.

Und jetzt versuchen wir unter demselben Gesichtswinkel in das schöpferische Labor unseres Zeitgenossen, des Großmeisters Portisch, hineinzuschauen. Niemand wird verneinen, daß Portisch über einen erstaunlich einheitlichen Stil verfügt, in dem die besten Traditionen der klassischen positionellen Richtung verkörpert sind. Unvermeidlich taucht die Frage auf: Warum hat Portisch bei seiner kolossalen Zielstrebigkeit und Arbeitsfähigkeit doch keine Höchsterfolge erzielt? Denn zum Unterschied zu Schlechter besitzt er doch kämpferische Qualitäten und eine Portion „sportlicher Zornigkeit“.

Ich glaube, daß die Gründe hier vor allem schöpferischer Art sind. Meiner Meinung nach hat kein einziger zeitgenössischer Spieler der Sonderklasse, zu denen Portisch zweifellos gehört, so einen merklichen Unterschied zwischen dem Ausspielen der ausgearbeiteten Strategien, bei denen er sich wie ein Fisch im Wasser fühlt, und den bei der häuslichen Vorbereitung nicht erwarteten Varianten, bei denen sich Portisch unsicher fühlt. Es scheint mir, daß gerade die kolossale analytische Arbeit von Portisch seine Improvisationsfähigkeit manchmal etwas schwächt.

Wollen wir zwei seiner Partien vergleichen.

Portisch – Minic
(Ljubljana-Portoroz 1973)

1.d2-d4	**g7-g6**
2.e2-e4	**Lf8-g7**
3.c2-c4	**d7-d6**
4.Sb1-c3	**Sb8-c6**
5.Lc1-e3	**e7-e5**
6.d4-d5	**Sc6-e7**
7.g2-g4!	**f7-f5**
8.g4xf5	**g6xf5**

Die Partner spielten eine moderne Variante der Pirc-Ufimzew-Verteidigung, die von der Theorie als für Schwarz schwierig eingeschätzt wird. Der weitere Kampfverlauf zeigt, daß Portisch mit erstaunlicher Präzision und Leichtigkeit das strategische Spiel auf den geschwächten weißen Feldern im schwarzen Lager führt. Man spürt, daß dieser Plan bei ihm sehr fein geschliffen ist . . .

9.Dd1-h5†	**Ke8-f8**
10.Lf1-h3!	**Sg8-f6**
11.Dh5-f3	**f5-f4**
12.Le3-d2	**c7-c6**

Es ist interessant, daß Portisch in dieser Variante schon Spielerfahrung hatte. So war in der Partie Portisch — Ree (Amsterdam 1967), die bis zum 12. Zug von Schwarz ähnlich verlief, 12. . . .h5 13. Lc8: Dc8: 14.0-0-0 Lh6 (zum Vorteil von Weiß und der Übergang ins Endspiel: 14. . . .Dg4 15.h3 Df3: 16.Sf3: Lh6 17.c5) 15.Dd3 Tg8 16.Sf3 Tg2 17.Df1 Tg7 18.Kb1 c5 19.dc bc 20.De2 c5 21.Sb5 Se8 22.Lc3 De6 23.Thg1 mit einem positionellen Übergewicht von Weiß geschehen.

13.Sg1-e2	**Lc8xh3**
14.Df3xh3	**Dd8-d7**
15.Dh3xd7	**Sf6xd7**
16.Se2-c1	**Ta8-c8**
17.Sc1-b3	**c6xd5**
18.c4xd5	**a7-a6**
19.Ke1-e2	**b7-b6**
20.Sb3-c1!	

Trotz des Damenabtausches steht Schwarz eine sehr schwierige Verteidigung bevor. Weiß beginnt eine energische Offensive am Damenflügel.

20. . . .	**Lg7-f6**
21.Sc1-d3	**Sd7-c5**
22.Sd3xc5	**b6xc5**
23.Sc3-a4	**Tc8-b8**
24.Ta1-b1	**Se7-c8**
25.b2-b4!	**c5xb4**
26.Tb1xb4	**Tb8xb4**
27.Ld2xb4	**Lf6-e7**
28.Th1-c1	**Sc8-a7**
29.Sa4-b6	**Kf8-f7**
30.Tc1-c7	**Sa7-b5**
31.Tc7-b7!	**Th8-e8**
32.Ke2-d3	

Der weiße Plan wird wie nach Noten gespielt. Die schwarze Position ist strategisch verspielt.

32. . . .	**Kf7-g6**

33.Sb6-c4	**Le7-h4**
34.a2-a4!	**Sb5-d4**
35.Sc4xd6	**Te8-g8**
36.Sd6-c4	**Lh4xf2**
37.Sc4xe5†	**Kg6-f6**
38.Tb7-b6†	**Kf6xe5**
39.Lb4-d6†	**Ke5-f6**
40.Ld6-c5†	**Kf6-f7**
41.Lc5xd4	**Lf2xd4**
42.Kd3xd4	**Tg8-g2**
43.Kd4-e5	

Schwarz gab auf.

Bevor wir die nächste Partie auswerten, möchte ich unterstreichen, daß man den schwachen Punkt eines großen Meisters am sichersten bei der Analyse der verlorenen Partien feststellen kann. In dieser Beziehung wollen wir verfolgen, wie die entscheidende, die 13. Partie des Kandidatenmatches um die Weltmeisterschaft *Spasski – Portisch* (Genf 1977), verlief. In jenem Duell wollte Spasski, der mit Weiß spielte, vor allem „ausgetretene“ Wege vermeiden und spielte die Eröffnung ziemlich originell:

1.e2-e4	**c7-c5**
2.Sb1-c3	**Sb8-c6**
3.g2-g3	**g7-g6**
4.Lf1-g2	**Lf8-g7**
5.d2-d3	**d7-d6**
6.f2-f4	**e7-e5**
7.Sg1-h3	**e5xf4**
8.Lc1xf4	**Sg8-e7**
9.0—0	**h7-h6**
10.Ta1-b1	**0—0**
11.a2-a3	**Lc8-e6**
12.Lf4-e3	**Sc6-e5**
13.Sh3-f4	**Le6-d7**
14.Kg1-h1	**Ta8-c8**
15.Dd1-d2	**Kg8-h7**
16.h2-h3	**Ld7-c6**

Objektiv gesehen war Schwarz in der Eröffnung nicht schlecht gestellt, aber im Mittelspiel beginnt er unsicher zu spielen und verzögert offensichtlich dabei das aktive Gegenspiel am Damenflügel.

Man spürt, daß dieses Schema von Portisch wenig durchdacht worden ist. (Das ist wirklich so, denn eine allgemeine Kenntnis reicht hier nicht aus.) Infolgedessen wird Weiß bald Herr der Lage.

17.g3-g4	**Dd8-d7**
18.Tf1-f2	**b7-b6(?)**
19.Tb1-f1	**Lc6-b7**
20.Dd2-e2	**Tc8-e8**
21.Le3-c1	**Kh7-g8**
22.De2-e3	**b6-b5**
23.De3-g3	**b5-b4**
24.a3xb4	**c5xb4**
25.Sc3-d1	**d6-d5**
26.d3-d4	**Se5-c6**
27.e4xd5	**Sc6xd4**
28.c2-c4	**b4xc3**
29.b2xc3	**Sd4-b3**
30.Lc1-a3	**Te8-c8**
31.c3-c4	**Sb3-a5**
32.Tf2-e2	**Tf8-e8**
33.Tf1-e1	**Lg7-f8**
34.Sf4-h5!	

Ein längst vorbereiteter entscheidender taktischer Schlag. Die Attacke auf den König führt schnell zum Ziel

34. . . .	**Se7xd5**
35.c4xd5	**g6xh5**
36.g4xh5†	**Lf8-g7**
37.La3-b2	**f7-f6**
38.Lb2xf6	**Te8xe2**
39.Te1xe2	**Dd7-f7**
40.Te2-e6	

Schwarz gab auf.

Die Individualität eines Spielers offenbart sich noch mehr bei den Vertretern der kombinatorischen

Richtung. Das Schaffen eines so hervorragenden Meisters der Kombination wie Großmeister Tolusch zeichnete sich in erster Linie durch die Kraft der Intuition und einen grenzenlosen Glauben an die Phantasie aus. Unter unseren jungen Spielern besitzen wohl Waganjan und Zeschkowski diese Eigenschaften in größerem Maße.

Nachstehend ein wunderbares Vorbild der Meisterschaft von Tolusch.

Tolusch – Kotow
(14. UdSSR-Meisterschaft 1945)

Diagramm Nr. 93

22.Sh5xg7!

Das Hauptmotiv des Opfers ist die mangelnde Harmonie in den Handlungen der weißen Figuren und ihre Entfernung vom Brennpunkt.

22. . . .	**Lb5xe2**

Im Falle von 22. . . .Kg7: 23. Sd4 Lc4 24.Le4: Kh8 25.Dh5 Lc5 26.gf Ld5 27.f7 Sf6 28.Dh7:†! erklärt Weiß Matt.

23.Dd1xe2	**Kh8xg7**
24.Lg2xe4	**Sb4-d5**
25.De2-h5	**Tf8-d8**
26.Tf1-g1	**Le7-c5**
27.g5xf6††	**Kg7-f8**
28.Tg1xg8†!	**Kf8xg8**
29.Le4xh7†	**Kg8-f8**
30.Dh5-g6	

und die weiße Attacke entschied schnell den Ausgang der Partie.

Manchmal glauben jedoch die Spieler dieser Richtung an ihren Kombinationssinn und lassen Fehlberechnungen zu, wenn sie gerade in ihrem Element sind. Lehrreich ist zum Beispiel die Partie *Tolusch – Smyslow* aus demselben Turnier. Nachdem Weiß die Eröffnung interessant gestaltet und eine ausgezeichnete Stellung nach den Zügen

1.d2-d4	**d7-d5**
2.c2-c4	**c7-c6**
3.Sg1-f3	**Sg8-f6**
4.Sb1-c3	**d5xc4**
5.e2-e4	**b7-b5**
6.e4-e5	**Sf6-d5**
7.a2-a4	**Lc8-e6**
8.a4xb5	**Sd5xc3**
9.b2xc3	**c6xb5**
10.Sf3-g5	**Le6-d5**
11.e5-e6!	**f7xe6**
12.Dd1-g4	**h7-h5**
13.Dg4-f4	**Dd8-d6**
14.Df4-f7†	**Ke8-d7**
15.Lc1-a3	**Dd6-c7**
16.Lf1-e2	**Sb8-c6**

erhalten hatte, spielte er statt des natürlichen 17.0-0 übereilt:

17.Le2xh5

Es folgte ein Knockout-Gegenschlag:

17. . . .	**Sc6-e5!**
18.d4xe5	**Dc7xe5†**
19.Ke1-f1	**De5xg5**

20.Lh5-f3 **Dg5-f6**
21.Lf3xd5 **Df6xf7**
22.Ld5xa8 **a7-a5**

und Weiß waren alle seine Felle fortgeschwommen.

Instruktiv ist auch das nachstehende Beispiel:

Waganjan - Suetin
(Kaliningrad 1972)

Diagramm Nr. 94

Mit dem nächsten Zug beginnt Weiß eine ziemlich originelle Kombination:

19.Sf3xe5! **f6xe5**
20.f2-f4! **Lg7xh6**
21.f4xe5† **Kf8-g8**
22.Dd2xh6 **Lc8-e6**

Ehrlich gesagt, war ich in diesem Augenblick verstimmt. Die Wachsamkeit wurde größer, und ich sah den sehr starken Zug 23.Tf6!!, nachdem es sehr schwer ist, eine gute Verteidigung zu finden. Aber die vom Partner gewählte Fortsetzung zeigte, daß er, die Kombination einleitend, sich gänzlich auf die Intuition verließ, die ihn zuerst nicht betrog, aber jetzt schon stark „anführte".

23.Td1-d6? **Se7-c8**
24.Lc3-d4 **Dc7-g7**
25.Dh6-d2 **Sc5-d7**
26.Ld4-c3 **Sc8xd6**
27.e5xd6 **Sd7-e5**
28.c4-c5 **a5-a4**

und Schwarz verwertete schnell seinen Vorteil.

All das beweist ein weiteres Mal, daß sogar die intuitive Suche eine Prüfung durch Varianten (in möglichen Grenzen) verlangt. Die Bedeutung einer genauen und weiteren Berechnung wird anschaulich durch die Evolution des modernen Schachspiels bestätigt, das immer mehr konkretisiert und durch genaue Analysen bekräftigt wird.

Das Streben nach einer ausführlichen Variantenberechnung unterscheidet eine andere Gruppe von Spielern der kombinatorischen Richtung. Dabei kann ihr Ideenbereich nicht so umfassend und originell sein wie bei den Anhängern der kombinatorischen Intuition. Jedoch sind im Schaffen der größten Spieler die kombinatorischen Ideen und die genaue Variantenberechnung wechselseitig harmonisch miteinander verbunden, was gerade jene anzustrebende Idealverbindung ist.

Auf den Seiten dieses Buches haben wir zahlreiche Beispiele von genau und weit berechneten Kombinationen behandelt. Ich möchte weitere Illustrationen zum Thema der Genauigkeit der Berechnung anführen, die vom Glanz der Phantasie überstrahlt wurde.

Auf dem Diagramm haben wir die

Position aus der Partie *Keres – Raud* (Pärnu 1937).

Diagramm Nr. 95

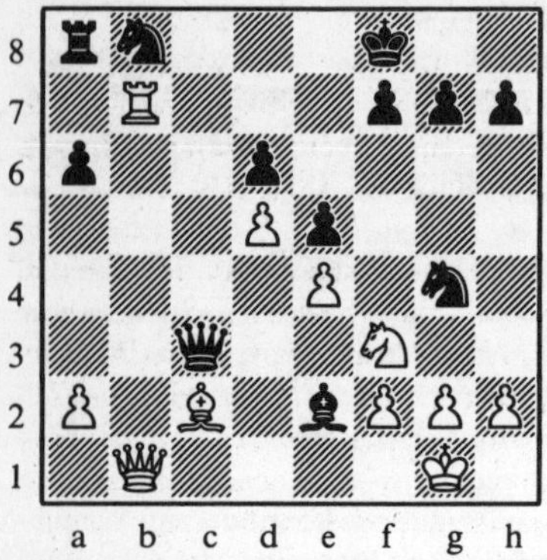

23.Db1-b6!!

Der Beginn einer Kombination, die forciert zum Sieg führt.

23. . . . Sb8-c6

Im Kommentar zu dieser Partie führt Keres Varianten an, die er berechnen mußte, bevor er die Kombination wagte:

23. . . .g6 24.Dd8† Kg7 25.Tf7:†! Kf7: 26.Sg5† Kg7 27.Se6†;

23. . . .Dc8 24.Tc7 De8 25.Sg5 Sh6 26.Dd6:† Kg8 27.De5: (wenn 27. . . .Df8 ist, so ist 28.Se6!);

23. . . .Sd7 24.Dd6:† Kg8 25.Dd7:.

24.Db6-c7! Sg4-h6

25.Dc7xd6† Kf8-g8

26.d5xc6 Kg8-h8

27.Tb7-b8† Ta8xb8

28.Dd6xb8† Sh6-g8

29.c6-c7! Le2-b5

Es rettete auch nicht 29. . . .Dc2: 30.h4! Dc1† 31.Kh2 Df4† 32.g3! Df3: 33.Dg8:†!.

30.Db8-d8! Dc3xc2

31.Kg1-h1 f7-f6

32.c7-c8D Dc2-b1†

33.Sf3-g1 Db1xa2

34.Dd8-f8

Schwarz gab auf.

Ein weiterer Ausschnitt aus dem Schaffen dieses hervorragenden Großmeisters:

Keres – Unzicker (Hamburg 1956)

Diagramm Nr. 96

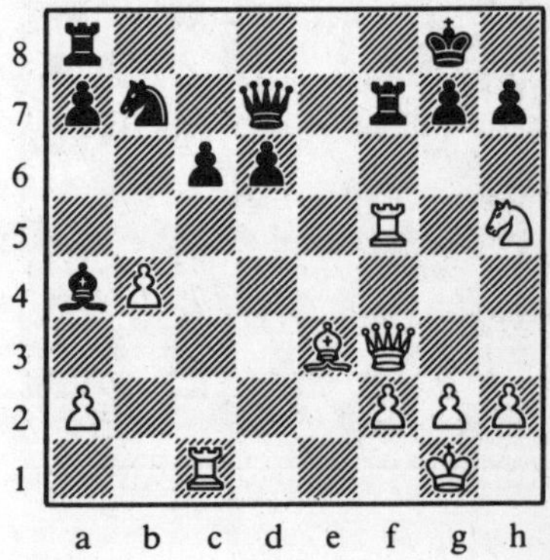

23.Sh5xg7! Tf7xg7

Zu einem schönen Finale führten auch andere Varianten:

23. . . .Kg7: 24.Lh6†;

23. . . .Taf8 24.Se6! Tf5: (24. . . . De6: 25.Dg4† Dg6 26.Tg5) 25.Dg4† Kh8 26.Sf8:!

24.Le3-h6 Dd7-e7

25.Lh6xg7 De7xg7

Auf 25. . . .Kg7: entscheidet 26. Dc3† Kg8 27.Tf3 mit entscheidenden Drohungen 28.Tg3† und 28.Te1.

26.h2-h4 h7-h6

27.Tc1-c4! Schwarz gab auf.

In den angeführten Beispielen waren die schönen Kombinationen mit der Attacke auf den König verbunden. Aber in der nachstehenden Position führte Schwarz eine effektvolle Kombination unter Einsatz geometrischer Motive durch.

Polugajewski – Petrosjan
(Tiflis 1956)

Diagramm Nr. 97

17. . . .	**Sf6xe4!**
18.Lg5xd8	**Se4xd2**
19.Ld8xc7	**Sd2xc4**
20.Lc7xb8	**Le6xd5**
21.Lb8-a7	**e5-e4**
22.Sf3-g5	**h7-h6**
23.Ta3-b3	**Ld5-c6**

Durch Abtausch und provisorische Opfer wurde Petrosjan untätige Figuren los. Dafür aber arbeiten die verbliebenen schwarzen Kampfeinheiten mit voller Auslastung und wirken großartig zusammen. Weiß ist gezwungen, das Material zurückzugeben, aber auch das hilft nicht.

24.Sg5xe4	**Lc6xa4**
25.Tb3xb4	**a5xb4**
26.b2-b3	**La4xb3**
27.Td1-b1	**Sc4-b2!**
28.Se4-d6	**Te8-e7**
29.La7-c5	**Lb3-c2**
30.Tb1-a1	**Sb2-a4!**

Als Ergebnis einer Kombination aus mehreren Zügen erzielte Schwarz eine Gewinnposition.

Und zum Schluß des Kapitels noch etwas über die Schulen der Meisterschaft. Diesmal geht es um die rein praktische Bedeutung dieses Begriffs. Wir wissen, daß der Schachunterricht lange Zeit einen ausgesprochen individuellen und spontanen Charakter getragen hat. Die Schachspieler waren meistens Autodidakten. Zum ersten Mal in der Geschichte ist der Schachunterricht ein verbreiteter und systematischer Prozeß geworden. Es begann mit der Gründung von Schachzirkeln. Und jetzt „klopft" das Schach an die Tür der allgemeinbildenden Oberschulen. Die Unterrichtsformen wurden in unserer Zeit zweifellos vielfältiger und die Qualität höher.

Sehr wichtig ist auch, daß die großen Schachspieler jetzt die Möglichkeit haben, ihre Erfahrungen dem Schachnachwuchs großzügig zu vermitteln. Den Anfang machte in der UdSSR die berühmte Botwinnik-Schule. Vor kurzem wurde ihre Initiative von den Schulen zweier anderer Ex-Weltmeister, Petrosjan und Smyslow, aufgegriffen. Wahrhaftig stehen unserem Schachnachwuchs alle Wege zur Vervollkommnung offen!

Statt eines Nachwortes

Der Weg zur Schachmeisterschaft setzt eine unermüdliche Arbeit an der Erziehung einer ganzen Reihe von Denk- und Charakterkomponenten voraus. In erster Linie ist es sehr wichtig, schon im frühen Stadium der eigenen Entwicklung die Anstrengungen auf die Beherrschung der konkreten Denkmethode zu konzentrieren, die eine harmonische Kombination von anschaulichen und verbalen Ideen voraussetzt. Dieser Prozeß ist mit der Überwindung „aufdringlicher" Denkfehler verbunden. Zugleich muß man lernen, auch von einigen Nebenmethoden Gebrauch zu machen, wie zum Beispiel dem Analogiedenken, eine zum Teil „negative" Methode u. a. In einer Reihe von Fällen können sie eine wertvolle Unterstützung im schöpferischen Hauptprozeß sein.

Zugleich muß man zielstrebig an der Erlangung einer bestimmten Schachkultur arbeiten, die die Kenntnis der Eröffnungs- und Endspieltheorie sowie das Wissen um eine ganze Reihe von typischen Positionen und Methoden umfaßt. Das alles zusammen schafft Voraussetzungen für die Erlangung der Denktechnik.

Das Wachsen des Schachspielers muß auf einer praktischen Grundlage beruhen. Um die eigene Spielstärke erfolgreich zu vergrößern, muß man regelmäßig und ziemlich oft spielen. Das Spiel in Turnieren kann man in gewissem Maße mit Trainings- und leichten Partien verbinden.

Wenn ein Spieler sich das Ziel stellt, die Meisterschaft zu erlangen, muß er seinen Gesichtskreis ständig erweitern. In dieser Hinsicht ist es sehr nützlich, die psychologischen und intuitiven Kampffaktoren zu studieren, was eine große selbständige Arbeit voraussetzt. Eine seiner Hauptaufgaben sah der Autor gerade darin, das selbständige Denken des Lesers zu wecken.

Der Weg zur Meisterschaft ist schwierig und lang. Er verlangt eine enorme Begeisterung. Aber gerade darin liegt seine Anziehungskraft.